창의력에 생각을 더하는

영재철학

미쿠리야 료이치 지음 / 김경엽 옮김

 도서
출판 예가

Preface

우리가 살아가는데 철학은 왜 필요한가?

이러한 의문에 대해 나는 현대인들의 '철학의 빈곤'을 떠올리면서 철학이 곧 인생이고 가장 보편적인 진리를 가지고 있기에 이 책의 의미가 진정 크다고 믿는다. 철학이 어렵다고 믿는 것은 인생의 진지한 자세를 잃어버리고 살아간다는 것이며 철학에의 접근이 무슨 대단한 원리를 깨닫기 위한 본성을 지녀야만 된다는 논리가 있는 것 같아 안타까움을 가질 때가 한두 번이 아니다. 철학이 이렇듯 쉬운, 철학함으로써 너른 세계관도 지닐 수 있고 소품처럼 작은 인생의 참맛을 느낄 수도 있는 것을 우리는 그 동안 철학에의 접근을 너무 두려워했던 것 같다.

철학하고 산다는 것은 곧 지혜를 탐구하며 자기를 사랑하며 산다는 것이다. 대자연에서는 봄이 가면 여름이 오고 겨울이 가면 봄이 찾아든다. 비는 구름으로, 구름은 비로 화하는 하늘과 땅의 운행 속에서 풀과 나무는 싹이 트고 때가 오면 새가 찾아오고 꽃이 핀다. 대자연은 리듬과 아름다움과 빛남을 갖추고서 조화 속에 생성과 변화를 거듭해 나간다. 그런 대자연에 비해 왜 인간 세상에는 혼란과 무질서가 있는 것일까?

이러한 자연의 이치와 물음에 대한 답변을 주는 것이 바로 철학하는 것이다.

올바른 인생관을 가지려는 사람일수록 그들에게 필요한 것이 철학이며 폭넓은 사상을 꿈꾸는 사람에게 절대적으로 필요한 것이 철학이다. 고금을 통해서도 문학을 했던 문호들이나 과학자들은 대개 철학자란 이름을 함께 지녔던 것을 보더라도 철학이 사상 체계는 물론 깊은 사고를 탐색하는데 얼마나 필요한 것인지를 알게 될 것이다.

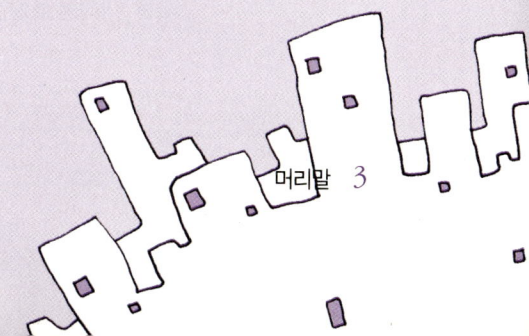

Contents ---

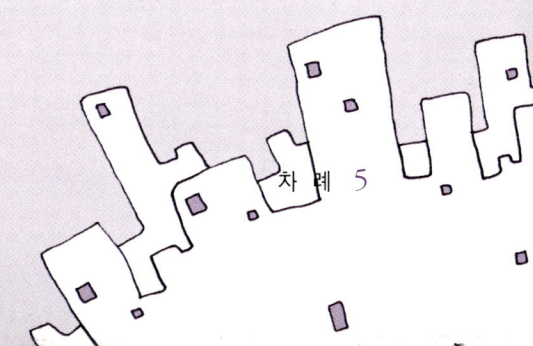

Contents

제 4 장 철학한다. 그것은 미(美)

제 5 장 철학한다는 것은 종교의 발견이다

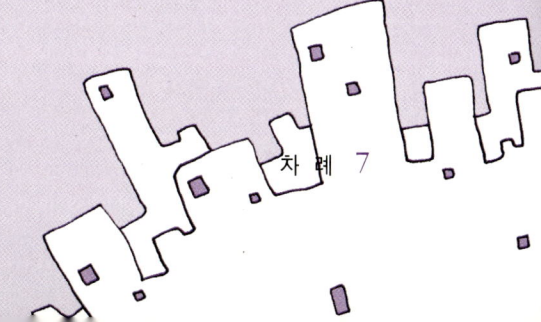

Contents

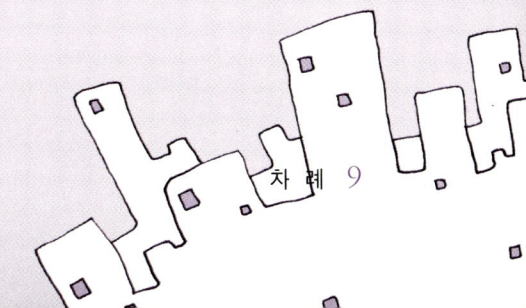

Contents

제 1 장

인간이란 무엇일까?

인간은 맨 처음부터 사회의 조직을 가지고 있지는 않았다. 오랫동안 괴로움을 겪으며 얻은 체험을 통해서 협력체제를 구축

는 편이 보다 잘 살아갈 수 있다는 사실을 발견했던 것이다. 이와 같이 인간은 태어난 뒤에 몸에 익힌 여러 가지 기술ㆍ제도

는 의복을 갖춤으로써 곤충이나 동물보다도 강인한 적응력으로 살아 나갈 수 있게 되었다. 이 의복이 바로 문화라는 것이다

001 인간이란 무엇인가를 생각하는 학문이 철학이다

인간은 가치를 추구하며 살아가는 동물

'인간과 동물은 다른 것'이라고 생각하는 크리스트교

서구사상의 인간관

　'인간이란 무엇일까?'라는 의문은 우리 일상생활에서 무언가 일이 잘 풀리지 않고 벽에 부딪쳤을 때, 자문해 보는 문제가 아닐까. 그리고 잇따라 자기 자신에게 닥쳐오는 가족이나 가까운 친지의 죽음·질병 같은 불행을 맞게 되었을 때, 우리는 그 전까지는 그다지 생각지 않았던 인간과 자기 자신, 나아가서 인생에 대해서 의문을 가지기 시작한다.

　사람들은 흔히 '사랑은 인간을 철학자가 되게 한다.'고 말하는데 이는 사랑 자체의 성격 때문이다. 즉, 사랑은 변화하고 발전하고 동요하며 그리고 좌절한다고 하는 시간적인 요소를 지니고 있다.

　그러므로 사랑하는 연인은 항상 실연이라는 위기에 직면해 있는 셈이다. 바꿔 말하면 항상 자기 자신 앞에 크고도 깊은 심연이 있다는 사실을 감지하고 있으니까 '인생이란 무엇인가?' '인간이란 무엇인가?' 하고 물어보고 싶은 것이다. '인간이란 무엇인가?'라는 의문은 위기에 직면했을

인간이란 무엇일까? 　13

때 우리들에게 성큼 다가서는 절실한 물음이다.

나아가서 인간을 어떻게 이해하고 받아들여야 할까 하는 점, 즉 인간관이 그 사람 인생관의 기초를 만들어 나간다는 것이다. 이를테면 인간이란 욕망덩어리이니까 자기 본위대로 살아가야 한다는 인간관을 가진 사람이 있다면 그 사람은 남을 신용하려 하지 않을 것이고 무슨 일이든지 많은 의심을 품게 될 것이다.

반대로, 귀신의 눈에도 눈물은 있는 법무자비한 사람도 때로는 눈물을 흘린다 이라는 인간관을 확립한 사람이라면 그 사람은 남을 믿고 인생을 밝게 보고 긍정적인 인생관을 가지게 마련이다. 이와 같은 생각을 펼쳐 나간다면 인간관이 사상의 기초를 만들어 나간다는 사실을 이해할 수 있을 것이다.

그 몇 가지 사례를 들어보자. 먼저 크리스트교와 유대교의 경우이다.

이 두 종교의 기본이 되는 구약성서에는 하느님에 의한 창조 이야기가 쓰여 있다. 천지 창조를 비롯해서 인간의 창조 그리고 인간에게 봉사하고 도움을 주는 동물과 식물의 창조에 관한 이야기들인데 이 중에서도 가장 역점을 두고 강조하는 것은 인간 창조이다. 하느님은 진흙으로 당신 자신의 모습과 비슷하게 본떠서 인간을 만들었다. 그리고 하느님의 입김을 불어넣음으로써 보통 동물과는 다른 인간이 창조되었다고 설명하고 있다.

그러나 최초의 인간인 아담과 이브는 하느님의 명령을 저버리고 금단의 열매를 따먹었다. 이 때문에 그 벌로써 하느님으로부터 여성에게는 출산의 고통을, 남성들은 노동의 고통을 받고, 자신의 힘으로는 속죄할 수 없는 죄원죄를 지닌 인간이라는 인간관을 가지게 되었다. 이러한 사고방식이 유대교와 크리스트교의 기본 사상이 되었다.

그리스 철학자 디오게네스는 '인간은 이성理性을 가지지 않으면 안 된다. 그렇지 않으면 목맬 끈을 가져야만 한다.'고 말했다. 농담같은 말이지만 그리스 사람들의 본성을 잘 나타낸 말이라 할 수 있다.

인간의 가치도 위엄도 모두가 이성에 있다는 뜻이다. 또 이러한 사고방식은 크리스트교의 사고방식과 함께 서구 사상의 기본을 이루어 왔다. 크리스트교도 그리스 사람의 사상도 이와 같은 이유에서 인간은 동물과는 질적으로 다르고, 동물과 비교가 될 수 없는 훌륭함을 지니고 있다고 주장해 왔다.

그러나 19세기에 접어들면서 이러한 사고방식을 정면으로 부정해 버리는 새로운 사고방식이 등장한 것이다. 이른바 다윈영국의 생물학자-1809~1882의 생물 진화론이다.

인간의 조상은 원숭이다. 인간은 원숭이가 진화된 것이라는 학설이므로 질적으로 보면 원숭이나 인간이나 다름없다는 매우 단순한 사고방식이어서 누구라도 쉽게 이해할 수 있다. 그 학설은 하느님이 인간을 창조했다는 크리스트교 사회의 사람들에게는 엄청난 충격을 주었다.

19세기에서 20세기에 걸쳐 과학은 인간과 동물이 질적으로 다른 존재라는 사실을 어떻게든지 증명해 보이려고 온갖 노력을 계속해 왔다. 왜냐하면 그러한 사고방식을 부정하지 않고서는 인간의 존엄성이나 위엄을 인정할 수가 없기 때문이다.

인간만이 문화를 가지고 있다고 생각한다면 큰 잘못

원숭이학의 새 발견

19~20세기에 걸친 연구 결과, 여러 가지 새로운 사실이 밝혀졌다. 이 중에서도 가장 대표적인 사실 중 하나가 '인간은 문화를 가지고 있지만 동물은 문화를 가지고 있지 않다.' 는 주장이다.

초등학교 시절에 파브르의 〈곤충일기〉를 읽어 본 사람은 잘 알겠지만 그 책에서는 곤충이 참으로 환경에 잘 적응하면서 살아가는 모습이 흥미진진하게 그려져 있다. 곤충들은 태어나면서부터 지니고 있는 본능에 따라서 살아가고 있지만 아무런 불안감도 없다. 몸 속에 환경에 적응하며 잘 살아갈 수 있는 능력이 있다. 구조적으로 그렇게 생겼다는 이야기이다. 아니, 그러한 기능을 갖추고 있지 않은 생물은 살아나갈 수 없어 자연 도태되게 마련이다.

그러한 곤충들이나 동물에 비한다면 인간은 태어날 때는 아무런 능력도 갖추지 못한 그저 단순한 육체 덩어리에 불과하다. 환경에 대한 적응 수단을 거의 갖지 않은 결함투성이의 동물, 이것이 인간의 모습이 아닐까.

그러한 인간이 만물의 영장이라고까지 일컬어지고 있는 것은 인간이 태어난 뒤에 익힌 문화덕분이라고 볼 수 있다. 하늘을 날 수 없는 인간은 비행기를 만들어 냄으로써 새보다 더 빠르고 더 오래 날 수가 있다. 물 속에서 생활할 수 없는 인간은 잠수함을 발명함으로써 물고기 이상으로 자유자재로 물 속에 들어가 있을 수가 있는 것이다.

이러한 과학의 기틀만을 모아 놓은 사물은 없다. 협력체제라는 사회의 조직을 만들어 냈기에 인간 이상의 힘을 가진 맹수도 사로잡아서 그 고기를 먹을 수가 있었다. 자연 재해인 호우나 장마, 그 반대인 가뭄에 대해서도 제방을 쌓고, 용수로를 만들어 대비할 수가 있는 것이다.

인간은 맨 처음부터 사회의 조직을 가지고 있지는 않았다. 오랫동안 괴로움을 겪으며 얻은 체험을 통해서 협력체제를 구축하는 편이 보다 잘 살아갈 수 있다는 사실을 발견했던 것이다.

이와 같이 인간은 태어난 뒤에 몸에 익힌 여러 가지 기술·제도라는 의복을 갖춤으로써 곤충이나 동물보다도 강인한 적응력으로 살아 나갈 수 있게 되었다. 이 의복이 바로 문화라는 것이다.

인간은 문화라는 의복을 입고 있다.

'과연 그렇다'고 생각된다. 그러나 이러한 문화를 가진 이는 사실 인간만이 아니라는 사실을 발견했다. 여러 현상을 통해서 관찰할 수가 있는데 인간과 가장 가깝다는 유인원의 사례를 통해서 살펴보기로 하자.

일본의 미야자키겐 고지마에서 관찰된 사례인데, 어느 소녀 원숭이가 해변에 떨어져 있는 밀알을 한 알 한 알 주워 먹는 것은 능률이 오르지 않는다는 생각이 들었던지 바닷물에 밀어 넣어 물에 뜨게 해서 먹는 행동을 하기 시작했다. 이러한 행위를 다른 원숭이들이 흉내내기 시작하더니 최근에는 힘이 센 원숭이로부터 멀리 떨어진 해변에 구멍을 파고 밀이 섞인 모래떡을 물에 띄워 밀알을 골라 먹고 있었다.

이와 같은 행동은 다른 동물이 시작한 새로운 행동을 배우고, 어느 집단이 공통으로 똑같은 행동을 시작했다는 사실을 뒷받침해 주는 것이며, 이는 곧 훌륭한 문화가 된다고 할 수 있을 것이다.

침팬지가 흰개미를 사냥하는 행동도 유명하다. 침팬지는 숲 속의 작은 나뭇가지를 꺾어서 이를 흰개미집 속에 박아 넣는다. 그리고 가지를 빙글빙글 돌리면서 끌어올려 나뭇가지에 붙어 있는 흰개미를 먹는 것이다.

흰개미잡이를 하는 침팬지

첫째로 이는 타고난 본능이 아니고 태어난 뒤에 어미나 동료로부터 배운다는 것 그리고 둘째로 그와 같은 행동을 집단 단위로 똑같이 따라한다는 데에 주목할 필요가 있다. 특히 이 경우는 나뭇가지를 도구로 사용하였다는 점이 주목된다.

또한 최근 일본의 교토 대학 영장류 연구소의 마쓰자와 조교수의 연구에 의해 다음과 같은 실태가 발견되었다.

침팬지가 야자 열매를 먹을 때는 판판한 돌 위에 야자 열매를 놓고 돌로 쪼개는데, 판판한 돌 밑을 다른 돌로 괴는 궁리를 해내서 돌이 수평이 되도록 하는 행동이 확인되었다. 이러한 사실은 한 도구를 사용하기 위하여 다른 도구를 사용할 줄 안다는 발달된 도구의 사용, 지금까지는 인간밖에 할 수 없다고 생각한 일이 침팬지의 세계에서도 존재한다는 사실이 확인되었다.

이와 같은 관찰 사례를 생각해 보면 인간만이 도구를 사용하고 문화를 가지고 있다고 말할 수 없다. 정도의 차이는 있겠지만 인간 이외의 동물이 인간과 같은 행동을 하는 것을 볼 수 있다.

침팬지도 네 단어로 된 말을 기억한다

W · 콜러1887~1967 · 독일라는 심리학자는 유인원의 지혜 시험을 해 본 결과 다음과 같이 말했다.

"여러 해 동안 침팬지와 함께 살아 왔는데 내가 추측할 수 있는 것은 유인원과 미개한 자연인의 큰 차이점은 침팬지에게 언어가 부족하다는 사실밖에는 없다."

콜러는 이 말에 이어서 '정신적 생활 시간이 매우 적고 한정되어 있다.' 는 사실을 들고 있는데 어려운 이야기이므로 여기에서는 다루지 않기로 한다. 그것은 그렇다 치더라도 그가 인간과 유인원의 차이점을 밝히는데 언어를 들고 있는 것은 틀림없는 사실이다.

'언어' 에는 음성이 되어 밖으로 나타나는 외언어外言語와 음성으로 나오지는 않지만 마음속으로 나타내는 내언어內言語가 있다. 외언어는 커뮤니케이션의 수단으로, 음성이 된 언어를 서로 주고받음으로써 서로의 뜻을 전달하고 이해할 수가 있다.

이와 같은 커뮤니케이션을 통해서 협력체계를 쌓아 나갈 수가 있는 것이다.

또 내언어는 사고하는 도구이다.

이렇게도 안 되고 저렇게도 안 될 때 우리들은 음성이 되지 않은 말을 마음속으로 중얼거리면서 생각하게 된다. 한국인은 한국말로 생각하고 일본인은 일본말로 생각하며, 영국인은 영어로 생각하게 되는 법이다.

몇몇 심리학자들이 침팬지를 자기 자녀들과 함께 길렀다는 기록이 있다. 그 결과를 보면 침팬지가 네 단어까지는 기억해서 말할 수가 있지만 그 이상은 불가능하여 '침팬지에게는 언어 능력이 없다.' 는 사실이 학설로 정착되었다.

그러나 수화手話를 학습시키면 150단어 정도까지 기억하며 간단한 회화를 할 수도 있다. 또한 도형 문자나 색을 칠한 플라스틱 조각을 이해할 수도 있다. 이러한 사실들로 '유인원은 언어를 완전히는 사용할 수 없지만 문자 사용은 가능하다' 는 결론을 내릴 수 있을 것이다.

이번에 화제를 좀 바꾸어 보자.

언어에 '사고하는 도구' 의 기능이 있다는 것은 앞에서 이야기했다. 그렇다면 언어 능력을 가지지 않은 침팬지는 사고 능력이 없을까, 반드시 그렇다고 볼 순 없다.

한때 신문에 침팬지가 우리의 자물쇠를 열고 달아난 기사가 나서 온 세상을 떠들썩하게 한 일이 있었는데, 실제로 침팬지와 오랑우탄을 이용해서 실험을 하여 재미있는 결과가 나왔다고 한다.

우리 밖에 있는 침팬지가 자물쇠를 만지작거리면서 우리 안에 놓여 있는 바나나를 먹으려고 한다. 그러다 잘 안 되면 우리의 위쪽으로 올라가기도 하고 우리를 뒤집기도 하고 또 우리를 굴리기도 한다. 그리고 결국은 성공한다.

오랑우탄도 침팬지와 마찬가지로 자물쇠를 만지작거려 본다. 그러다 성공하지 못하면 우리에서 떨어져 한동안 가만히 있으면서 우리 쪽을 바라보며 생각에 잠긴다. 마침내 생각이 떠오른 듯 자물쇠를 만지작거리다가 드디어는 성공한다.

두 동물이 성공에 도달하는 시간은 거의 같으므로 지능도 같은 정도라고 볼 수 있다. 그러나 두 동물의 문제 해결 태도는 매우 대조적이다. 오랑우탄은 가만히 생각하는 사고형이고, 침팬지는 생각보다는 여러 가지 행동을 하며 해결해 나가는 타입이라고 할 수 있다.

이 실험을 소개한 가와이 씨는 현재 인간의 교육은 O, X식 테스트 체제에 순응하는 침팬지형의 인간을 기르고 있는 것이지, 오랑우탄형의 인간을 기르는 것이 아니라고 말한다. 아인슈타인이나 다윈은 오랑우탄형의 인간이었다고 말한다.

이 이야기는 그만 하고, 앞에서 유인원이 네 단어로 된 말을 할 수 있다고 했다. 그러나 언어를 도형화하면 좀더 많이 이해할 수 있다는 사실이 실험을 통해서 입증되었다. 그리고 사고하는 형태가 오랑우탄형이나 침팬지형으로 나뉘는 현상을 살펴보았다.

위의 사실은 가와이의 저서 〈어린이와 자연〉에 있는 내용이다. 이 외에도 동물의 사고에 대한 충격적인 사례가 많이 소개되어 있다. 다음에 소개하려는 것도 이 책에 있는 것으로서 동물과 인간의 차이에 관한 것이다.

인간은 생각하는 동물이다. 그럼 다른 동물은 생각하지 않는 걸까?

> 인간은 자연 속에서 가장 약한, 하나의 갈대에 지나지 않는다. 그러나 생각하는 갈대이다. 그를 짓눌러 부러뜨리기 위해서 전 우주가 무장 할 필요는 없다. 한 번 부는 입김(증기), 한 방울의 물이면 그를 죽이는 데 충분하다. 그러나 우주가 그를 짓눌러 부러뜨리더라도 인간은 그를 죽이는 것보다도 훨씬 고귀한 존재이다. 왜냐하면 인간은 자신의 죽음과 우주가 자신을 초월하고 있음을 알고 있으나 우주는 그에 관해서는 아무것도 모르기 때문이다.
>
> 파스칼의 〈팡세〉중에서

우리가 흔히 대하는 유명한 구절이다. '이성을 가지지 않으려면 목을 매달 끈을 가지라' 는 고대 그리스 사람들과 마찬가지로 인간의 고귀함에 대한 근거를 생각할 수 있는 힘, 즉 이성에서 찾고 있다.

그러면 생각할 수 있다는 것은 무엇을 의미하는 말일까?

A와 B를 어떠한 일정한 기준에 의하여 비교 평가해 본 다음, 뛰어나다고 생각되는 어느 한쪽을 선택하는 능력을 갖고 있다는 뜻이 아닐까.

식충곤충인 각다귀의 '암컷 흉내'를 관찰해 보면 그러한 선택을 하고 있는 것을 알 수가 있다. 즉, 하나의 기준을 정해 놓고 좋은 것을 선택하는 행동, 바꿔 말하면 '생각'하고 있다고 생각되는 현상을 관찰할 수가 있는 것이다.

각다귀는 교미를 하기 전에, 수컷이 암컷에게 선물을 한다. 수컷은 곤충을 잡아 우선 맛을 본 다음, 맛이 좋다고 생각되면 냄새를 피워 암컷을 가까이 불러들인다. 암컷은 특유한 날갯짓을 하면서 수컷에게 다가가지만, 수컷이 주려는 먹이가 작으면 아예 상대도 하지 않는다. 또 먹이가 작지도 크지도 않고 보통 정도면 교미를 허락하긴 하나 수컷이 사정하기 전에 달아나 버린다. 그러니 수컷에겐 교미하는 일이 큰일이 아닐 수 없다.

큰 곤충을 잡으려면 그만큼 큰 힘과 기술이 필요하다. 그럼, 그렇게 할 만한 기술도 없고, 힘도 없는 수컷은 어떻게 할까? 힘이 약한 수컷은 다른 수컷이 큰 곤충을 잡아 놓고 암컷을 부를 때, 암컷처럼 특유의 날갯짓을 하여 그 수컷에게로 다가간다. 각다귀는 수컷이나 암컷이나 모습이 아주 비슷해서 먹이를 잡아 놓고 암컷을 기다리던 수컷은 그만 깜빡 속아 넘어가 약한 수컷에게 먹이를 주고 만다. 이처럼 약한 수컷이 암컷의 흉내를 내어 강한 수컷을 속이는 행동을 '각다귀의 여자 흉내'라고 말한다.

동물의 전략

현대동물 행동학 입문

각다귀라의 수컷은 곤충을 잡아 암컷에게 갖다 바쳐야 한다. 그러지 않으면 암컷이 수컷에게 교미를 허락하지 않는다. 암컷은 수컷이 갖다 준 곤충의 크기를 살펴본 후에 수컷을 받아들이기도 하고 물리치기도 한다. 즉 수컷이 가져온 선물의 좋고 나쁨에 따라 행동을 결정하는 것이다.

이러한 사실을 발견해 매우 유명해진 미국의 랜디소힐은 각다귀와 같은 무리에 속하는 시리아게무시라는 벌레에 관한 연구 결과를 발표했다.

유럽에 있는 시리아게무시 종류의 어느 곤충은 암컷이 곤충의 사체를 발견하면 냄새를 분비해 수컷을 부르고 수컷이 그 곤충을 먹는 동안에 교미를 한다.

암컷은 두 종류가 있는데, 교미를 할 때 타액선을 통해 수컷에게 분비물을 주는 것과 주지 못하는 것 그렇게 두 종류가 있다. 소힐은 전자를 '적응 암컷', 후자를 '부적응 암컷'이라 이름짓고 수컷들이 어느 쪽을 좋아하는지 조사해 보았다.

조사 결과, 수컷은 부적응 암컷보다는 적응 암컷과 교미하기를 좋아했다. 그리고 먹이를 둘러싸고 경쟁이 벌어질 때 적응 암컷에게서 태어난 새끼들이 부적응 암컷에게서 태어난 새끼들보다 우월하다는 사실도 밝혀냈다.

이와 같은 각다귀의 교미 행동을 살펴보면 암컷은 크고 먹음직스러운 먹이를 기준으로 세워서 수컷이 가져온 먹이를 보고 그에 따라 상대를 할 것인지, 조금만 허락할 것인지를 판단하고 선택하는 것이다.

수컷임에도 불구하고 힘이 약해 암컷 같은 행동으로 수컷을 속이고 먹이를 빼앗아가는 약한 각다귀의 심리적 과정이나 마음의 움직임을 살펴보면 인간이 사고하는 과정과 거의 다름이 없다.

물론, '그러므로 각다귀에게도 사고 능력이 있다'는 결론을 내릴 생각은 없다. '인간과 똑같은 행동을 하는 것이 인간과 똑같은 동기에 의한 것' 이라고 단정지을 수도 있다. 그러나 다른 동기에서 기인한 행동일 수도 있기 때문에 그 동기를 확실하게 증명하지 못하는 이상, 그렇게 단정짓는 것은 과학적인 방법이라고 말할 수 없다.

이와 똑같은 이유에서 '생각은 인간만이 할 수 있는 능력이지, 다른 동물은 생각하는 능력이 없다' 고 단정짓는 것도 잘못이라고 생각한다.

세 가지 사례를 들어서 인간과 다른 생물과의 차이점에 대해 생각해 보았는데 여러 가지 재미있는 사례가 더 많이 있다. 동물행동학이라든가 곤충행동학이 그만큼 진보된 것이다.

'자살은 인간만이 하는 것이 아니다. 코끼리도 자살한다' 라든가, '인구가 급증하면 레밍구미 북부에 무리지어 사는 쥐와 비슷한 작은 동물처럼 집단 자살을 하지 않을 수 없다' 라는 말도 있지만 이러한 말은 사실이 아니라고 한다. 그게 사실이라면 사진으로 확인할 수 있을 터인데 그와 같은 사진이 없을 뿐만 아니라 그 현장을 본 사람도 없다는 것이다. 코끼리 자살 이야기는 상아의 밀렵꾼들이 멋대로 지어낸 이야기라고 한다. 죽음을 깨달은 코끼리가 혼자 숲 속으로 사라져 버렸다는 이야기는 재미있고 흥미를 끌긴 하지만 확인되지 않은 사실이라는 것이 현 시점의 결론이다.

인간이 다른 동물과 다른 점은 가치 기준을 가지고 있다는 사실

이것도 아니고, 저것도 아니라고 부정만 했는데, 그럼 도대체 인간이란 무엇인가?

어려운 말이 되겠지만 '인간이란 가치를 추구하며 살아가는 동물이다' 라고 말할 수 있다. 좀더 알기 쉽게 이야기를 풀어서 설명해 보겠다.

배가 고프면 뭔가가 먹고 싶은 건 당연하다. 개도 고양이도 배고프면 먹을 것을 찾는다. 인간과 조금도 다르지 않다. 눈 앞에 먹을 만한 것을 발견하면 인간이나 동물이나 그 쪽으로 쏜살같이 달려간다. 그리고는 혹시 썩은 것이 아닌지, 먹어도 괜찮은 것인지를 살핀다.

괜찮다고 인식되면 그것을 먹는다. 배탈이 나거나 잘못하여 식중독을 일으켜 목숨을 빼앗기는 경우도 생길 것이다. 동물에게도 후각, 시각, 미각의 감각 기능이 있어서 어느 정도 판단할 수 있는 능력을 갖추고 있다.

"에이 쓴 맛이군.""어휴, 구린 냄새!" 하고 내뱉거나 토하는 일도 있을 것이다.

어떤 동물은 그러한 능력이 인간 이상으로 뛰어나 먹어서 목숨이 위험할 것 같은 먹이는 절대로 입에 대지 않는다. 그러나 인간만이 가지는 판단 기준으로 "먹어도 좋은 것인가, 이것은 도둑의 물건인 것 같아, 나는 먹을 수 없다."고 마음이 움직인다. 이러한 '먹어서는 안 돼' 하는 판단을 어렵게 말하는 것을 '가치판단' 이라고 하는 것이다. 이러한 일들은 누구나 경험하는 일이니까 금방 이해할 수 있으리라 생각된다.

이를테면 전쟁이라는, 평상시와는 아주 다른 상황 아래에서는 여간 어려운 일이 아니다. 1990년 8월에 시작된 걸프전쟁 때, 많은 사람들이 인질로 잡혔다. 그 인질들이 해방되었을 때 신문은 이렇게 보도를 했다.

"인질로 잡힌 동양인들은 정부가 언제 구해 주러 올 것인가를 생각하고 있었다. 그러나 영국이나 미국인 인질들은 다국적군이 공격해 오면 자신들이 어떻게 행동을 해야할 것인가를 생각하고 있었다."

동양인과 영미인들의 사고방식의 차이가 확실히 드러나는 보도라고 생각한다. 음식도 충분하지 않은 위험한 상태에서 벗어나 가족과 함께 살고 싶다고 생각하는 것은 당연한 심리라 하겠다. 그러나 거기에는 무엇이 정의로운 것인가, 그 정의를 지키기 위해서 인간으로서 어떻게 행동해야 할 것인가에 대한 사고가 동양인에게는 부족했던 것이다. 여기에서 말하는 '정의의 실현' 이라는 것이 가치의 기준이 될 수 있을 것이다.

또 한 가지 필자를 감격하게 한 이야기가 있다. 1982년 1월 16일, 얼어붙은 워싱턴 포트머크 강에 미국 플로리다 항공기가 추락했다. 추위 속에서 목숨을 건 구조 활동이 시작되었다. 헬리콥터에서 밧줄이 내려졌다. 수

온은 1.9°. 그렇게 차가운 물 속에서 생존의 한계는 3분간이라고 한다. A · D · 윌리엄이라는 사람은 그 밧줄을 자신이 잡으려 하지 않고 여성을 포함한 다른 사람에게 다섯 차례나 양보하고는 힘이 다 빠져 그 자신은 물 속으로 사라져 버렸다는 것이다.

누구나 "얼어죽기 전에 한시라도 빨리 구해 주었으면……." 하고 바랄 것이다.

서로 앞다투어 다른 사람을 제치고 살아나려고 생각하는 것이 인지상정이 아닐까. 동물이라면 생존욕이 무엇보다도 강하기 때문이다. 그토록 살고 싶어하는 강한 욕망을 사람이라는 가치를 위해서 끊어 버린다. 인간이 다른 동물과 다른 점이 바로 여기에 있는 것이 아닐까.

그 가치의 기준을 좀더 직접적으로 설명해 보기로 한다. 일반적으로 진眞 선善 미美 성聖을 가치 기준으로 삼고 이를 내세운다. 먼저 진에 관해서 살펴보면 '이것이 사리에 맞으니까 진리이다.' '이것은 실험을 통해서 확인되었으니까 진리이다.' 라고 말했을 때 전자와 후자는 진리의 기준이 다르다는 것을 알 수 있다. 전자는 진위에 기준을 둔 것이고, 후자는 실제로 확인을 한 다음 참인지 거짓인지를 확신하고 있다. 무엇이 진리인지를 가리는 데에는 이처럼 여러 가지 사고방식이 있을 수 있다.

다음으로 선 또는 정의에 관한 사고방식이다.

'자기 자신이 행복하게 된다면 그것으로 만족이다. 그와 같은 행동이야말로 선이다.', '생명이 이 세상에서 가장 중요한 것, 생명을 영원하게 하는 데 도움이 되는 것이야말로 정의이고 선이다.', '정의는 행복이라든가 생명의 안전과는 별개의 것이다.'

위와 같이 여러 가지 사고방식이 있다. 앞에서 소개한 동양인 인질과 영미인 인질과의 사고방식의 차이에서도 확실히 드러난다.

셋째로는 미에 관한 사고방식이다. 같은 그림을 보고 '훌륭하다, 멋있다.'고 하는 사람과 '시시하다, 별것이 아니다.' 혹은 '예술이 아니다.'라고 말하는 사람으로 나눌 수 있다. 이것 또한 미의 기준에 따른 사고방식에 차이가 있기 때문이다. 예술관이 다르기 때문이라고도 볼 수 있다.

끝으로 성스러움에 관한 사고방식이다. 어떤 동물이건 상대가 자기보다 강한지 약한지를 판단하게 마련이다. 인간 또한 마찬가지이다.

그러나 거기에는 단순히 강하고 약한 것을 판단하는 것이 아니라 자기 자신을 초월하는 것, 두려우면서도 존경스러운경외감 시각이 내포되어 있다. 물론 존경심이 없는 사람도 있지만 장대하고 경이로운 자연이라든가 자기 자신을 잊게 하는 훌륭한 예술 작품을 대했을 경우에 망연자실하는 때가 있다. 이와 같은 마음의 상태가 성스러움이라고 말할 수 있지 않을까. 성에 대해서는 속(俗)이라는 반대의 개념이 있다.

가치의 기준은 그렇다 치고 철학이라는 것은 그러한 가치 기준에 대해서 생각하는 학문이라고 할 수 있다. 진·선·미·성에 관한 사고방식에 따라 되도록 알기 쉽게 설명해 나가겠는데 우선 민주적인 가치관이라는 총론부터 시작해 보기로 하겠다.

민주적인 가치관이 어째서 우리들에게 필요한가?

　민주주의에 관한 정의는 여러 가지가 있겠지만 민주주의라는 시점에 가치관을 두고 살펴본다면 어떻게 정의할 수가 있을까? 여기에도 인간을 어떻게 생각하느냐 하는 사고방식이 깊이 관련되어 왔다. 일본의 쇼토쿠 태자의 인간관을 우선 살펴보기로 하자. 그 태자가 만든 17조의 헌법 제10조에 다음과 같은 조문이 있다. 원문은 어렵게 되어 있으므로 알기 쉽게 풀어서 소개하겠다.

　"인간은 누구나 마음이라는 것을 가지고 있다. 그 마음이란 것은 사물에 마음이 쏠려 얽매이게 되는 마음, 다시 말해서 집착하는 마음이다. 그러므로 다른 사람은 된다고 하는 것을 자기 자신은 안 된다고 말한다. 자신은 결코 잘못을 저지르지 않는 성인이 아니며 다른 사람이 어리석은 것은 물론 아니다. 나나 다른 사람이나 모두 범인보통사람인 것이다."

　너무나도 당연한 말이라 조금도 감동할 만한 것이 아닐 것이다. 그러나 이러한 쇼토쿠 태자의 인간관은 오늘날에 있어서도 그대로 통용되는 훌륭한 사고방식이라고 말할 수 있다.

　태자가 호족끼리의 싸움에 말려들어 피는 피로써 갚는다는 골육상잔의 혼란 속에서 인간이 살아나갈 길을 불교와 유교의 가르침에서 찾은 가치 있는 인간관인 것이다. 태자가 말한 것과 반대되는 현상들이 아직도 행해지고 있는 사실을 생각해 볼 때 고개를 끄덕이지 않을 수 없는 사고방식인 것이다.

　다시 말해서 동유럽과 구소련에서는 공산당의 존재밖에는 허용하지 않았다. 즉, 공산당의 독재 체제가 확립되어 있었던 것이다. 이는 공산당만

이 올바른 것이고 그 밖의 사고방식은 옳지 않다고 되어 있기 때문이다. 이러한 사고방식을 '지도자 원리'라고 한다.

구소련이나 동유럽의 공산당에 대해서 '지도자 원리'라는 용어를 쓰면 일부 사람들로부터 당치도 않은 말이라는 반박을 받게 될 것이다. 왜냐하면 히틀러나 무솔리니에게 사용하던 용어이기 때문이다.

'지도자 원리'는 국민의 대부분은 눈앞의 이해에만 사로잡힌 어리석은 사람들, 즉 중우衆愚이니까 국문 중에서 가장 뛰어난 사람에게 정치를 맡기는 편이 좋다는 사고방식이다.

이에 반대되는 사고방식이 다수결의 원리이다. 국민 중에서 가장 뛰어난 사람이라도 인간인 이상 그 판단에는 진리와 동시에 잘못이 반드시 따라다니게 마련이다. 따라서 되도록 많은 사람들이 정치에 참가하고 자유롭게 토의하여 관용의 정신을 가지고 다른 사람의 의견에도 귀를 기울인 다음 그 가운데에서 다수의 의견으로 결정해 나간다. 일단 결정된 의견일지라도 결코 잘못이 없다고는 말할 수 없으므로 다음 기회를 잡아서 다시 한 번 생각하여 토론을 하면 된다는 사고방식을 다수결의 원리라고 한다.

즉, 민주주의의 가치관을 정리하면 첫째로, 어떤 사람이라도 인간인 이상 올바른 사고방식과 그릇된 사고방식을 동시에 가지고 있다는 인간관의 입장에서 볼 것. 둘째로 사상, 표현의 자유를 확보할 것. 셋째로 관용의 정신에서 소수 의견에도 겸허하게 귀를 기울일 것. 넷째로 무한정으로 토론만 할 수 없는 일이니까 일단 다수의 의견으로 결정할 것. 마시막으로 결정된 의견에도 전혀 잘못이 없다고 할 수 없으니까 기회를 보아서 개정할 것이라는 여유를 가지고 계속해서 절대적 진리에 가까이 가겠다는 태도를 가질 것. 좀 어렵게 말한다면 민주주의의 가치관이라는 것은 가치의 상대관과 이상주의라는 말이 될 수 있다.

그러나 민주주의의 가치관은 철저한 가치의 상대관으로 반드시 관용의 입장에 서야 한다는 점도 잊어서는 안 된다. 바꿔 말하면 앞에서 지적한 다섯 가지의 조건을 부정하는 가치관에 대해서까지도 관용의 태도를 가지지 않으면 안 된다. 가치는 모두가 상대적이기 때문에 그와 같은 가치관을 인정해야만 한다는 말이다.

인류는 일찍이 이와 같은 잘못을 저질렀기 때문에 제2차 세계대전이라는 커다란 희생을 치르지 않으면 안 되었다. 구체적으로 역사를 살펴보면 나치스 독일은 바이마르 헌법의 절차를 거쳐 유효하게 성립을 하게 되었다.

바이마르 헌법은 제1차 세계대전에서 패배한 독일이 1919년 바이마르에서 열린 국민의회에서 성립시킨 헌법으로, 주권이 국민에게 있고, 완전 보통선거 실기, 생존권 보호, 공공의 복지로부터 사유재산의 제한 등을 규정하고 있다. 이러한 점 때문에 20세기의 새로운 민주주의 헌법의 전형이 되고 높은 평가를 받은 선수적인 헌법이다. 그러나 1933년 나치스의 정권 획득으로 유명무실하게 되었다.

그러면 그와 같은 민주주의 헌법이 어째서 민주주의를 부정하는 나치스 독일의 독재 정권의 발생을 가져오게 했을까? 여러 가지가 있겠지만 결정적인 이유는 바이마르 헌법이 앞에서 말한 다섯 가지 조건을 부정하는 사상에 대해서까지도 관용의 태도를 가졌기 때문이다. 말하자면 바이마르 헌법은 제가 낳은 자식을 제가 잡아먹은 꼴, 제 도끼질에 발등 찍힌 꼴이 된 셈이다.

일본에는 1952년에 제정된 파괴 활동 방지법이라는 법률이 있다. 이것은 이른바 혁신 정당의 대반대 속에서 제정된 법률인데 사실 이 법률은 있을 뿐 아직 적용된 일이 없는 법률이지만 제1조에 '폭력주의적 파괴 활동에 대한 형벌 규정을 보장하고 공공의 안전을 확보하는 데 기여함을 목적으로 한다.'고 되어 있고, 제2조에서는 '이 법률은 국민의 기본적인 인권에 중대한 관계를 가지는 것이기 때문에 공공의 안전을 확보하기 위하여 필요한 최소한의 경우에만 적용해야 하고 혹시라도 이를 확대해서 해석하는 일이 있어서는 안 된다.'고 되어 있다.

일본에서는 이 법률이 있기 때문에 바이마르 헌법이 겪었던 비극을 맞을 염려가 없다고 본다.

이 장에서는 '인간이란 무엇인가?' 라는 물음에서 출발하여 인간은 가치를 추구하며 살아간다는 점에서 다른 동물과 다른 독특한 점을 가졌다는 결론에 이르렀다. 그리고 그 관점에 있어서 개략적으로 가치관을 진·선·미·성에 두고 있다는 사실을 이야 기한 다음 민주주의적 가치관에 관해서 고찰을 하였다.

세계의 격동기를 살아가는 우리들도 이 민주주의의 가치관만은 완전히 몸에 익혀 놓쳐 버리지 않도록 해야 한다고 생각한다. 이를 소홀히 하면 우리들의, 아니 인류의 행복은 위태롭게 되기 때문이다.

여기서 장을 바꾸어 '행복이란 무엇인가' 라는 문제에 관해서 생각해 보기로 한다. 행복을 바라지 않는 사람은 없다. 행복이야말로 우리들 행동의 최종 목적이기 때문이다. 회사에 다니며 근무하는 것은 급료를 받기 위해서이거나 자기 실현을 위해서일 것이다. 급료를 받으려는 목적은 가족을 부양하기 위해서이고 생활비를 마련하기 위해서이다.

이와 같이 우리들의 행동은 항상 '무슨 일인가를 위해서' 라는 수단이 있다. 그러나 수단이 되지 않고 목적 그 자체인 경우도 있다. 이것이 바로 행복이라는 것이다.

그러나 이 행복에 관한 생각은 각자마다 다른 것이 현실이다. '행복이란 이러이러한 것이 되지 않으면 안 된다.' 고 한다면 이야말로 민주적인 사고방식이 아니다. 각자 다른 사고방식을 가지고 있어야 하고 또한 없어서도 안 되기 때문이다. 바꿔 말하면 여러 가지 행복관의 존재를 인정하는 점이 바로 민주사회라는 증거가 된다고 할 수 있다.

이와 같이 행복관이 저마다 다르다는 것은 행복이 각자의 가치관과 서로 깊이 관련되어 있기 때문이다. 따라서 서로 그 의미로 보아 행복에 관하여 생각하는 것은 곧 가치에 대해서 생각하는 셈이 된다.

제 2 장

행복이란 무엇인가?

인간은 맨 처음부터 사회의 조직을 가지고 있지는 않았다. 오랫동안 괴로움을 겪으며 얻은 체험을 통해서 협력체제를 구축하

는 편이 보다 잘 살아갈 수 있다는 사실을 발견했던 것이다. 이와 같이 인간은 태어난 뒤에 몸에 익힌 여러 가지 기술 · 제도라

는 의복을 갖춤으로써 곤충이나 동물보다도 강인한 적응력으로 살아 나갈 수 있게 되었다. 이 의복이 바로 문화라는 것이다.

001 행복이란 무엇인가를 생각하는 학문이 철학이다

행복에 관한 사고방식은 한 가지가 아니다

행복이란 그것을 추구해 나가는 과정이지 도달점이 아니다

산 너머 저쪽 하늘 저 멀리
행복이 있다고 말들 하기에
아, 친구 따라 행복을 찾아갔다가
눈물만 머금고 돌아왔다네.
산 너머 저쪽 하늘 저 멀리
행복이 있다고 말들 하지만

독일의 시인 칼 부세Karl Busse 1872~1918의 「산 너머 저쪽」이라는 유명한 시이다. 로맨틱한 뉘앙스가 있어서 젊은이들이 애송하게 되었지만, 이 시에서는 행복이란 무엇인가에 관해서 아무런 내용도 구체적으로 나타나 있지 않다. 그러니 행복이란 사람들이 애타게 계속 찾아가는 것이라는 사실이 정확하게 표현되어 있다.

그 행복의 내용을 좀더 밝혀 놓은 글로서 러시아의 문호 도스토예프스키의 아포리즘Aphorism 경구 · 잠언이 있다. 그 내용은 다음과 같다.

행복은 어디에 있는가에 관해서 세상 사람들은 백 사람이면 백 사람 모두가 제각기 다른 견해를 가지고 있겠지만, 시험 삼아 그들에게 한 번 물어보라. 나는 확신을 가지고 말한다. 콜럼버스가 행복했다는 것은 그가 아메리카 신대륙을 발견했을 때가 아니라 그 발견을 위하여 계속 탐험해 나갈 때라고…… 행복은 생활의 끊임없는 영원한 탐구에 있지 결코 발견에 있는 것은 아니다.

즉 행복이란 것은 무엇인가를 찾아서 정열적으로 끊임없이 탐구해 나가는 과정에 있는 것이지, 정지된 완성의 상태에 있는 것은 아니라는 말이다. 헤르만 헤세도 이와 똑같은 뜻으로 이렇게 말했다.

'행복이란 행복에 대한 의지이다' 라고.

식탁 위에 차려 놓은 회를 먹는 요리 전문가의 즐거움 속에 진짜 행복이 있는 것이 아니라 물고기를 쫓아다니며 고기잡이하는 그 활동 가운데에 활기차고 생생한 진짜 행복이 있다고 하는 데에서 비로소 알 수 있을 것 같다.

도스토예프스키는 〈죽음의 집의 기록〉에서 역시 구체적으로 그러한 관찰을 하고 있다. 아마 그의 시베리아 유형流刑이라는 체험이 바탕이 된 것 같다.

나는 문득 이런 생각을 해본 일이 있었다. 흉악범에게 소름이 끼치도록 무시무시한 형벌을 주어서 다시는 죄를 짓지 않도록 하고 싶다면 노동을 아무 의미가 없는 것으로 하면 그렇게 될 수 있다.

지금 감옥에서 고역을 치르는 죄수가 아무런 흥미도 없고 지루한 일을 할지라도 그건 어디까지나 일이며 나름대로 이익도 있다. 죄수들에게 벽돌을 굽게 하고 밭을 갈게도 하며 벽을 칠하게도 하고 집을 짓게도 하는데 이러한 노동에는 의미와 목적이 있다.

노역의 죄수는 어떻게 해야만 그 일에 열중하고 좀더 좋게, 좀더 훌륭하게 마무리를 할 수 있을까에 대한 생각을 하게 된다. 그러나 이를테면 물을 하나의 통에서 다른 통으로 옮겨 붓고 그 물을 다시 원래의 통에 되붓는 작업을 계속 시킨다면 죄수는 아마 4, 5일을 못 가서 목을 매던가 아니면 죽는 한이 있너라도 그런 지루한 고역에서 달아나는 편이 낫다고 생각하고 자포자기가 되어 온갖 나쁜 짓을 저지를지도 모른다.

우리들이 현재의 생활을 되돌아보아, 의미와 목적이 있는 노동을 하고 있다고 가슴을 펴고 떳떳하게 말할 수 있는 사람이 얼마나 될까? 많이 있을까, 아니면 적을까? 현재 자신이 하고 있는 일에서 그 의미와 목적을 찾아내려고 노력하는 것이 행복으로 이어지는 하나의 방법임에 틀림없다.

플라톤과 아리스토텔레스는 행복에 대해 어떻게 생각했을까?

지금까지 행복에 관한 사고방식을 살펴보았는데 그리스의 철학자들은 어떤 사고방식을 가지고 있었을까? 철학의 원류로 돌아가 배워 나가기로 하자.

플라톤은, 결론적으로 말하면, 도스토예프스키가 콜럼버스에 대하여 이야기한 행복론과 아주 비슷하여 끝없이 이상을 추구해 나가는 생활 속에서 행복을 찾아내려고 했다. 그의 말에 따르면 사랑에로스의 생활 속에 행복을 발견한다는 것이다.

플라톤은 존경하는 스승 소크라테스를 사형으로 몰고 간 아테네의 민주정치의 모순을 보고 이상적인 정치의 바람직한 모습을 탐구해 나갔다. 정치에는 지혜이상가 필요한 것은 아닌가? 모든 일을 다수결로 하는 수의 논리가 아니라, '무엇이 올바른 것인가?' '어떻게 해야 마땅한가?'를 생각하는 지혜를 뒷받침해 주는 이성理性의 정치가 되어야 한다고 생각했던 것이다.

민주주의가 다수결의 논리라는 수의 논리에 얽매었기 때문에 인류의 스승이라고도 할 수 있는 소크라테스를 죽음으로까지 몰고 간 잘못을 저지르게 되었다고 생각했던 것이다. 오늘날의 정치에도 들어맞는 사고방식이다.

이와 같은 플라톤의 사고방식 안에는 현실보다도 이상을 강하게 추구해 나가는 경향이 있다. 그리고 이 사고방식은 그의 세계관, 다시 말해서 '세계는 무엇으로 성립하고 어떤 형상으로 존재하는가?' 하는 사고방식 안에 명확히 나타나 있다. 그의 세계관을 이데아론Idea論이라고 한다.

이데아론! 처음으로 어려운 철학 용어가 나왔다. 우선 이를 보고 "철학은 역시 어렵구나!" 하고 비명을 지를 것이다. 그래서 될 수 있으면 구체적으로 쉽게 설명을 해보겠다.

우리들의 주변에 있는 사물은존재하는 것 항상 변화하고 있다. 여러분이 쓰고 있는 책상도 어제의 책상과 아주 똑같지는 않다. 눈으로 볼 수는 없어도 아주 조금씩 변화해 가고 있는 것이다.

그리고 언젠가는 소멸해 버리게 되는 것이다. 다시 말해서 '현실에 존재하는 것은 변화하고 소멸하므로 완전한 것은 하나도 없다' 고 할 수 있지 않을까.

또 한 가지의 예를 들어 보자. 여기에 삼각자가 있다. 이것도 언젠가는 변화 소멸하게 된다. 아니, 그뿐만이 아니다. 삼각형이란 세 직선으로 둘러싸인 도형을 말한다. 그런데 수학에서 '직선이란 길이만 있지 폭은 없는 것' 이라는 정의대로라면 그런 것삼각형은 현실에는 있을 수가 없다. 우리가 아무리 연필심을 가늘게 깎아서 그린다고 해도 우리는 폭을 가시시 않은 선으로 삼각형을 그리는 일은 불가능하다. 왜냐하면 우리가 그린 삼각형은 '삼각형 같은 것' 이지 '삼각형 그 자체' 는 아니라는 말이다.

이를테면 여기에 고양이 두 마리가 있다. 각각의 고양이 한 마리 한 마리는 점점 자라다 언젠가 변하고 결국 죽어서 묻힐지 모르지만 그러나 '고양이의 형상' 즉 '고양이' 라는 그 자체는 변하지 않는다. 고양이를 여러 모습으로 그릴 수는 있어도, 우리가 그린 고양이는 '고양이 같은 것' 이지 변하지 않는 '고양이 자체' 즉, 고양이의 근본 모습은 아니라는 말이다. 그러나 '삼각형 그 자체' '고양이 그 자체' 는 현실에는 존재하지 않더라도 머릿속으로는 그릴 수 있다.

이러한 말을 어렵게 바꿔 말한다면 우리들의 눈, 귀 같은 감각으로는 파악할 수 없으나 머릿속으로 생각해서 알 수 있다는 말이 된다. 이는 곧, 감각적 세계 어디에도 존재하지 않으나 감각적 인식은 없으나 이성으로는 인식할 수 있다는 말이다. '인식' 이란 사물이 '거기에 있다' 고 인정하거나 사물의 뜻을 '확실히 앎' 이라는 뜻이다.

'이성' 이란 사물을 차례를 잡아 이치에 맞게 생각하고 올바르게 판단하는 마음정신의 작용이라는 뜻이다.

플라톤은 이성적으로 인식할 수 있는 존재머릿속으로 생각하고 그릴 수 있는 존재는 현실에 존재하는현실에서 보고 듣고 느낄 수 있는 변화 소멸해 가는 불완전한 사물과는 달리 완전한 것이 영원불변하는 존재라고 했다. 이와 같은 존재를 이데아라고 말했다.

어렵다는 생각이 드는 사람은 지금 현실에 있는 삼각형과 지금 현실에는 없지만 머릿속으로 생각할 수 있는 삼각형 그 자체를 떠올려보라. 머릿속에 떠올린 그 삼각형 자체가 바로 이데아라고 하는 것이다.

이와 같이 현실의 세계와 이상의 이데아의 세계로 나누어 생각하는 것을 이세계론二世界論이라 한다. 그럼, 어째서 이 두 가지 세계가 있게 되는가? 인간은 누구나 사물을 생각할 수 있고 옳고 그른 것을 판단할 수 있는 존재이성적인 존재임과 동시에 보고 듣고 느낄 수 있는 존재감성적인 존재이기 때문이다.

이러한 사고방식은 여러 가지 일이 적용될 수 있다. 예를 들면,

"당신은 인간으로서 완전하다고 봅니까?" 라는 질문을 받았을 때,

"천만에요. 당치도 않습니다. 저는 불완전하며, 언젠가는 죽게 되는 걸요."

하고 대답할 것이다.

모든 일에 완전무결하고 영원히 죽지 않는 인간은 현실에는 존재하지 않는다. 그러나 머릿속으로는 생각할 수 있고 마음속으로는 바랄 수도 있다. 우리들은 현실에 살고 있고 완전무결하고 죽지 않는 인간은 이데아의 세계에 살고 있기 때문이다.

이러한 사고방식은 사물을 현실 세계와 이데아 세계로 나누어서 생각하기 때문에 이세계론이라고 한다. 어떤 사람은 하느님의 나라라고 말하고 또 어떤 사람은 극락정토라고 말하지만 플라톤은 이데아 세계라고 말했던 것이다.

그리고 플라톤은 현실계에 사는 사람이 이데아계를 그리워하여 끊임없이 노력하는 것을 에로스Eros, 즉 사랑이라고 했다. "콜럼버스의 행복은 아메리카 대륙의 발견에 있는 것이 아니라 발견하려고 계속 노력해 가는 과정에 있었다."고 한 도스토예프스키의 말과 일치한다고 볼 수 있다.

이와 같이 플라톤은 끊임없이 이상을 추구해 가는 이상주의적인 사고방식을 가진 철학자였다.

플라톤의 제자 아리스토텔레스는 플라톤과 아주 다른 사고방식을 가졌다. 라파엘로1483~1520·이탈리아 르네상스시대 화가가 그린 '아테네의 학당' 중

앙 부분의 그림은 플라톤과 아리스토텔레스의 사고방식이 서로 다름을 극적으로 보여 주고 있다.

이상주의의 입장에 서서 이데아 세계를 한없이 동경하던 플라톤은 천장을 가리키고 있다. 한편 현실주의의 입장에 서서 하나하나의 현실을 존중하는 아리스토텔레스는 손을 수평으로 펴고 대지를 꽉 누르고 있는 모습이다. 라파엘로는 두 사람의 사상이 서로 다르다는 것을 다른 모습으로써 명확하게 보여 주고 있다.

아리스토텔레스는 마케도니아에서 태어났다. 그의 아버지는 알렉산더 대왕의 할아버지 친구로 궁중 의사로 있었다. 그러므로 어려서부터 '약 냄새' 속에서 자라났다. 의사라고 하는 자연과학자에게 교육받으며 자란 일이 그의 사고방식을 자연과학적이고 현실적으로 만들었다고 볼 수 있다.

30살 때 플라톤의 제자가 된 그는 플라톤의 총애를 받아 마치 연인들처럼 함께 학원을 산책하는 모습을 곧잘 볼 수 있었다고 한다. 그러나 '어미 말의 젖을 다 먹고 나서는 발로 차듯이……' 라고 플라톤이 탄식했듯이 두 사람은 서로 대립하게 되었다.

라파엘로가 그린 그림처럼 아리스토텔레스는 현실주의의 방향으로 바뀌어 갔다. 그는 참된 존재, 즉 이데아는 현실 세계를 초월해서 있는 것이 아니라 현실의 하나 하나의 존재 속에 다른 것이 될 가능성을 지니고 있다고 말했다.

예를 들어 말한다면 한 알 한 알의 씨앗 속에는 배胚-자라나 싹눈이 되는 부분가 있다. 이 배가 자라나 큰 나무로 성장하여 완성해 간다.

이와 같이 이데아는 큰 나무로 성장해 가는 가능성을 지닌 배로서 하나

하나의 대상물 속에 있다고 생각했다. 그러므로 이데아를 품고 있는 하나하나를 소중하게 여기지 않으면 안 된다는 현실적인 사고방식으로 바뀌어 갔던 것이다.

우리들은 변화 가능성을 지니고 있는 본질을 완성시켜 나가며 살아 나가는 것이 중요하다고 하는 사고방식과 서로 통한다고 할 수 있다.

주식투자로 큰 돈을 번 화가와 자신은 만족하지만 세상의 인정을 받지 못한 가난한 화가 중 누가 더 행복할까?

좀 어려운 문제이므로 신문 투고란에 실린 기사를 예로 들어 본다.

늙은 목수와 젊은 목수

얼마 전, 허름한 집을 증축했다. 처음 3일 동안은 젊은 목수가 와서 일했다. 화려한 셔츠 차림에 아주 멋지고 잘생긴 젊은이였다. 그는 일을 하고 있는 동안 줄곧 트랜지스터를 켜 놓고 일했다. 그것도 가요와 재즈만 틀었다. 다이얼을 계속 돌려서 질리지도 않는지 똑같은 노래만 몇 번이고 계속 듣고 있다. 4시가 되자마자 부랴부랴 일을 끝내곤 멋지고 화려한 옷으로 재빨리 바꿔 입고 연장들은 그대로 놓아 둔 채 오토바이를 타고 곧바로 돌아갔다.

4일째가 되어 그 젊은 목수 대신에 60세쯤 되는 나이 든 목수가 왔다. 겉보기에도 기술자 기질이 엿보이는 사람이었다. 점심 먹고 차를 마시는 시간이 15분이 될까 말까, 가만히 있기가 몹시 지겨운 모양이다. 일이 좋아서 어쩔 줄 모르는 듯, 앉아 있어도 굵은 손가락은 계속 움직이고 있었다.

"4시가 됐으니 그만 돌아가세요." 하면 "아직 해가 지려면 멀었는걸요, 뭐." 이렇게 말하며 좀처럼 일을 끝내려고 하지 않는다.

어두워질 때까지 일을 하고, 뒷마무리를 잘 한 다음 그는 자전거를 타고 돌아갔다.

나는 여기에서 젊은 목수와 나이 든 목수를 비교하고 싶은 생각은 없다. 다만 젊은 목수보다 나이 든 목수의 살아가는 모습이 더 행복하게 보였다는 말이다.

여러분은 어떻게 생각됩니까? 나는 나이 든 목수 쪽이 더 행복하다고 생각한다. 왜냐하면 아리스토텔레스가 말했듯이, "인생은 자기의 본질을 실현하며 살아가는 길이 올바르다"고 생각하기 때문이고, 그리고 '그 자체가 지닌 본질의 실현'이 행복하다고 생각하기 때문이다.

예를 들면 여기에 두 사람의 화가가 있다고 하자. 한 사람의 화가는 주식에 투자를 해서 평생 동안 그림을 그려도 도저히 손에 들어올 수 없을 만한 큰 돈을 벌었다고 한다. 또 다른 한 사람의 화가는 화가로서 자신이 만족해하는 그림만 그려 왔다. 그러나 세상에서 인정을 받지 못하고 그림이 팔리지 않아 생활이 곤란했다고 한다.

이 두 사람의 화가의 경우, 어느 쪽이 더 행복할까? 두 극단적인 보기를 들었으니 금방 어느 쪽이라고 판단할 수가 없을지도 모르지만 그러나 '화가로서'라는 조건을 붙인다면 물론 후자인 것이다. 화가로서는 재물이 늘어남보다도 그림을 그리는 작업 가운데에 본질이 있다고 생각되기 때문이다.

로마의 장군 안토니우스는 "인간의 가치는 그 사람이 열심히 추구하는 대상의 가치와 같다."라고 말했다. 재물을 열심히 추구하는 화가와 예술적 가치가 높은 그림 그리기를 추구하는 화가에게 안토니우스의 말을 관련지어 생각해 보지 않겠는가. 그리고 아리스토텔레스의 사고방식을 다시 한 번 돌이켜보지 않겠는가.

"본질의 실현이야말로 행복인데, 현재 자본주의 아래에 그 본질이 실현되지 않는 이유는 무슨 까닭일까?" 하는 의문에서 사회주의 사상을 만들어 낸 이가 K·마르크스이다. 아리스토텔레스의 사고방식과 일맥상통하는 점이 있다고 볼 수 있다.

행복을 목적으로 삼으면 행복은 달아나 버린다

다시 한 번 안토니우스가 한 말을 떠올리기 바란다.

"인간의 가치는 그 사람이 열심히 추구하는 대상의 가치와 같다."

다시 말해서 인간다움이라는 시점, 또는 인간의 품위라는 시점으로 보아 인간을 구별지을 수가 있다.

술만 마시면 방긋방긋 웃는 사람이나 저 녀석은 돈만 벌면 그만이라고 생각하고 사는 사람은 품위 있는 인간으로서의 시각에서 보면 낮은 수준이다.

반대로, 저 사람은 아주 성실한 사람이라는 평을 받고 있거나 돈이나 지위, 권세 따위는 안중에도 없다거나 신념이 뚜렷한 사람이라는 평을 받는 사람도 있다.

어느 쪽이나 행복을 추구하고 있다고 할 수 있지만 질적인 면으로 볼 때 행복 그 자체에 차이가 있다고 할 수 있다.

"행복에는 양의 차이뿐만 아니라 질이라는 면에서도 차이가 있다"고 말한 이는 영국의 공리주의 철학자 J·S·밀1806~1873이다.

밀은 어려서부터 영재 교육을 받아, 세 살에 그리스어, 여덟 살에 라틴어, 열두 살에 경제학·철학의 교육을 받았다고 하니까 현대의 교육열이 강한 부모도 무색할 지경이라고 할 수 있겠다. 그러나 그에게는 그와 같은 교육을 받아들일 만한 천재적인 소질도 있었다.

스무 살이 되어 그에게도 전환하는 기회가 왔다. 어려서부터 지식 편중 교육에 대한 반발로 매우 괴로워했다. 그는 자서전에서 '행복에는 양의 차이뿐만 아니라 질적인 차이가 있다.'고 했다.

'인생의 즐거움이 아닌, 기쁨을 추구해 나가자'고 생각하게 된 경위에 대해서 다음과 같이 말한다.

 그의 말을 소개하기 전에 이해를 돕기 위하여 '즐거움' '기쁨'의 차이에 관해서 이야기를 좀 해보기로 하자. 여러 가지 전기를 읽어 보면 스무 살이 안 된 청소년들이 반대 세력에게 붙잡혀서 총살당하는 장면이 나온다. 손을 몽둥이로 맞고 눈가리개를 하고 마침내 처형당할 때, '눈가리개를 벗겨 달라'고 요구하고 '모택동 만세!' 혹은 '호치민 수석 만세!'를 외치며 처형되어 가는 장면이 흔히 소개된다.

 이 소년들에게는 즐거움은 눈곱만큼도 없다. 고문을 받은 다음 총살당하는 것이니까 즐거움은커녕 고통뿐일 것이다. 그러나 '신념에 따라 나라를 위하여 목숨을 버린다'는 기쁨은 있다고 할 수 있다. 괴로움 가운데에서도 즐겁다는 느낌은 없지만 괴로움 가운데에서도 기쁨으로 떨리는 희열을 맛볼 수 있다. 아니, 오히려 괴롭다고 하는 과정을 거쳐야만 인생의 기쁨을 맛볼 수 있다고 말할 수 있지 않을까. 그런데 밀은 다음과 같이 말한다(읽기 쉽게 고쳐서 소개한다).

 만일, 당신 생애의 목적이 전부 실현되었다고 하자. 당신이 바라던 제도와 사상의 변혁이 완전히 이루어졌다고 하자. 이때 당신은 '큰 기쁨과 행복감을 느낄 수 있을까?' 하고 스스로 묻고 스스로 대답해 보았다. 바로 이때 너의 마음속에서 '아니야, 기쁨이나 행복감을 느낄 수 없어.' 하는 대답이 나왔다.

 이 대답을 듣고 나는 갑자기 맥이 탁 풀리며 나의 전생애를 받쳐주고 있던 기반이 우르르 소리를 내며 무너져 내리는 듯한 것을 느꼈다. 또한 내가 살아가는 목적은 무엇 한 가지도 남아 있지 않은 것처럼 느껴졌던 것이다 ……

이 신기한 여러 가지 경험은 나의 생각과 성격에 두 가지의 큰 영향을 가져다주었다. 첫째는 나에게 새로운 인생론을 갖게 해 주었다. '행복이 모든 행동의 기본 원리이고 인생의 목적이다'고 하는 나의 신념은 흔들리지 않았지만 행복을 직접 목적으로 삼지 않을 때 오히려 행복을 얻을 수 있는 것이라고 생각하기에 이르렀다.

자기 자신의 행복이 아닌, 이를 테면 남의 행복, 인류의 향상, 또는 예술이라든가 연구 등을 그 자체로서 추구해 나가는 과정 중에서 이른바 부산물로서 행복이 얻어지는 것 같이 생각하기에 이르렀던 것이다…… 행복하게 되는 유일한 길은 행복이 아닌 무엇이든 그 외의 것을 인생의 목적으로 선택하는 일이다.

이와 같이 밀은 행복을 전환하는 하나의 계기로 삼았다. 그때까지 스승 벤담1748~1832·영국의 행복론의 영향 아래에 있었는데 그 벤담은 어떤 행복론을 주장하고 있었을까? 대체로 다음과 같은 행복론을 주장했다. 이해하기 쉽게 조목조목 나누어서 써 보겠다.

❶ 인생의 목적은 행복 또는 쾌락이다. 행복·쾌락은 옳은 것 즉, 선善이고, 불행·고통은 옳지 않은 것, 즉 악惡이다. 인간의 행동은 모두가 쾌락·행복, 즉 선을 추구하여 이루어진다공리사상. 자기 자신을 괴롭히며 고행하면서 수행하는 사람도 있지만, 이것 역시 괴로움 뒤에 오는 쾌락을 바라기 때문이다.

❷ 쾌락·행복은 개인에 따라서 다르니까 이를 옳고 그름의 객관적 기

준으로 삼을 수 없다고 보는 사람도 있다. 그러나 이를 위해서는 잘 헤아려 보면 된다.

❸ 헤아려 본다는 것은 쾌락을 계산한다는 말이다. 즉, 쾌락의 강한 정도, 지속되는 기간, 범위 같은 기준을 세워서 계산을 하면 객관적인 기준이 될 수가 있다. 이를 테면 해마다 여름이 되면 불쾌지수가 발표된다. 더위에 강한 사람, 더위에 약한 사람, 사람마다 다르지만 온도와 습도를 조합시켜서 객관적 기준으로 삼고 있는 것과 똑같다고 생각된다. 바꿔 말하면 쾌락을 양으로 환원해서 계수화한다면 이 문제는 해결할 수가 있다.

❹ 개인의 쾌락추구는 이기주의를 널리 번지게 하는 나쁜 면이 있다고 지적하는 사람도 있다. 그러나 세상에는 여러 가지 제재가 놓여 있다. 예를 들면 경제적 정신적으로 고통받는 자연적 제재나 법률적 제재, 양심의 가책을 느끼게 하는 도덕적 제재, 하느님이나 부처님 등의 신에게 벌을 받는다고 생각하는 종교적인 제재 등에 의해 이기적인 행동을 하지 않도록 브레이크를 걸기 때문에 그에 대해서는 걱정할 필요가 없다.

❺ 최대 다수의 사람이 최대의 행복을 얻을 수 있도록 배려한다면 개인 도덕뿐만 아니라 정치상의 여러 정책에도 공리주의의 원리는 응용될 수 있다. '최대 다수의 최대 행복'이 정치의 원리에도 있다.

벤담은 이와 같은 공리주의를 주장함과 동시에 선거법 개정 운동을 전개해 나갔다. 그가 활약하던 시대는 자본주의가 크게 발전하고, 새로운 시대를 짊어지고 갈 산업자본가가 세력을 계속 확대해 나가던 시대였다. 그의 그러한 주장들은 새로 일어난 신흥 시민계급의 의지를 대표함과 동시에 그들 시민계급에게 행동의 지침을 마련해 준 셈이기도 했다.

그에게 가르침을 받은 J·S 밀도 그와 같은 사고방식에 따라 인생을 생각하고 있었다. 그러나 밀이 살던 시대는 스승 벤담의 시대와는 크게 변화하고 있었다.

다시 말해서 자본주의가 지닌 여러 가지 모순, 즉 실업, 빈곤 및 이들을 원인으로 해서 발생되는 범죄, 매춘 행위, 전염병 등 이른바 사회병리현상이 일어나고 있었다. 또 동맹 파업 같은 노사 문제도 발생하고 사회는 상당히 혼란한 상태가 되어 갔다.

이러한 사회 상황 중에서 '자기의 쾌락, 행복을 추구하고 있어도 여러 가지 제재가 작용하니까 이기주의가 널리 번지지 않는다'고 한 벤담의 주장으로 그 문제를 결코 해결 수습할 수가 없게 되었다.

따라서 밀은 인간이 다른 사람의 행복을 위한 욕구를 가진다는 점을 인정하고 이를 선한 것으로 주장하였다. 다시 말해서 다른 사람의 행복, 인류의 향상이라는 공리주의와는 다른 원리를 주장하기에 이르렀다. '행복에는 양의 차이뿐만 아니라 질의 차이를 생각하지 않으면 안 된다.'고.

바꿔 말하면 지성적 쾌락이 육체적 쾌락보다 우수함을 인정해야 한다고 주장하면서 그는 다음과 같은 말을 남겼다.

> 만족한 돼지보다는 불만족한 사람이 되는 것이 더 낫고, 만족한 바보보다도 불만족한 소크라테스가 더 낫다.
> 나사렛 예수의 황금 같은 말 가운데에서 우리는 공리주의 논리의 완전한 정신을 읽을 수 있다.

너희는 남에게서 바라는 대로 남에게 주라. 자기 몸을 사랑함과 같이 이웃을 사랑하라고 한 말씀은 공리주의 도덕 이상의 극치이다.

또 그의 저서 〈공리주의〉에서 인용하였는데 이 문장을 읽어 보면 공리주의자이기는커녕 이타주의자와 같은 느낌을 받는다.

정리해 봅시다!

지금까지 한 이야기를 정리해 보자.

행복이란 한 마디로 행복에 대한 의지이다. 그리고 이러한 사고방식에 가까운 것으로 플라톤의 철학을 대강 살펴봄과 동시에 스승과 제자 사이면서도 서로 대립되는 철학을 전개해 온 아리스토텔레스의 사상을 배웠다.

아리스토텔레스도 역시 우리들에게 새로운 행복관을 보여 준 사람으로 '본질의 실현이야말로 행복'이라는 사고방식을 갖고 있었다.

끝으로 행복의 추구야말로 인생의 목적이고 도덕적 선이란 어떤 행동이 그 행동과 관계있는 사람들의 행복을 증진시키는 데 있다고 한 영국의 공리주의의 사상을 벤담과 J·S 밀의 철학을 통해서 알아보았다. 영국 자본주의의 발전기에 살아온 벤담은 되도록이면 많은 사람들에게 가능한 한 커다란 행복을, 바꿔 말하면 '최대 다수의 최대 행복'이라는 말로써 표현된 사상을 전개했다.

이 사상을 배우고 이 사상을 자신의 신조로 삼았던 밀은 '행복의 양의 확대'만을 추구해 나가는 길이 정당한 길일까 하는 문제로 번민을 한 끝에 행복, 쾌락에는 질적인 차이가 있음을 부정할 수 없다고 생각하게 되었다. 그리고 자신의 행복 추구가 아니라 그 밖의 이상을 추구해 나감으로써 행복은 '그 과정의 부산물로서 얻어지게 되는 것'이라고 생각하게 되었다.

공리주의자라고 스스로 인정하면서도 밀의 사상에는 공리주의와는 다른 이타주의의 요소를 엿볼 수 있는 사상으로 변천되어 갔다. 가난한 사람, 병든 사람에 대해서 아무 보상을 받지 않는 무상의 사랑을 베풀라고 설교하는 크리스트교의 가르침을 공리주의의 극치라고 말했으므로 분명히 공리주의를 초월했다고 할 수 있다.

이와 같은 사상을 좀더 철저히 하고 행복 또는 쾌락을 도덕적 선과 결부시켜서 생각해야 된다고 주장하는 사상가가 나타났다. 그가 바로 칸트이다. 모든 인간이 그들 자신의 행복을 추구한다고 해도 이는 인간의 자연적인 본성일 뿐이지, 그것이 곧 우리 마음속에 있는 도덕률에서 나왔다고 할 수 없다. 즉, 도덕적으로 행위해야 하는 이유가 행복을 얻기 위한 데 있는 것이 아니다. 이와 같이 행복을 부정한다고 볼 수 있는 칸트의 사고방식을 살펴보기로 하자.

행복보다 더 중요한 것이 있다

칸트의 도덕론이란 무엇인가?

정당함과 즐거움은 똑같은 것이 아니다

다나베 세이코의 〈어머니, 지치셨군요〉라는 소설에 이러한 대목이 있다.

"정당함을 신조로 삼고 있었다면 어쩔 수가 없는 거야. 즐거움과 정당함, 이 글자 차이는 엄청난 거야."

앞에서 이미 '정당함'과 '즐거움'은 똑같은 것이 아니라는 주장에 대해서 살펴보기로 하자.

"목이 말라도 도천의 물은 마시지 않는다."

이 말은 공자가 중국 산동성을 여행할 때 목이 몹시 말랐으나 도천이라는 지명이 좋지 않았으므로 물을 마시지 않았다는 고사로 아무리 괴롭고 어려운 처지에 있나 해노 몸을 조금이라도 더럽히는 부정이나 불의한 일을 삼가라는 의미로 곧잘 쓰이는 성구이다.

이러한 말은 앞에서 '이란의 인질이 된 구미인들은 자기 자신을 살리는 일보다도 적군이 공격해 왔을 때에 어떻게 행동을 할 것인가를 생각하고 있었다.' 고 한 말과 서로 통하는 내용이라고 할 수 있다.

이 두 개의 이야기를 보면 생각을 먼저 하는 사람이 현실에 있다는 사실을 말해 주고 있는 것이다. 이러한 시점으로 행복과 도덕의 관계에 대해서 논한 사람이 바로 칸트이다. 그는 "다른 사람에게는 행복을, 자기 자신에게는 도덕을"이라고 말했으므로 행복을 전면적으로 부정한 것은 아니다. 결론적으로 말하면, 다음과 같은 두 가지 점으로 요약할 수 있다.

- 무엇이 정당한가, 어떻게 우리는 행동해야 하는가를 생각할 경우에 행복이라든가 쾌락 같은 것을 기준으로 삼아서는 안 된다.
- 인간으로서는 도덕적으로 정당한 일과 행복이라는 점, 두 가지 모두 만족할 수 있도록 노력해야 한다. 그리고 그 조건에 맞는 상태가 최고선最高善이다.

그런데 그 이야기에 들어가기 전에 우선 칸트라는 사람에 관해서 알아보기로 하자.

그는 동프로이센의 쾨니히스베르크현 구소련의 카리닝그라드에서 마구 제조업자의 아들로 태어났다. 80년의 생애 동안 다른 데는 거의 나가 본 일이 없이 그 조그마한 도시에서 보냈다. 가정은 가난했지만 엄격한 종교 생활과 금욕적 도덕을 지키는 크리스트교의 한 파인 피에티즘Pietism · 경건주의의 신자였다. 이러한 가정 환경이 그의 사상에 끼친 영향은 매우 컸다.

그는 어머니가 항상 찾아가는 교회의 목사에게 도움을 받으면서 학교에 다니고 쾨니히스베르크 대학에 진학했다. 재학 중에도 매우 가난하여 숙부의 도움을 받거나 때로는 친구들로부터 웃옷이나 바지를 얻어 입은 일도 있었다고 전해진다.

1746년 대학을 졸업하고 사강사를 거쳐 77년 정교수가 되었다. 사강사란 청강하는 학생 수에 따라 급료를 받는 강사를 말한다. 청강생이 적을 때는 급료도 적어진다. 그뿐 아니라 강의 내용도 평가받아 자칫 잘못하면 교수가 될 수 없게 되므로 대학 교수를 지망하는 사람에게는 엄격한 제도라고 할 수 있겠다.

재학하는 중에 〈순수이성비판〉이라는 위대한 철학서를 비롯해서 세 가지의 비판서와 그 외 많은 책을 썼고 〈단순한 이성의 한계 안에서 종교〉라는 저서로 정부로부터 탄압을 받은 일 외에는 파란이 없이 매우 조용한 학구 생활을 하였다. 마을 사람들이 그가 산책을 나오는 것을 보고 시계를 맞추었다는 일화를 통해 그의 생활이 얼마나 엄격했고 규칙이 바른 생활을 했는지를 짐작할 수 있다.

그는 1797년 대학을 떠나 연구 생활에 전념했다. 1802년경부터 몸이 극도로 노쇠해져 1804년에 80세를 일기로 숨을 거두었다.

"Es ist gut.이것으로써 만족한다"는 말이 그가 임종 때 남긴 말이다. 그는 평생 독신으로 지냈다.

자, 그럼 본론으로 들어가서 그는 어떤 행복론을 그리고 그와 관련지어 어떤 도덕론을 전개했는가?

선이라든가 옳은 행위라는 것은 언제, 어느 때, 누구에게라도 선이어야 하고 옳은 행위여야 한다고 그는 생각했다. 우리 나라에서는 선이 되는 행위인데 미국에서는 옳은 행위가 되지 않거나, 10년 전에는 칭찬받을 만한 가치가 있는 행위였지만 현재는 그게 아닌 것이라면 참된 선행이라고 말할 수 없다는 것이다.

이러한 이론을 어려운 말로 '보편 타당한 선'이라고 한다. 그는 사색을 다음과 같이 발전시켜 나갔다.

우리들 행위의 원칙이 '만일……이라고 한다면 ……하게 하라'는 형태를 지닌다면 그 조건을 만족시키는 경우에만 들어맞는 행위가 되므로 보편타당한 선이 될 수가 없다.

구체적으로 이야기를 해보자.

"만일 돈을 벌게 된다면 사람들에게 친절하세요."

"만일 당신이 행복하기를 바란다면 정직하세요."

위의 두 가지 행위의 원칙은 이익이나 행복이 추구되는 경우에만 친절하고 정직한 행위를 하게 된다. 이와 같은 조건이 붙는 행위는 보통 '타당한 선'이라고 말할 수 없다.

조건이 붙지 않고 무조건의 행위를 명령하는 원칙, 바꿔 말하면 '정직하세요', '친절하세요'와 같은 명령이 되어야만 한다고 생각했던 것이다. 여기에서 그는 우리의 마음 속에 자리잡은 도덕률에서 나온 도덕 법칙은 반드시 지켜야 하기 때문에 조건 없는 절대적인 명령의 성격을 띠므로 '명령'이라고 말했다. "되도록 정직한 편이 좋은 것이지요.", "친절한 편이 낫지요."처럼 조언이 되어서는 도덕 법칙이라고 말할 수 없다는 것이다.

목숨과 관련이 있든 괴로움이 뒤따라 싫든 좋든 간에 도덕 법칙은 반드시 누구나 따라야 할 명령과 같은 것이므로 정직하고 친절한 행위는 인간으로서 회피해서는 안 된다는 말이다. 칸트의 도덕론이 엄격주의라는 말을 듣는 것도 바로 이 까닭이다.

좀 심하다는 생각이 든다. 그러나 칸트가 그렇게 말한 뜻을 이해할 수 있다. 모호하거나 아무렇게나 해도 된다는 그런 도덕은 진짜 도덕이라고 할 수가 없다.

그렇지만 중요한 문제가 있다. 필자는 바로 앞에서 '명령'이라고 말했다. 명령을 받은 이상 자유라는 것은 없다. 우리들은 자기의 의사대로 자유롭게 행동해야 비로소 그 행동에 대해서 책임감을 느끼게 된다.

'네가 이 자를 때리지 않으면 내가 너를 죽이겠다'며 칼을 들이대고 위협한다면 우리들은 그 자를 때리게 된다. 물론 그런 경우라도 우리들의 마음 속에서 '때려서는 안 된다'는 양심의 소리를 들을 수 있다. 칸트의 윤리학에서는 그 양심의 소리에 따라 때려서는 안 된다고 한다.

그러나 자기가 그 자를 때린 일에 대하여 양심의 가책을 받을 때, '칼로 위협을 받아서 나로서는 자유롭게 행동할 수가 없었기 때문에 책임이 없다'고 변명을 하게 될 것이고, 사실 형법에 따라 재판을 받게 되었다 하더라도 법원은 그 죄를 묻지 않을 것이다. 법에서는 자유롭지 못한 상황에서 저지른 행위에 대한 책임은 묻지 않는다. 이와 같은 점을 생각해 볼 때, '무조건 엄하게 명령하는 도덕 법칙에 따라야 한다'는 칸트의 주장과 '자유와 책임'의 관계를 어떻게 생각하면 좋을까?

칸트는 플라톤과 마찬가지로 인간은 두 세계에 산다고 생각하고 있다. 즉, 현실계와 이상계예지계 · 叡智界라고도 한다에 살고 있다는 것이다. '사람이란' 동물임과 동시에 선을 추구하는 인간을 초월한 숭고한 존재를 동경하고 미를 추구하는 인간이라는 뜻이다. 그리고 무조건 어떻게 하라고 명령하는 명령자는 예지계에 사는 인간인데 그러한 인간이 바로 자기 자신이라고 생각했다. 자기 자신의 명령에 자기 자신이 따르는 것이 자유이고, 이는 강제는커녕 자율이라고 해야 하지 않겠는가. 이것이 칸트의 사고방식이다.

필자도 자유라는 것은 셀프컨트롤Self control 자제 · 자율이라고 생각한다. 좋다고 해서 자기 마음대로 행동하는 것은 참다운 자유가 아니다. 자기 자신이 자기의 행동을 결정하고 책임 회피를 하지 않는다. 자유라는 것은 바로 그러한 것이 아닐까.

임금을 떠나 직업을 통해서 사회와의 관계를 생각하는 것도 철학이다

이야기를 다시 행복으로 되돌리자. 행복을 추구하는 일은 인간인 이상 기본적인 간절한 희구이다. 그러나 '자기 자신이 행복하게 된다면 ~하시오.' 하는 도덕 법칙은 올바른 도덕 법칙이라고 말할 수 없다. 그것은 누구나 따라야 할 무조건적이며 보편타당성이 있는 도덕 법칙이 되지 않기 때문이다. 한정된 범위 밖에 들어맞지 않는 도덕 법칙은 이미 도덕 법칙으로서 그 자격을 잃은 것이다. 이것이 칸트의 윤리학설이라고 할 수 있다.

앞에서 "자기 자신에게는 도덕을, 다른 사람에게는 행복을"이라고 한 칸트는 행복 그 자체를 부정했던 것은 아니라고 했다. 그럼, 그는 어떤 행복을 머릿속에 그리고 있었을까?

앞 절에서 J·S 밀의 공리주의에 관해서 말했다. '너희는 남에게서 바라는 대로 남에게 해 주어라. 자기 몸을 사랑함과 같이 네 이웃을 사랑하라고 한 말씀은 공리주의 도덕 이상의 극치' 라고 한 밀의 말도 소개하였다. 그는 자신을 공리주의자라고 스스로 인정하고 있었으나 이미 공리주의자의 범위를 벗어나 있다고도 말했었다. 밀의 말을 다시 읽어 본다면 더 이상 말이 필요하지 않을 것이다.

밀의 생각은 칸트의 윤리학과 합류하고 있다고 말하면 잘못일까? 필자는 그와 같이 생각하는데……. 또한 안토니우스의 "인간의 가치는 그 사람이 열심히 추구하는 대상의 가치와 같다."고 말했다. 사람이 열심히 추구하는 가치를 실현했을 때, 사람은 누구나 틀림없이 충실감이나 만족감 그리고 행복감을 느낄 것이기 때문이다.

보편타당성이 있는 도덕적 가치를 추구한 칸트가 그것을 자신의 것으로 삼았을 때, 그는 충실감이나 만족감 그리고 행복감을 자신의 것으로 삼게 되었음에 틀림없다. 칸트는 도덕적 선과 행복이 일치하는 단계를 최고선이라고 했다.

최고선이라는 생각은 이미 아리스토텔레스의 사상 가운데에 나타났다. 이어서 한 마디 덧붙인다면 앞 절에서 소개했던 공리주의, 다시 말해서 행복, 쾌락이야말로 도덕적 선이라는 생각은 그리스 시대에 에피쿠로스BC 342~271년경가 주장했다. 에피큐리언Epicurean-향락주의자·쾌락주의자이라는 말의 어원은 바로 그로부터 유래한 것이다.

또한 이 절에서 설명했던 칸트의 엄격주의 논리는 같은 헬레니즘 시대에 스토아 학파Stoa·대표적 인물은 제논·BC 335~263가 주장했다. 정욕情欲·파토스에 의해 움직이지 않고, 자기 자신을 잃지 않고 이성에 따라 사는 삶의 경지야말로 이상적인 인간이라는 것이다. 이상은 또한 '온고지신溫故知新-옛것을 연구하고 익혀서 새로운 지식이나 도리를 찾아내는 일'의 준비라고 생각한다.

화제가 좀 다른 데로 나갔지만 최고선이야말로 최고의 행복이라고 한 아리스토텔레스와 플라톤의 사상을 생각해 볼 때, 필자에게는 안토니우스의 말이 아무래도 중요하게 여겨진다. 그리고 그와 같은 사람이 되려고 노력해 나가는 중요성을 생각하게 된다.

너무 많은 시간 일하는 노동자들은 시간 단축을 투쟁목표로 삼는다. 미국에서는 월급이 아닌 시간급이 주류를 이루니까 노동시간이 단축되면 그만큼 임금도 적다. 따라서 정식 근무시간이 오후 5시거나 4시라 해도 생활비를 보충하려면 토요일이나 일요일에도 근무하지 않으면 안 된다는 사실을 투쟁하는 노동자들은 알고 있는 걸까?

채찍으로 얻어맞으며 하는 노동은 노예의 노동이다. 마르크스도 그와 같은 자본주의 사회의 노동을 문제삼았다. 그러나 우리들은 직업을 통하지 않고서는 사회와 관계를 맺을 수가 없다. 그 직업 노동 가운데에서 자신의 본질을 발견하고 선을 찾아 나가는 생활 방법의 모색은 불가능할까?

임금만을 바라는 것이 아니라 사회와 관계를 맺고 다른 사람을 위해 봉사한다는 의의를 스스로 발견하는 노력, 바꾸어 말하면 직업관의 확립이 현재 절실히 필요하다고 생각한다. 그리고 이러한 직업관의 확립도 아주 좋은 철학 문제이다.

제 3 장

철학한다
그것은 진리의 발견이다

'근대 철학의 아버지' 라고 불리는 R·데카르트는 합리성만이 진리라고 주장하고, 합리론을 확립한 철학자이다. 우리들은

'조리를 세워라' 라든가 '이치에 안 맞는다' 라는 말을 평소에 흔히 한다. 조리를 세우고 이치를 철저히 따져서 추구하는 학문

의 전형은 수학으로서, 5+5＝10이라는 확실한 이론에 꼭 들어맞는 것이기에 진리 중의 진리라고 주장한 사람이 바로 데카

르트이다.

001 '왜 그럴까?' 에서 진리의 추구가 시작된다

우리들 주변에는 불가사의한 일, 이치에 맞지 않는 일이 많이 있다

가치의 기준으로서 진·선·미·성의 네 가지가 있다는 말은 앞에서 이야기한 바와 같다. 앞 장에서는 우리들에게 가장 가까운 선과 행복에 관해서 여러 사람의 사고방식을 배워 왔다. 여기에서는 '안다'고 하는 말, 바꿔 말하면 우리들은 어떤 절차를 걸쳐서 진리를 인식하고 있는가 하는 문제에 관해서 생각해 보기로 하자.

하늘 높이 여러 가지 모양을 한, 여러 가지의 색깔의 기구가 떠 있다. 오늘날 열기구는 약 200년 전, 남프랑스의 종이 만드는 기술자 몽골피에조세프와 자크라는 형제가 난롯가에 앉아서 이런 대화를 한 것으로부터 출발하였다.

"연기는 반드시 위로 올라간다. 이 연기를 종이 주머니에 담아서 띄워 보내면 주머니도 공중으로 올라가지 않을까?"

두 사람은 곧바로 무게 300파운드의 커다란 종이 풍선을 만들어 섶나무를 태운 연기를 그 곳에 담고 아가리를 꼭 막아 띄워 보냈다. 예상했던 대로 그 종이 풍선 기구는 점점 위로 올라가 약 200m 상공을 비행하여 이웃마을까지 날아갔다. 현재 세계 각지에서 사용하는 열기구의 시초이다. 이러한 조그만 힌트가 발명과 발견으로 이어져 나가는 것이다.

이와 비슷한 예로서 나무에서 떨어지는 사과를 보고 만유인력중력을 발견한 뉴턴이나 교회에 매달린 등불이 조용히 흔들리고 있는 것을 관찰하고 자기 자신의 맥박을 재 보고 그 동시성을 발견한 갈릴레이의 이야기는 잘 알려진 사실이다. 그때까지 누구나 무심코 보아 넘긴 사실을 그 사람들은 "아니, 왜 그럴까?" 하고 이상스럽게 생각하며 바라본 것이다.

"아니?" 하고 이상하게 생각한 일, 바꿔 말하면 순간 번뜩 떠오르는 착상, 또는 직감, 인스피레이션신의 계시처럼 순간 떠오른 생각 같은 정신 활동은 사고의 점프라고 생각된다.

A에서 B로, B는 C로 우리들의 사고는 사슬처럼 이어져 발전해 나간다. 이 사고의 연쇄작용이, 말하자면 B에서 C, D를 뛰어넘어 E로 점프하는 일이 우리들이 일상에서 말하는 '순간 반짝 떠오른다' 는 착상, 그것이 바로 인스피레이션인 것이다.

그러나 점프하는 데에는 우선 도움닫기가 필요하다. 나룻불의 연기가 피어오르는 사실은 누구나 알고 있었던 사실이다. 사과가 떨어지는 현상을 수많은 사람들이 그때까지 보아왔다. 교회에 매달린 등불이 조용히 흔들거리는 것을 본 사람도 수없이 많았다. 그러나 그것을 이상하게 생각하지 못했다.

그 이유는 사람들이 언제나 마음 속에 의문을 가지고 사고의 도움닫기를 하지 않았기 때문에 열기구의 발명, 발견으로 이어지지 못했다고 할 수 있다.

이와 같이 우리들 주변에는 무엇인가 이상스러운 것, 이치에 맞지 않은 것이 있게 마련이다. 그 하나 하나에 대해서 '왜 그럴까?' 라는 소박한 의

문을 품고 노력한 결과 새로운 결론에 이르는 것이다.

'왜 그럴까?'라는 놀라움과 의문에서 출발하여 '아, 그렇구나!'로 결말을 지어 가는 노력이 필요하다. '아니?'와 '아,' 사이에는 노력이 들어 있다. 괴로움이 들어 있다. 땀을 흘린다. 땀을 짜내는 것이다. 그리고 그와 같은 노력이 우리 자신을 바꿔 나가는 것이 곧 창조성이 풍부한 사람으로 자라나게 하는 것이다.

에디슨이 이런 말을 했다.

"천재는 1%의 인스피레이션Inspiration · 영감, 직감과 99%의 퍼스피레이션 Perspiration · 땀에서 나온다."

1%의 영감은 지금까지 말한 바와 같이 "왜 그럴까?"라는 소박한 의문에서 나온 것이고, 그 의문에 결말을 짓는 것은 99%의 땀인 것이다.

나는 생각한다
그러므로 존재한다

합리성이야말로 진리-데카르트의 철학

어째서 데카르트를 근대 철학의 아버지라고 일컫는가?

'근대 철학의 아버지'라고 불리는 R·데카르트1596~1650는 합리성만이 진리라고 주장하고, 합리론을 확립한 철학자이다. 우리들은 '조리를 세워라'라든가 '이치에 안 맞는다'라는 말을 평소에 흔히 한다. 조리를 세우고 이치를 철저히 따져서 추구하는 학문의 전형은 수학으로서, 5+5＝10이라는 확실한 이론에 꼭 들어맞는 것이기에 진리 중의 진리라고 주장한 사람이 바로 데카르트이다.

물론 이러한 사고방식에 대해서 비판이 없는 것은 아니다. '퍼지 이론', 즉 '모호함'이 현재의 전자제품에는 많이 이용되고 이것을 인간의 사고방식이나 행동이 닮게 한다고도 일컬어진다. 또한 데카르트가 확립한 사고방식이 오늘날 자연 파괴와 인간 소외의 원인이라는 비판도 받고 있다.

바꿔 말하면 생각하는 나가 우리들 앞에 있는 물체를 지배함으로써 자연과학을 발전시켰지만 이와 동시에 우리들 앞에 존재하는 자연도 지배하려고 해서 결국은 자연 파괴로 이어지게 되었다.

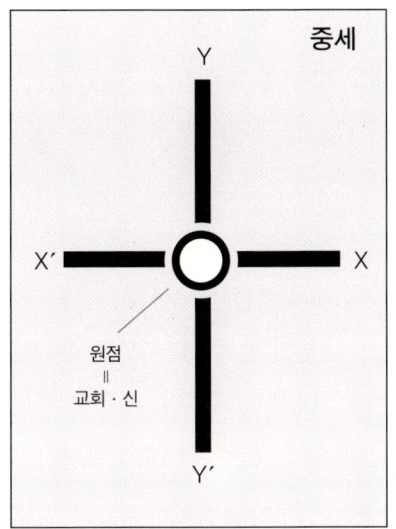

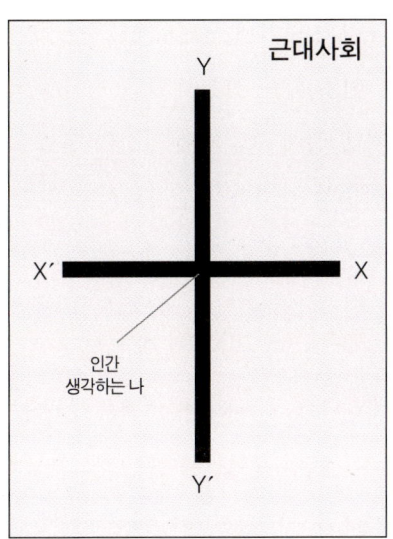

    자연은 지배해야 하는 것이 아니라 인간과 더불어 살아야 할, 즉 공존해
야 하는 것이다. 그러나 신 중심, 교회 중심이던 중세의 사고방식을 타파
하고 인간 중심, 현실세계 중심의 사상을 확립한 그의 공적은 매우 크다고
하지 않을 수 없다.

데카르트와 그 시대

    근대사상을 확립시킨 그는 어떤 시대에 어떤 인생을 보낸 사람일까?

    그는 종교 혁명 후의 혼란한 시대에 태어나 성장하고, 마침내 절대 전제
군주제가 나타난 시대에 일생을 마감했다. 그가 22살 되던 해에 전유럽을

혼란의 도가니 속으로 몰고 간 30년 전쟁1618~1648이 일어났다.

이와 같은 전쟁의 혼란 속에서 마침내 고개를 들기 시작한 시민 계급은 절대 전제 군주에게 안정된 경제 활동에 필요한 국내의 질서 회복과 해외 진출의 강력한 후원자로서의 역할을 요구했다. 영국의 엘리자베스 여왕과 프랑스의 루이 14세는 이러한 요구를 충족시켜 준 절대전제군주이다.

당시 영국은 동인도 회사를 설립해서 해외 진출을 도모하였고, 데카르트의 제2의 고향인 네덜란드는 스페인을 대신해서 세계의 구석구석까지 상업 활동을 활발히 전개하여 1609년 일본 규슈에도 상관을 세웠다. 경제적으로는 자본주의 확립기, 정치적으로는 절대 전제군주제의 발생기인 시대가 데카르트가 태어나 활약하기 시작하던 때이다.

칸트가 세상을 떠나며 한 말은 '이로써 만족하다' 라는 말이었다. 데카르트는 북유럽 스톡홀름에서 목사와 프랑스 대사의 팔에 안기면서 "자, 나의 영혼이여, 떠나야 해."라는 말을 남기고 53세의 생애를 마쳤다.

그는 태어난 지 1년 만에 어머니를 여의었고, 나중에는 외동딸 프랑시즈를 병으로 잃고 말았다. 그는 가정적으로 불우한 생애를 보냈다. 파리에서는 주소를 숨겼고, 네덜란드로 이주하여 산 20년 동안 거주지를 옮긴 것이 24회나 되었다. 그러나 그는 고집스럽게 자기 자신의 껍질생각 속에 틀어 박혀 있으려 하진 않았다. 거듭되는 그의 이사 다니는 버릇은 도리어 세상을 좀더 배우려고 했던 것으로 이해된다. 10살 때 예수회 학교 '라 프레슈'에 입학하여 보아티에 대학을 졸업할 때까지 학교에서 학습에 몰두했다. 그러나 그가 거기에서 배운 학문은 진리를 가르쳐 준 것이 아니었다.

이어서 그가 찾은 서적-의사인 할아버지와 고등법원의 판사인 아버지가 모아 놓은 당시 손꼽히던 서적들을 읽어 보았지만 '진리 같은' 내용만이 있을 뿐 진리 그 자체를 가르쳐 주지는 않았다.

그래서 그는 '세상'이라는 커다란 서적 안에서 배우기 위하여 군대를 지원했다. 30년 전쟁의 발단이 된 보헤미아 전쟁에 종군했고, 남독일의 외딴 마을로 들어갔다. 여기에서 그는 사물을 맨 처음부터 다시 보기 위해 처음으로 철저한 '사색'을 해 나가기 시작했다. 그가 '감격스럽고도 놀라운 학문의 기초를 발견했다'고 자부하는 진리 "나는 생각한다, 그러므로 존재한다"는 기본원칙은 그같은 고독한 사색 가운데에서 발견했던 것이다.

코기토 에르고 숨 Cogito ergo sum
데카르트가 생각한 진리를 발견하는 방법

그 사색의 과정을 우리도 한 번 살펴보기로 하자. 그는 우선 가장 불확실하고 믿을 수 없는 모든 사물에 의심의 눈을 돌린다. 그것이 그가 말하는 '방법론적 회의'이다.

방법론적 회의는 확실한 앎에 도달하기 위해 즉 진리를 발견하기 위해 '이것은 믿을 수 없다. 거짓말은 아닌가' 하고 모든 것을 의심해 가는 방법이다. 그가 최초로 대상으로 삼은 것이 감각, 그 중에서도 착각이었다. 얕은 여울이라고 생각했는데 실제로 건너보니 허리까지 잠기는 깊은 강물이었다던가, 다음 페이지의 그림 A, B는 똑같은 길이인데도 A가 B보다 길게 느껴지므로 감각이란 전혀 믿을 수가 없는 것이다.

길가에 놓인 밧줄 토막을 뱀으로 착각하고 놀라서 우뚝 멈춰서 버리는 일도 있다. 반대로 이 착각을 긍정적으로 살린 경우가 호류사浩類寺 기둥의 엔타시스기둥 가운데를 조금 나오게 하는 건축 양식이다. 엔타시스는 고대 그리스 로마 건축 기법으로 가늘고 긴 기둥은 착각으로 가운데 품이 움푹 들어가 불안하게 보이기 때문에 이를 보완하기 위해서 생각해 낸 기법이다.

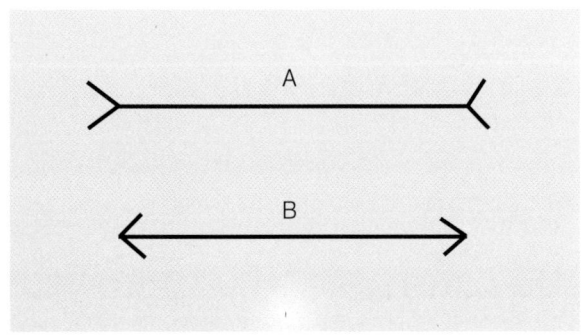

그리고 이어서 그는 논리적 판단을 의혹의 대상으로 삼았다. 이는 감각적 요소를 내포하고 있지 않으나 누군가가 잘못 판단하게 될는지도 모른다고 의심하는 것이다. 여러분은 이러한 고민을 가져 본 적이 없는가?

"나는 미쳤는지도 모른다. 그러나 내 주변의 사람들이 가엾게 여겨 보통 사람과 똑같이 대해 주고 있는 것인지도 모른다."라고.

데카르트도 이와 같이 의심을 깊이 해 나갔다. "악마가 우리들을 잘못되게 하는지도 모른다"고. 이렇게 해서 모든 것을, 신이라는 존재까지 포함한 모든 존재를 의혹의 대상으로 삼았다.

그러나, 하며 그는 생각한다.

우리들이 신도, 하늘도, 물체도 없고, 신체도 가지지 않았다고 상정하기는 쉽다. 그러나 그와 같은 것을 생각하고 있는 나 자신이 없다고 의심할 수는 없다. 왜냐하면 그와 같이 생각하는 내가 생각하고 있는 그때 존재하지 않는다는 사실은 이치에 맞지 않기 때문이다. 따라서 나는 생각한다. 그러므로 존재한다는 지식은 순서를 정하고 그에 따라 바른 철학을 한 사람이라면 누구든 가장 처음에 만나는 가장 확실한 진리이다.

내가 알고 있는 모든 것이 착각일 수도 있고 허위일 수도 있지만, 모든 것을 의심하는 과정 속에서 생각하고 있는 나 자신의 존재를 확인하는 것은 조금도 의심할 수 없다는 밀이다.

만약, 생각하는 내가 없다면존재하지 않는다면 나는 의심할 수도 없고 기만당할 수도 없기 때문이다. 그러므로 내가 있다는 사실은 너무나 확실한 사실이다. 데카르트는 이 확실성을 모든 진리의 출발점으로 또 모든 진리의 전형으로 삼았다.

이리하여 데카르트는 진리 그 자체에 도달할 수가 있었다. 그리고 인간에게는 이성이라는 생각하는 힘이 태어나면서부터 갖추어져 있기 때문에 이를 바르게 사용한다면 진리를 자신의 것이 되게 할 수가 있다. 사람들의 의견이 저마다 다른 것은 어떤 사람은 이성의 힘이 강하고 또 어떤 사람은 약하다는 이유 때문이 아니다.

이는 바르게 순서를 정하고 그 순서에 따라서 생각을 끌어 나가지 않기 때문이라고 생각했던 것이다. 진리를 감정을 일체 가지지 않고 논리만을 다그치듯이 철저히 전개해 나감으로써 발견할 수 있다고 주장했다. 이 부분에 대한 데카르트의 주장을 살펴보자. 이 문장은 그의 저서 '방법 서설'의 첫머리에 나오는 글이다.

> 양식봉상스 · Bon sens은 이성, 사물의 진위를 분별할 줄 아는 능력으로 이 세상에서 가장 공평하게 각자에게 배분되어 있다.
>
> 다른 사물에 대해서 부족하다고 하는 사람은 있을지라도 양식에 대해서 부족하다든가 좀더 가졌으면 하고 바라는 사람은 볼 수가 없다. 이 점이 바로 모든 사람이 (a) 양식을 공평하게 받았다는 증거이다. 우리들 중에 여러 가지로 의견에 차이가 나는 것은 어느 사람이 다른 사람보다 더 이성적이라는 데 원인이 있는 것이 아니고, 우리들이 (b) 여러 가지 다른 이치를 가지고 자신의 생각을 끌어 나가는 데 있다.

위의 내용에는 우리가 주의하지 않으면 안 될 철학 개념이 제기되어 있다. 밑줄 (a) 부분은 본유관념本有觀念이라고 일컬어진다. 데카르트를 중심으로 하는 합리론은 이 관념을 매우 중요시한다. 어떠한 관념일까?

이를 테면 양심·이성·선 같은 관념은 누구에게 가르침을 받지 않아도 인간이라면 누구든지 태어나면서부터 평등하게 지니고 있는 관념이다. 원인과 결과를 결부시켜서 생각하는 것, 다시 말해서 어떤 상태가 일어나게 되면 다른 상태가 필연적으로 따라 일어난다는 인과율. 아름답다고 하면 아름다운 성질을 갖추고 있는 것을 동시에 생각하는, 즉 본체 관념 이런 것들을 본유관념이라고 한다.

다음으로 (b)에서 말하는 사고방식의 이치라는 것은 어떤 점을 가리키는 것일까? 그는 5가지의 규칙을 들고 있다.

첫째, 속단한다든가 편견을 갖지 않는다.
둘째, 명석하고 판명된 일만을 받아들인다.
셋째, 사색의 대상을 자세히 분석한다.
넷째, 단순한 사물에서 복잡한 사물로 단계를 두고 질서 바르게 생각한다.
다섯째, 모든 자료를 완전히 드러내고 철저하게 재검토한다.

여기에 하나씩 든 6가지의 규칙은 매우 평범하고 단순한 사실인 것처럼 보이겠지만 데카르트에 의해서 갈고 닦인 이성의 외침 소리임을 감지할 수 있다.

끝으로 이 자료 안에서는 명확하게 표현되어 있지 않지만, 연역 논증 또는 연역적 방법이라는 사고방법이 (b)의 배경에 있음을 놓쳐서는 안 될 것이다. '나는 생각한다. 그러므로 존재한다.' 라는 진리로부터 위에서 설명한 것과 같은 규칙에 따라 논리를 쌓아 나가면서 모든 사실을 확인시켜 가는 방법, 다시 말해서 일반적인 원리나 이상의 명제로부터 논리적인 규칙에 따라 반드시 그렇게 되는 필연적인 결론을 이끌어 내는 과정을 연역적 방법이라고 한다. 수학의 기하에서 증명하는 방법을 떠올려 보면 알 수 있을 것이다.

데카르트 철학의 장점과 단점

데카르트는 두 가지 점에서 근대 철학의 금자탑을 확립했다. 한 가지는 모든 존재의 근거로서 인간을 내세우고 있다는 점, 그것은 이성적 자아로서의 인간임을 말한다. 여기서 유의해야 할 점은 자아라는 것이 하나의 속성으로서 또는 자아가 지닌 하나의 기능으로서 생각할 수 있는 힘이 있다는 말이 아니다. 생각한다, 사고한다, 그 자체가 자아라는 말이다. 즉, 이 세상에 존재하는 모든 사물로부터 따로 독립하여 현재 여기에 생각하고 있는 자기 자신을 말한다. 어려운 말로 바꿔 말하면 육체에서 완전히 따로 떨어져 있는 순수한 정신이 바로 자아라는 것이다.

그리고 바로 이 자아에 의해서 인정받는 것이 물체라는 것이다. 따라서 자아에 의해서 인식되지 않는 한, 물체는 존재하지 않는 것이다.

데카르트의 '나는 생각한다, 그러므로 존재한다.'는 말에서 '생각하는 존재로서의 나'는 세계 속의 무엇인가가 존재하는가 존재하지 않는가를 결정하게 된다는 것이다. 앞의 그래프(74p)는 세계의 중심이 놓여진 그와 같은 자아를 나타내고 있다.

또 다른 한 가지는 진리의 기준으로서 논리적으로 타당하다는 점, 이론이나 이치로서 사리에 맞는가, 맞지 않는가를 드러내어 문제 삼고 있다고 말할 수 있다. 조그만 감정이나 감성도 부정한다. 왜냐하면 감정이나 감성으로서는 똑같은 사물일지라도 이를 느끼는 사람에 따라서 다르게 나타날 뿐 아니라 심지어는 똑같은 사람일지라도 그때의 상황에 따라 조금씩 다르게 나타나므로 믿을 수가 없기 때문이다. 따라서 감정, 감성을 부정하고 오로지 논리적 단계를 거쳐서 증명될 수가 있는 것만을 인정했다고 바꿔 말할 수도 있겠다.

이와 같이 믿을 수 있는 지식앎이란, 감정, 감성 같은 감각 경험으로부터가 아니라 이성으로부터 나온다는 데카르트의 사고방식을 합리주의라고 한다.

이를 테면 사각형은 네 각을 가지고 있다는 주장을 생각해 보자. 이는 우리가 관찰할 수 있는 세계에서 일어나는 사건들에서 볼 수 있는 일이 아니다. 사각형은 필연적으로 네 각을 가지지 않으면 사각형이 안 된다. 또 모든 처녀는 여성이라는 주장도 역시 다른 일이 일어날 수가 없으므로 필연적인 진리이다. 그러면 이러한 주장들이 거짓이 아닌 참임을 어떻게 해서 알 수 있는가? 우리의 감정이나 감성적인 경험을 통해서인가? 아니다. 이 주장들이 참이라는 사실을 확인하는 데는 경험적인 확인이 필요하지 않다.

사각형은 네 각을 가지고 있다는 주장에서 사각형이라는 말의 의미 속에 네 각이라는 의미가 이미 들어 있고, 모든 처녀가 여성이라는 주장에서도 처녀라는 의미가 들어 있기 때문에 여기에 새로운 의미를 덧붙일 것은 아무것도 없다.

그러므로 누군가가 "처녀는 여성이 아니다"라고 주장한다면 그는 아직 우리말을 제대로 알지 못하는 사람이 아니라면 자기 모순을 범하게 된다. 즉, 처녀는 여성이 아니다로 되어 앞뒤 말이 맞지 않게 된다. 우리가 '안 다知'는 것은 이성이 아는 것이므로 논리적으로 확인될 수 없는 한, '안 다' 라고 말할 수 없다.

물론 좋은 점만 있는 것은 아니다. 이미 말했듯이 오늘날의 자연파괴나 공해 발생을 불러들인 사고 패턴은 데카르트로부터 나왔다고 해도 틀린 말이 아니다. 이는 자아와 대상, 인간과 자연을 대치시켜 놓고, 전자에 의한 후자의 지배·극복·정복이라는 사고의 패턴이 데카르트에서 시작되었기 때문이다. 이러한 사고 패턴이 자연 과학을 발전시키고 인간의 생활을 해 준 것은 사실이지만 이제 그 보복을 당하고 있음은 두말 할 필요가 없다.

일본의 전통적인 정원 예술을 생각해 보면, 그러한 점을 확실히 알 수 있다. 일본 정원 안에는 자연의 폭포가 배치되어 있다. 냇물이나 강물에서 끌어온 물받이대 홈통의 한쪽에 물이 떨어져 가득 차면 그 반동으로 다른 쪽이 튀어 오르면서 돌을 때려 큰 소리를 내게 하는 장치가 있다. 이러한 것은 자연의 인력을 거스르지 않고 자연 법칙을 그대로 따라하는 기술이다. 자연과 일체화가 된다고 하는, 자연과 함께 살아간다는 사고방식을 엿볼 수 있다.

일본 정원에 비해서 서양 방식의 정원에는 자연을 거슬러서 힘차게 분수가 공중 높이 물을 뿜어내고 있다. 누가 보아도 자연의 정복이라는 기세 당당함이 느껴진다. 필자가 프랑스의 베르사이유 궁전을 보았을 때, 그 반듯반듯하고 가지런한 아름다운 모습에 감동을 받았다. 동시에 기하학적인 선으로 늘어서 있는 나무들을 보고 여기에도 데카르트의 철학이 있구나, 하고 무심코 친구에게 이야기했던 적이 있다. 우리들이 항상 보아 오던 친숙한 정원과는 너무나도 다른 정원이 그곳에 있었다.

또 다른 문제가 있다. 합리론을 끝까지 주장해 나가면 여러 가지 결점에 부딪치게 된다. 이를테면 '그 사고방식은 너무 독단이다' 라고 하는 표현인데 이른바 독단론이라든가 독아론은 합리론의 극단적인 모습이라고 할 수 있다.

절대 확실한 진리에 이르고자 하는 합리론의 정신은 높이 평가받을 만하지만 역시 그 자체의 한계를 지니고 있다. 합리론은 증명이나 설명이 필요 없는 자명한 절대적 진리를 추구한다.

예를 들면 2+3=5라는 계산이 진리임은 누구나 인정한다. 그러나 이 생각은 정당할 수 없다. 물론 사과 2개와 사과 3개를 합하면 사과 5개가 되므로 이 판단이 논리적으로 확실한 참이라고 생각될지 모르나 이는 산수의 셈 속에서 '2' '3', '더하다', '같다', '5' 와 같은 개념들을 형식적인 체계에서 이끌어낸 응용 형태일 뿐이지 '2' 나 '3' 자체는 아니기 때문이다. 이처럼 자명한 진리가 실제의 경험 세계에서는 발견될 수가 없다.

그런데도 플라톤이나 데카르트 같은 합리주의자들은 경험을 통해서 얻어진 모든 지식들에 대해서 철저하게 의심을 품고 논리적으로 밝혀 나감으로써 명백한 지식, 즉 참된 지식을 발견할 수 있다고 생각한 데 잘못이 있다.

예컨대, 갈릴레이가 지구가 태양의 주위를 돈다고 주장했을 때, 당시 거의 모든 사람들은 이를 믿지 않고 오히려 그를 종교 재판에 부쳤다. 그러

나 오늘날 사람들에게는 매우 자명한 사실이다. 이와 같이 '나는 이렇게 생각한다'고 아무리 확신을 가지고 주장하더라도 그 생각이 현실에 들어맞지 않는 한, 그 주장은 독단이 되는 셈이다. 넓은 시야로 보지 못하고 자기 자신의 내면의 세계만을 바라보며 바깥 세계와의 관계가 단절되면 고독한 지옥이라고 말할 수 있는 상태에 빠지고 만다.

이것을 독아론적 상황이라고 한다. 이것은 합리주의가 우리의 지식이 변화하고 성장한다는 사실을 설명할 수 없다는 것을 말해 준다.

이상으로 합리주의의 의의와 그 한계에 관해서 살펴보았다. 다음에는 합리주의와는 대조적인 사고방식을 가진 영국의 경험주의에 관해서 살펴보기로 하자.

003 진리를 발견하는 방법은 한 가지가 아니다

경험이야말로 진리를 아는 길

영국 경험주의의 조장과 그 시대 배경

유럽을 전란의 도가니로 몰고 간 30년 전쟁이 한창이었던 1625년, 영국에서는 F. 베이컨1561-1626이 사망했다.

그는 대법관이라는 재판관의 높은 자리에 있으면서 뇌물을 받은 사건에 연관되어 런던탑 속에 갇히는 몸이 되었다. 이런 일로 해서 그는 인류사상 '가장 현명한 인간인 동시에 가장 추악한 인간' 이라는 평가를 받게 되었다.

'인류 사상 가장 현명하고 슬기롭고 날카롭다' 는 평을 어떻게 해서 받게 되었을까? 그는 자연과학의 방법론을 확립한 인물이라고 해도 지나친 말이 아니다. 그의 사인은 폐렴이었는데 그것도 눈 속에서 닭의 냉동 실험을 하다가 감기에 걸려 결국 폐렴이 되었다는 것이다. 참으로 자연과학자다운 죽음 방법이었다는 생각이 들지 않는가?

또한 그가 세상을 떠난 지 7년 뒤에 J. 로크1632-1704가 태어났다. 로크는 베이컨의 사상을 발전시켜 영국 경험주의 철학을 확립한 인물로서 사상

사思想史에 그 이름을 남겼다.

이 무렵, 영국은 경제적으로는 스페인의 무적함대를 격멸시키고1588, 1600년에는 영국 동인도 회사를 설립, 새로 일어난 시민계급이 자본주의의 길을 힘차게 걸어나가고 얼마 후에는 완전히 세계 경제를 지배하던 시대에 해당된다.

정치 사회면에서도 이 시민계급의 세력이 반영되고 절대전제군주인 엘리자베스 여왕 시대1588-1603를 거쳐 제임스 1세, 그 뒤를 이은 찰스 1세는 퓨리턴청교도-영국 구교에 불만을 품은 사람들이 청순함을 모토로 일어난 신교의 한 파의 지도자 크롬웰1599-1658에게 처형당한다. 1688년에는 영국 근대 시민사회를 결정적으로 만들게 하고 입헌 정치의 기초를 이루게 한 명예혁명이 일어났다. 로크는 이 명예혁명과 미국 독립선언에 사상적으로 뒷받침해 준 사회 사상가로서도 잊을 수 없는 인물이다.

동유럽이나 소련이 무너지는 것을 바라보며 '역사의 격동기를 살아가고 있구나' 하는 감상을 가지게 되지만 그들 역시 그러한 감상을 실감하면서 살아갔던 것이 아닐까?

그리고 그러한 시대를 배경으로 해서 매우 현실적이고 실천적이며 과학적인 사상, 즉 영국의 경험주의가 그러한 사람들에 의해서 주장되어 왔다. 그들은 데카르트와 달리 진리는 어떤 절차와 방법으로써 발견된다고 주장했을까?

아는 것은 힘이다!

베이컨의 진리관이란 어떤 것인가?

알지 못하는 세계에 대한 진출과 그 세계 안에서의 건설이라는 실천 가운데에서 '진리는 경험을 거듭 쌓아 나감으로써 발견된다'고 주장한 경험주의가 성립되는 것은 당연하다고 볼 수 있다.

"지식은 개미의 독특한 재능이나 거미의 행동 방식으로는 발견될 수 없다. 꿀벌의 방법이 아니면 참된 지식은 발견될 수 없지 않을까?"라고 베이컨은 주장하였다.

지금까지의 학문은 경험주의나 합리주의의 어느 한쪽이었다. 경험주의자들은 개미가 먹이를 여기저기에서 모아 와서 먹듯이 오직 여러 사실들을 모아서 이용할 뿐이다. 합리주의자들은 머릿속에서 논리를 짜내어 논리적인 체계를 세우기 때문에 거미가 자신의 몸에서 거미줄을 뽑아 내어 거미집을 짓는 것과 비슷하다.

그러나 꿀벌은 그 중간의 방식으로 정원이나 들판에서 재료를 뽑아 모아서 이를 자기 자신의 힘으로 변형시키고 새로운 것을 만들어 간다. 철학을 하는 일도 이 꿀벌이 하는 방식이 아니면 안 된다.

필자는 베이컨의 보통을 넘는 대단한 의욕을 느낀다. 사회의 영향을 받으면서도 사회가 필요로 하는 지식을 제공하고 나아가야 할 방향을 분명히 가리켜 주는 일도 철학자에게 요구되는 사회적 역할이라고 생각한다.

급변하는 시대의 변화 속에서 요구되는 진리는 어둑어둑한 교회 안에서

'하느님은 존재하는가, 존재하지 않는가?', '인간의 죄악을 어떻게 속죄할 것인가?' 하는 것처럼, 논의에 논의를 거듭해서 나올 수 있는 비현실적인 진리가 아니다. 자연을 개조하고 이를 인간의 생활을 풍족하게 하는 일에 연결지어 나가는 힘을 가진 진리만이 필요하다고 베이컨은 생각했던 것이다. 그는 이러한 점을 한 마디로 '아는 것이 힘이다'라고 말했다. 진리가 진리가 되는 자격은 현실적인 힘을 가지는 데 있다고 한 것이다.

귀납법 · 연역법
법칙을 끌어내는 두 가지 방법

그렇다면 '그와 같은 진리는 어떻게 해서 얻을 수가 있을까?' 하는 문제가 생긴다. 이 물음에 대해서 베이컨은 과학적인 기법을 쓰는 수밖에 없다고 대답한다. 실험과 관찰을 통해서 많은 재료들을 수집하고 정리하고 분석하여 일반 법칙을 이끌어 내는 방법만이 필요하다고 말한다. 이 방법을 귀납법 또는 실험적 방법이라고 한다. 앞 절의 데카르트에서 말했던 연역법과 대립되는 방법이다. 귀납법 · 연역법의 두 가지 방법을 알기 쉽게 다음과 같이 도표로 나타내 보자.

그런데 이 방법에는 두 가지 결점이 있다. 한 가지는 관찰 · 실험을 통해서 얻어진 지식은 반드시 절대로 정당하다고 말할 수 없다는 점, 즉 그 관찰이나 실험을 부정하는 다른 관찰이나 실험도 있을 수 있고, 관찰이나 실험을 한 것이라 해도 결국은 개인의 경험이기 때문에 이 개인의 경험을 일반화하고 객관화할 수 없다는 점이다.

이야기가 어려우니 좀더 구체적으로 살펴보자.

"요즘의 젊은이들은 힘든 일을 싫어한다"는 명제를 놓고 살펴보자.

누구도 오늘날의 젊은이들 모두를 관찰하지는 않았으나 이미 관찰된 여러 젊은이들의 예를 가지고 아직 관찰되지 않은 젊은이에 대해서 예측할 수 있다. 이처럼 이미 알려진 사실을 가지고 아직 알려지지 않은 것을 추리해 나가기 때문에 그 추리는 확실하거나 필연성이 있는 것이 아니고 다만 그럴 듯하거나 확률로 보아서 그러할 것이라고 생각될 뿐이므로, 귀납

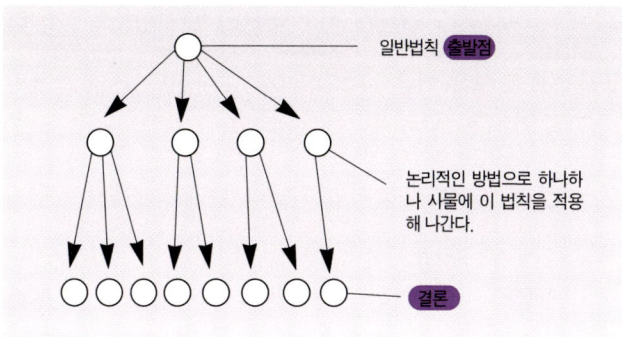

연역법

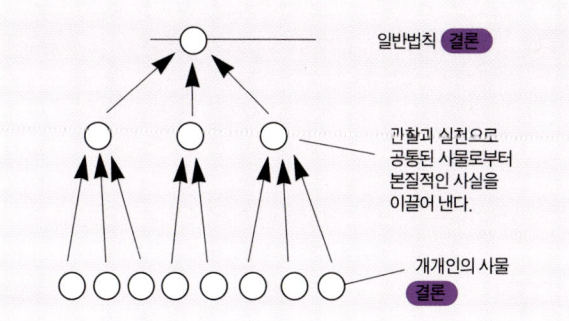

귀납법

적 일반화는 표본이 많아야만 보다 믿을 수 있고 또 그 표본은 편견을 없애기 위해서 일정한 기준 없이 되는 대로 뽑아야 한다.

또 "바닷가 마을에 사는 학생들은 모두 수영을 잘한다"고 하자. 철수·민수·영호·재현·인석이는 모두 바닷가 마을에 사는 학생들이다. 그 중 몇 명이 수영을 잘한다고 할 때, 나머지 학생들도 모두 다 수영을 잘한다고 미루어 생각해 낼 수는 있으나 이것 역시 다른 바닷가에 사는 학생들도 반드시 그렇다고 할 수 없으므로 일반화·객관화시키기 어렵다.

또 잔치에 갔던 네 사람이 어젯밤 복통을 일으켰다고 하자. 의사는 그들이 그 곳에서 공통으로 먹은 음식을 조사해 보고 이들 모두가 생선 조림을 먹었다는 사실을 알아내고는 그것이 복통의 원인이라고 진단했다고 하자. 그러나 생선 조림을 먹은 사실 외에도 그릇이 오염된 것이 원인일 수도 있고 식사하기 전에 찬 음식을 먹었다든지 다른 요인들이 있을 수도 있기 때문에 원인 결과 관계를 밝히는 귀납적 방법도 문제가 있다.

어떤 사람은 복숭아를 먹을 때마다 두드러기가 생겼다. 그래서 복숭아를 두드러기의 원인이라고 가정을 하고 그 다음부터는 복숭아를 먹지 않았더니 두드러기가 생기지 않았다고 한다면 복숭아 먹은 것이 원인이라고 말할 수 있으나 같은 때 같은 복숭아를 먹고도 아무렇지도 않은 사람도 많으므로 누구나 두드러기가 생긴다고 말할 수 없다.

또 오늘 날씨가 견디기 어려울 정도로 몹시 덥다고 해도 모든 사람이 견디기 어려운 것은 아니다. 더위를 잘 견디는 사람도 있고, 더위를 잘 견디지 못하는 사람도 있으므로 모든 사람이 그렇다고 말할 수는 없다.

이와 같은 추리를 상당히 정확한 사실로 만들려고 하면, 즉 관찰이나 실험을 객관적이고 일반적인 진리로 만들려고 하면 관찰과 실험 결과를 이

론으로 증명해야 하는 절차 방법이 필요하다.

경험주의는 경험을 가장 믿을 만한 근거라고 하고 또는 지식을 얻는 유일한 원천이라고 본다. 근대 한국의 철학자인 최한기도 역시 우리의 선천적인 지식이란 있을 수가 없고 오직 경험을 참된 지식의 원천이라고 논증했다. 종을 치면 소리가 난다는 사실을 듣지도 보지도 못하였다면 그걸 보기 전에 종을 치면 소리가 난다는 지식을 어떻게 알 수 있겠는가? 그렇지만 우리의 경험은 선입견선입관-전부터 머릿속에 들어 있는 고정관념이나 견해이나 편견한쪽으로 치우친 생각이나 자기 나름대로의 생각에 의해서 가끔 왜곡이나 오해된다는 사실을 잊어서는 안 된다. 그래서 베이컨도 우리의 참된 지식을 방해하는 편견이나 선입견을 우상Idola · 이돌라이라 하고 그 편견이나 선입견을 정확히 분석하여 그와 같은 그릇된 판단을 하지 않도록 이 정신의 우상을 타파해야 우리가 사물을 올바로 알 수 있게 된다고 주장하였다. 이를 이돌라론이라고 한다. 그는 이 이돌라론으로 일약 유명해졌다.

귀납법 · 연역법이 빠지기 쉬운 오류를 지적한 이돌라^{우상론}이란?

베이컨의 말을 빌리면 마음은 거울과 같은 것이므로 바깥 세계를 정확하게 비치기만 하면 되는데 만일 거울의 표면에 먼지가 끼어 흐릿하면 사물은 일그러지게 비칠 것이다. 이러한 마음의 흐릿함, 일그러짐을 그는 이돌라라고 일컬었다.

이 이돌라의 실태를 정확히 분석하여 원인을 확실히 알아내면 잘못을 저지르지 않게 된다. 마치 의사가 환자의 병을 고치려면 먼저 그 병의 원인을 알아낸 다음 치료를 시작하는 것과 같은 과정을 밟으려고 했다.

그 결과, 네 가지의 이돌라는 분석했던 것이다. 이는 모두 상징적으로 붙여진 이름이다.

▶ 극장의 우상

인간의 마음속에 자리잡은 사상과 신앙에서 발생하는 선입견과 편견을 말한다. 예컨대 무대에서 연출되는 연극은 지어낸 가공의 사건이지만 마치 현실에서 일어난 사건처럼 생각하게 할 필요가 있다.

베이컨은 사상과 신앙 따위를 현실에는 존재하지 않는 극장의 드라마와 같다고 해서 '극장의 우상'이라고 일컬었다. 한 가지 사상과 신앙으로 완전히 굳어져 버리면 다른 사고방식은 절대로 받아들이지 않는 완고한 행동으로 치닫게 된다.

1장의 '민주적인 가치관이 어째서 우리들에게 필요한가?'의 항목에서 이미 말했지만 우리들은 유연한 사고방식을 유지할 일, 그리고 자기와는 다른 의견에 대해서도 겸허하게 귀를 기울일 유연성을 가지고 있지 않으면 베이컨이 지적한 '극장의 우상'에 빠져버리지 않을까.

▶ 시장의 우상

사람 사이의 관계를 맺어주는 언어에서 발생하는 오류이기 때문에 시장의 우상이라고 한다. 내용을 가지지 않은 공허한 빈말이나 언어를 잘못 사용함으로써 가져오는 잘못을 말한다. 이를 테면 '맥'이라는 동물의 이름을 현실에서 쓰고 있지만 그러한 것이 정말로 있는지 없는지는 별문제이다. 언어상으로 있으니까 언어에 따른 사물이 실제로 있다고 생각해 버리는 잘못된 인식을 '시장의 우상'이라고 한다.

▶ 동굴의 우상

자기 자신을 하나의 동굴로 보고서 자신이라는 껍데기 속에서만 살아 나가기 때문에 일어나는 잘못을 말한다. 각 개인의 성격, 교육, 습관이 원인이 되어서 나오는 잘못이다. 이를테면 절반이 남은 위스키 병을 보고 '이제 절반밖에 남아 있지 않구나' 하고 비관적으로 보는 사람이 있는가 하면 '아직도 절반이나 남아 있구나' 하고 사물을 낙관적으로 보는 사람도 있다. 이처럼 사람들은 인생살이의 모든 면에 대해서도 낙관적으로 또는 비관적으로 관찰하는 경향이 있다. 이와 같이 개인의 성격이나 습관이나 사실을 잘못 보는 경우를 동굴의 우상이라고 한다.

▶ 종족의 우상

인간이라는 종족, 즉 인간이기 때문에 일어나는 잘못을 말한다. 착각 같

은 것이 그 좋은 예라고 할 수 있다.

이상으로 열거한 인간이 잘못하기 쉬운 원인을 이해하고 그와 같은 잘못을 저지르지 않도록 충분한 실험과 관찰을 통해서만이 진리는 발견될 수 있다고 했다.

인간의 미음은 백지Tabula rasa · 태불라라자이다
로크의 사고방식이란?

로크는 〈인간지성론〉에서 다음과 같은 말을 하고 있다. 알기쉽게 설명하기로 한다.

본유관념은 아이나 백치 바보 등에게는 아주 조금밖에 없거나 또는 전혀 알고 있지 않기 때문에 인간이 태어날 때에 마음에 새겨져 있는 것은 아무것도 없다. 이런 사실은 본유관념이 모든 인간에게 반드시 갖추어져 있다는 주장을 부정하는 데 충분하다.

… 중략 …

인간의 마음이란 원래 아무것도 씌어 있지 않은 백지와 같다. 그렇다면 인간이 가지고 있는 관념은 어디에서 나오는 것일까? 여러 종류의 다양한 관념의 비축을, 마음은 대체 어디서 얻는 것일까? 이에 대해서 나는 한 마디로 경험에서 믿는다고 말한다. 우리들의 모든 지식은 이 경험에 근거를 두고 경험에서 유래하는 것이다.

이 이상 더 설명을 필요로 하지 않을 만큼 데카르트가 말한 본유 관념을 명확히 부정하고 있다. 그리고 경험주의의 주장도 간단 명료하게 여기에 이야기되어 있다. 지식이라든가 진리라는 것은 경험을 거듭 쌓는 길밖에는 얻을 수 없다는 것이며 경험이야말로 지식의 유일한 원천이라고 생각한 것이다.

다만 그는 경험 범위를 넓게 해석하고 경험에는 외부 세계의 사물을 파악할 수 있는 감각뿐만 아니라 사색·추리 같은 내성內省도 포함된다고 보았다. 사색까지도 경험의 일종이라고 하는 말에는 아무래도 무리한 점이 있다.

그리고 또한, '현재 자기가 경험하고 있는 일과 자기 앞에 존재하는 사물과 일치하고 있는 사실'을 무엇을 가지고 증명할 수가 있을까. 즉 '여기에 책상이 있다'고 경험하고 있으나 그러한 나의 경험과 '정말로 책상이 존재한다'는 사실은 별문제이다. 경험과 존재의 일치를 어떻게 해서 증명할까 하는 문제가 생기게 된다.

경험은 확실한 것임은 물론 그는 의심한 것은 아니지만, 그것을 증명하기 위해 '신의 예지豫知'라는 합리주의의 주장을 가져오게 된다. 이런 의미에서 로크는 경험주의로서 철저하지 못하다고 말하지 않을 수 없다.

꽃이라는 존재는 빨강, 초록이라는 '감각의 묶음'에 불과하다

D · 흄의 회의론이란?

이 철저하지 못한 경험주의의 입장을 철두철미하게 관철시킨 이가 D · 흄1711~1776이다. 그는 지식의 기원은 모두가 감각뿐이라고 했다. 예를 들면 한 가지 원인에는 반드시 거기에 따르는 결과가 나오게 된다. 또 어떤 결과에는 반드시 그 원인이 있다고 하는 인과율因果律도 감각의 일종이다. 바꿔 말해서 뜨거운 감각 하면 불길이 타오르는 감각을 항상 연관지어 경험하는 동안에 뜨겁다는 불이 있다결과 → 원인, 불이 있다는 뜨겁다원인 → 결과라는 연상이 단단히 고정관념으로 굳어지게 된다. 이것이 인과율이라는 것으로 이는 인간이 태어나면서부터 지니고 있는 것이 아니라고 주장했다.

이와 마찬가지로 붉은 꽃잎, 초록 잎사귀라는 감각을 우리는 가지고 있을 뿐이지 꽃이라는 본체가 존재하는 것은 아니며 꽃이라는 존재는 빨강, 초록빛이라는 '감각의 묶음'에 지나지 않는다고 주장하기에 이르렀다.

이를테면 우리는 수천 번 이상 해가 동쪽에서 뜨는 것을 보아왔다. 그러나 내일도 해가 또 동쪽에서 뜰 것인지 뜨지 않을 것인지는 아직 경험해 본 것은 아니다. 그렇다고 내일도 해가 동쪽에서 뜰 것이라는 과거 경험에 대한 어떤 근거를 가지고 있는 것도 아니다. 즉, 해가 내일도 동쪽에서 뜰 것이라는 필연성을 직접 확인한 것도 아니다. 우리는 다만 지금까지 매일 해가 동쪽에서 떴다는 사실을 경험했을 뿐이다.

어제까지 매일 해가 동쪽에서 떴으니까 내일도 그럴 것이라고 미루어 생각할 뿐이다. 여기에서 흄은 결국 이 인과의 필연성을 다만 우리가 지금

까지의 경험에 비추어 믿어 버리는 신념에 지나지 않는다고 보았다.

이리하여 흄은 언제, 어느 곳에서나 꼭 들어맞는 진리보편 타당성이 있는 진리는 있을 수 없다. 따라서 'A는 B이다' 라고 단정지어 말할 수 없고 'A는 B일 것이다' 라고 미루어 생각해서 말할 수밖에 없다고 하기에 이르렀다. 이처럼 보편 타당성 있는 진리를 부정한다는 의미에서 그는 회의론에 빠졌다는 말을 듣는다.

경험주의의 의의와 문제점

이미 앞에서 말했듯이 경험주의의 의의는 근대 자연과학의 방법론을 확립했다는 데 있다. 뉴턴의 천문학과 물리학에서 볼 수 있듯이 이 세계, 이 우주에는 이성적인 법칙, 이성적인 질서가 있고 그 발견을 위해서 과학자들이 대단한 노력을 기울여 왔다. '이성적인 질서에 따라 이루어지고 있다'는 점에 있어서만은 분명히 데카르트의 세계라고 말할 수 있을 것이다.

그러나 뉴턴의 만유인력의 발견은 자신이 발명한 망원경을 이용해서 천체관측이 이루어지는 것처럼 이 진리는 관찰과 실험에 의해서 발견되었다고 할 수 있다. 중세 시대에는 성서의 범위에서 한 발짝도 벗어나지 못하게 되어 있었지만 데카르트적인 조용한 명상, 또는 토론에 의해서 진리는 확정되어 왔다.

모든 천체가 지구를 중심으로 돌고 있다는 천동설은 그와 같이 해서 주장되었고 이와 다른 학설이나 지동설을 지지하는 사람은 불에 태워 죽이는 화형을 각오하지 않으면 안 되었다.

이와 같은 진리 발견의 방법은 근본적으로 잘못이고 객관적인 실험과 관찰에 의하지 않으면 안 된다는 점을 확정지은 것이 경험주의이다. 이런 의미에서 근대과학의 눈부신 발전을 가져온 그 방법의 주장이 경험주의에 의해서 이루어지게 되었다는 데에 그 의의가 있다.

그러나 경험주의에는 문제점도 있다. 중요한 세 가지 점만 들어보기로 한다.

첫째로는 진리의 기원은 반드시 감각만이라고 말할 수 없다는 점이다. 이를테면,

"당신 집의 층계계단 수는 몇 개가 있습니까?" 하는 질문을 받고 당신은 그 자리에서 바른 대답을 할 수가 있습니까? 우리들은 매일같이 계단을 오르내리고 있다. 감각으로서의 경험으로 거듭해서 쌓고 있으나 계단

숫자를 세어 본 일도 없고, 세어 보아야겠다고 생각해 본 적도 없는 것이 보통이다. 그러니까 확실한 대답을 낼 수가 없는 것이다. 진리, 지식에는 사색, 이성의 작용이 필요하다는 사실을 부정할 수는 없다.

둘째로 로크가 이 문제로 고민을 하고 흄이 회의론이 되지 않을 수가 없던 문제인데, 개인의 감각만이 지식의 가장 믿을 만한 근거이고 지식의 유일한 원천이라고 하게 되면 우리가 일상생활에서 당연한 일로 받아들이는 많은 지식에 대해서 회의를 가지게 되고 인과의 법칙까지도 의심스러운 것으로 생각되고 과학적 진리도 부정하지 않을 수 없게 된다.

"이것은 붉은 꽃이다. 누가 뭐라고 하든 내가 그렇게 느끼니까 그것으로 충분한 것이 아닌가" 하는 말이 되는 셈이다.

개인이 가진 감각과 감각의 대상으로서의 사물과 일치를 확인하는 구체적인 방법이 없어져 버린다. 외부 세계에 사물이 존재하는 사실을 확인한 다음 그 사물을 분석하고 객관적인 관찰과 실험에 의해 사실 하나 하나를 경험적으로 확인하여 거기에서 일반적인 법칙성을 추구해 나가지 않는 한, 과학은 성립되지 않는다.

끝으로 경험주의는 책임회피의 이론이 되어 버릴 위험성이 있다. 흄은 꿀이라는 실체는 존재하지 않는 것이고 있다고 하면 빨강, 꽃잎, 초록, 잎사귀와 같은 감각의 묶음에 지나지 않는다고 했다. 이 사실에서 자아라고 하는 본체도 실제로 존재하지 않고 우리들이 자기라고 하는 것은 슬픔이라든가 아픔 같은 감각의 묶음에 지나지 않게 된다.

이 감각은 시시각각으로 변화해 가는 것이니까 자아 역시 변화해 가게 된다. 따라서 어제 도둑질이라는 범죄를 저지른 자아는 어제의 자아일 뿐 오늘의 자아는 아니다. 다른 자아가 저지른 범죄를 어째서 오늘의 자아가

속죄하지 않으면 안 된단 말인가 하는 이치도 성립하게 된다는 것이다.

그러나 이렇게 되면 책임의 소재도 없어지고 나아가서는 윤리도 도덕도 법률도 있는 것이 아니다. 의지해야 할 자기 자신은 존재하지 않고 물 위에 떠다니는 부평초처럼 그 순간 순간에 변천을 되풀이하는 자기밖에 없는 셈이 된다. 그 결과, 주체적 자유는 성립하지 않는다. 왜냐하면 자유라는 것은 각자 스스로에게 달린 문제인데 그 스스로, 즉 자기 자신이 없기 때문이다.

이상 세 가지 점이 경험주의가 가지는 결점이라고 생각할 수 있다.

연역법과 귀납법은 어느 쪽이 바른 것인가?

과학적인 방법이란 무엇인가?

데카르트의 주장을 들으면 '과연 그렇겠구나' 하는 생각이 들고 로크를 살펴보면 '앞으로는 귀납법이 아니면 안 돼' 하는 생각이 들 것이다. 귀납법과 연역법은 대체 어느 쪽이 바른 것일까? 과학의 방법에는 어떤 방법이 있을까 하는 의문이 있으리라고 본다. 이 문제에 관해서 이야기해 보기로 하자.

귀납법이란 것은 많은 재료들을 수집해서 그 하나 하나의 특수한 사실들로부터 거기에 공통되는 일반적인 법칙성 이론을 이끌어 내는 방법이다. 그리고 연역법이란 것은 근본 원리, 즉 일반적인 원리로부터 논리의 절차를 밟아서 낱낱이 사실을 설명해 나가는 방법이다.

이 두 가지의 방법을 비교해 볼 경우, 귀납법은 낱낱이 특수한 사실에 근거를 두고 있다는 점에서 무엇보다도 강점을 지니고 있다고 할 수 있다. 그러나 유의해야 할 것은 아무리 많은 사실을 수집했다 하더라도 그 사실들과 이론 사이에는 비약이 있음을 알지 않으면 안 된다. 다시 말해서, 수집한 특수한 사실들은 상당히 그럴 듯한 것으로 일반적인 법칙성이나 이론을 이끌어 내지만 그 법칙이나 이론이 반드시 진실임을 보증해 주지 않는다. 귀납적 방법으로 추리해 나갔을 때, 자칫 이상한 결론으로 이끌려 가는 경우가 많다. 왜냐하면 낱낱의 사실들과 이론 사이에는 간격이 있기 때문이다.

베르나르1813-1878 · 프랑스의 생리학자의 산화탄소 중독의 실험과 자와샤의 저서 〈철학과 과학〉의 내용이다.

▶ 관찰

산화탄소로 인한 중독사中毒死인 경우, 정맥도 동맥과 마찬가지로 붉은 색을 띠고 있다.

▶ 고찰

붉은 색을 띠고 있다는 것은 산소가 많이 포함되어 있기 때문이다. 정맥이 붉은 색을 띠고 있는 것은 정맥에도 산소가 남아 있는 것으로 이는 모세관 속에서 산소와 탄산가스 교환이 방해받기 때문이다.

▶ 실험

정맥 안의 혈액을 뽑아 여기에 수소를 넣었다. 산소가 있다면 수소와 화

합할 것이다. 화합하지 않은 것으로 보아 중독사한 정맥에는 산소가 없는
사실을 확인하였다.

▶ 실험

동맥의 혈액에 대해서도 똑같은 실험을 한 결과 중독사한 동맥에도 산소
가 없다.

▶ 고찰

산화탄소와 산소가 교환된 것은 아닌가.

▶ 진리 · 지식

건강한 동맥의 혈액을 뽑아 산화탄소가 가득 들은 시험관 속에 넣어 뒤
섞었다. 이 결과 혈액 속의 산소가 줄고 산화탄소가 증가하였다. 한편, 시
험관 속의 산화탄소가 줄고 산소가 증가했다. 즉, 혈액 속의 산소와 시험
관 속의 산화탄소가 교환되었음이 확인되었다. 이렇게 해서 중독사는 혈
액 속의 어느 물질과 산화탄소가 결합하고 그 결과 산소를 몰아내기 때
문에 일어난다. 즉, 산소와 산화탄소가 교환됨으로써 일어난다는 사실이
확인되었다.

이러한 실험은 사실을 확인하려고 실시한 것이 아니고 과학자의 구상
내지 아이디어를 확인하기 위해 실시했음을 알 수 있다. 바꾸어 말해서 사
실이 이러이러하다고 확인만 해서는 진정한 학문이라고 말할 수 없다. 그
사실을 이론으로써 확실성 있게 하고 또한 그 사실을 설명할 수 있는 이론

을 확립해야 비로소 학문이라 말할 수 있다.

결론적으로 말하면 귀납법만으로는 참다운 과학이라 할 수 없고, 물론 연역법만으로도 과학은 성립되지 않는다. 이 두 가지 방법의 장점을 합해야만 과학이 성립한다고 말할 수 있을 것이다.

진리는 도구이다
프래그머티즘(Pragmatism · 실용주의)의 진리관

"아는 것이 힘이다"라고 한 베이컨의 현대판이라고도 말할 수 있는 사고방식이 19세기 말에서 20세기 전반에 걸쳐 미국에 등장하였다. 그 대표자의 한 사람인 W · 제임스1842-1910는 '프래그머티즘'에서 다음과 같은 진리관을 주장하고 있다.

무엇인가 우리가 그것을 타고 돌아다닐 수 있다고 하는 그 관념, 능숙하게 사물과 사물의 사이를 이어주고 아무런 불안감도 없이 움직여 가고 내용을 간략하게 하고 노력을 절약하면서 우리 경험의 한 부분에서 다른 부분으로 순조롭게 우리를 옮겨 가게 해 주는 그런 관념, 이것이 바로 그만큼 의미를 부여한 참이고 그만큼 범위를 가진 참이며, 도구라는 의미에서 참이다.

제임스와 더불어 프래그머티즘의 대표자 중의 한 사람인 J · 듀이1859-1952 역시 〈철학의 개조〉라는 저서에서 그와 같은 진리관을 이야기했다.

"우리의 지식은 도구이다. 도구라는 물건이 모두 그러하듯이 그러한 도

구의 가치는 그 자체 안에 있는 것이
아니고 그 도구들의 일할 능력, 즉 사
용된 결과에 따라서 나타나게 되는 유
효성이 있다."

　요컨대 실용적이 아닌 지식은 진리라고
할 수 없다고까지 분명히 밝히고 있다. 제임스
는 종교 심리학자로서도 유명하지만 '신을 믿는 편
이 인생에 유용하다고 하면 신은 존재하는 것이다.'
라는 의미의 말을 이야기할 정도다. 이와 같이 실용성,
유효성을 중시하는 사상은 영국 경험주의를 낳은 사회적 배경과 같은 분
위기 속에서 나오게 되었다. 1786년에 독립한 미국은 1812년에서 1814년
에 제2차 독립전쟁이라고 일컬어지는 미영美英 전쟁을 치르고 독립의 기
운이 점차 높아졌다. 또한 동부의 빈민과 불황에 허덕이는 노동자들은 용
기와 결단을 필요로 하는 강인한 정신, 이른바 프런티어 정신으로 원주민
인디언들과 맹수들과 싸워 가면서 서부를 개척해 나갔고 19세기 중엽에
는 영토가 태평양 연안에까지 이르렀다.

　이와 같은 시대를 배경으로 에드가 알런 포1809-1849, 에머슨1803-1882,
화이트만1819-1892 등이 등장하여 미국 독자적인 문화를 쌓아 나갔다.
1861년에서 1865년 사이에 일어난 남북전쟁에서는 엄청난 희생을 치렀지
만 이 전쟁을 통해서 미국은 완전한 독립국가로 다시 태어났다. 정치면에
서뿐만 아니라 농업에서도 자작농 중심의 민주주의적인 생산 체제가 창
설되고, 60년대에는 밀 생산량이 세계 제일이었고 공업면에서도 영국을
누르고 대공업국으로 높이 떠올랐다.

국내에만 돌리고 있던 시야를 차차 국외로 돌리면서 팽창정책으로 바꾸어 나갔다. 1898년에는 스페인과 전쟁을 하였고 1899년에는 중국과의 문호개방 선언 그리고 1914년에는 파나마 운하를 완성하여 남미로 진출해 나갔다. 제1차 세계대전 후, 미국은 모든 면에서 세계 제일의 초대국으로 성장해 가기 시작했다. 프래그머티즘 철학은 이러한 미합중국의 발전을 배경으로 등장하여 차츰 발전해 나갔던 것이다.

004 여러분의 주장과 판단은 올바른가?

비판론 · 칸트의 합리주의와 경험주의의 비판적 종합

비판이란 것은 한 가지 입장에 서서 자기의 주장을 고집하고 남을 배격하는 것이 아니다

테마가 매우 어렵게 되었다. '비판적 종합'이란 대체 어떤 의미일까? 우선 비판의 의미부터 살펴보기로 하자.

다음 그림은 '루빈의 술잔'인데 이 그림을 여러분은 어떻게 보십니까? 어느 사람은 우승컵과 같이 생긴 술잔이라고 볼 것이지만 또 다른 사람은

두 사람이 아주보고 있는 모습이라고 볼 수도 있다.

이와 같이 한 가지 방법으로만 보게 되면 바른 답이 나오지 않는다. '하얀 부분에 초첨을 맞추어 보면 틀림없이 두 사람의 얼굴이고, 검은 부분을 주목해서 보면 무슨 꽃병이나 술잔과 같다' 고 말해야 비판적인 견해라고 볼 수 있다.

다시 말해서 비판이라는 것은 한쪽의 입장에 서서 쓸데없이 자기 주장만을 고집하고 남의 주장을 배격하는 것이 아니다. 여러 입장이나 그 장점, 단점을 될 수 있는 한 정확히 이해한 다음 자기의 주체적인 의견을 이야기하는 것을 말한다.

'진리는 어떻게 발전해 왔는가?' 라는 테마에 관해서 유럽의 근대 사상에는 경험주의와 합리주의의 두 가지 흐름이 있었다고 지금까지 설명했다. 이 두 가지의 흐름에 참된 의미의 비판을 가해서 새로운 인식론을 전개한 사람이 이미 소개한 칸트이다.

그는 행복과 선의 관계에 관해서 뛰어난 견해를 발표했는데 이는 앞으로 설명해 나갈 인식론과 깊은 관계를 가지고 있다.

이미 말했듯이 흄은 지식은 모두가 감각에 바탕을 두고 있다고 하고 여러 가지 관념이나 법칙은 똑같은 경험을 되풀이해 나가는 동안에 처음에는 아마 그렇게 될 것이다 하던 느낌이 반드시 그렇게 된다고 하는 필연의 법칙으로 바뀌어 가는 것이라고 했다. 그러나 사실에 대한 우리의 지식에 잘못된 것이 있을 수도 있다. 일상생활에서는 물론이고 과학적인 탐구에서도 많은 실수를 저지른다.

이를테면 물 속의 막대를 굽은 것으로 알았다가 꺼내 보면 그것이 다만 구부러진 것처럼 보였을 뿐이라는 사실을 알게 되고 또 태양이 지구를 도는 것으로 알았다가 실제는 그 반대라는 사실을 알게 되었다. 이는 우리의 인식 능력이 매우 한정되어 있고 완전하지 못하기 때문이다.

이와 같이 인간의 인식 능력이 불완전하다는 점을 지나치게 강조하다 보니 그는 결국 필연의 법칙은 있을 수도 없고 자연 과학 진리의 필연성마저 부정하게 되어 회의주의에 빠져 버렸다.

한편, 독일을 중심으로 하여 일어난 이성에 만능의 권한을 부여해 주는 합리주의의 사고방식이 있다. 즉, 인간은 이성적인 존재임과 동시에 감성적인 존재로서 감각 경험의 세계에서 생활해 나가지 않으면 안 된다.

그러나 감각 경험에서는 똑같은 사물이 이를 바라보는 사람에 따라 다르게 보일 뿐 아니라 똑같은 사람일지라도 시간이나 상황에 따라 달리 보일 정도로 불확실하다. 그러므로 감각 경험으로써는 결코 절대적 지식진리에 이를 수가 없다. 따라서 감각 경험에서 오는 불확실성을 빼버리고 확실한 지식에 이르기 위해서는 '생각하는 나' 이외는 일단 모든 것을 의심해

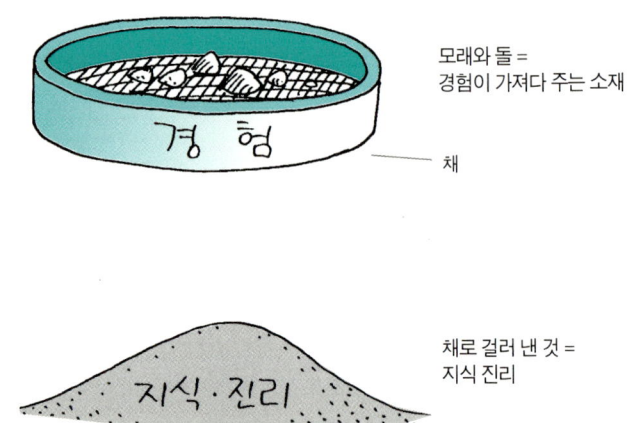

모래와 돌 =
경험이 가져다 주는 소재

채

채로 걸러 낸 것 =
지식 진리

보아야 한다. 이것이 데카르트에게서 나온 철학인데, 이 사고방식이 극단으로 나아가게 되면 즉 이성의 기능을 지나치게 강조하게 되면 '여기에 맛있는 비프스테이크가 있다' 라고 자기의 이성이 생각하면 경험을 통해서 확인해 보지 않더라도 그 말이 진리가 된다고 하는 참으로 이상스러운 이야기가 된다. 이는 한낱 환상에 불과한 것이 아닐까.

칸트는 극단적으로 된 합리주의이를 독단론이라고 한다가 말하는 정도로 이성은 만능이 아님을 흄의 저서를 통해서 배웠다. 칸트는 이 점을 '독단적인 선잠에서 깨어났다' 고 술회하였다. 또 동시에 지식은 모두가 하나 하나의 경험에서 유래하는 것으로 그 결과 보편적, 필연적인 진리는 존재하지 않는다고 하는 경험주의만을 옳다고 할 수 없다고 생각한다.

그래서 그는 회의주의가 된 경험주의와 철저하게 독단론이 되어 버린 합리주의를 '비판' 해서 생각했던 것이다. 인간에게는 외부 세계의 자극을 받아 내는 지식의 자료를 준비하는 감각과 그 자료를 질서 있게 정리해 가는 틀과 같은 것그림의 채에 해당이 있는 것이 아닐까 한다. 자료 그 자체는 따로따로 받게 되니까 이를 정리하는 일이 아무래도 필요하다. 다시 말해서 외부에 있는 색깔이나 감촉 같은 하나하나 단편적으로 된 감각 재료들이 곧 지식이라고 생각하는 것은 잘못이다. 지식을 확실히 알기 위해서는 인식하기 위해서는 그 감각 자료들을 우리에게 있는 어떤 정신적인 틀에 따라서 그 크기나 생김새 등으로 질서 있게 배열하고 체계화해서 일반화시키는 일을 적극적으로 할 필요가 있다는 말이다. 바로 그 정신적인 틀이나 태에 해당되는 것을 '오성悟性-이론 이성의 선천적 형식' 이라고 일컫는다.

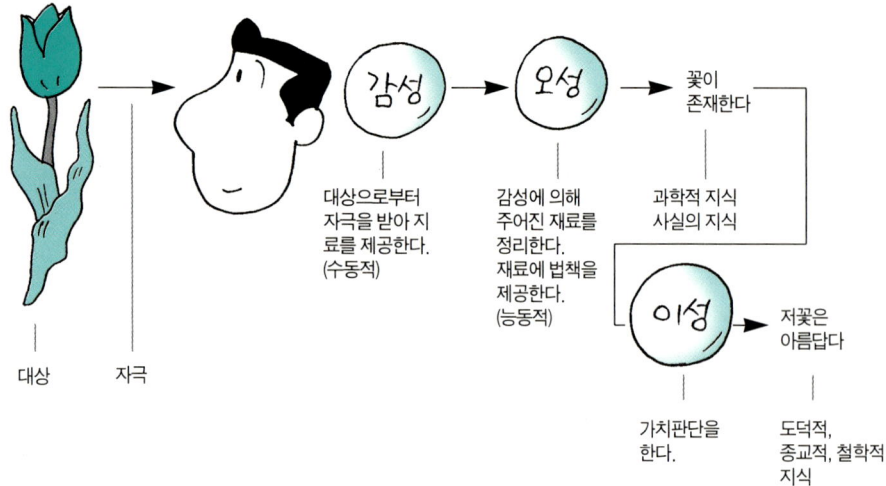

좀더 자세히 설명하면 그림에 있는 것처럼 대상이 튤립으로부터 우리의 감성을 통해서 자극을 받아 지식의 소재를 얻게 된다. 여기에서 인간은 대상을 있는 그대로 파악하므로 수동적이다. 칸트는 이 소재가 없다면 인간을 지식을 가질 수가 없다는 점에서 경험주의의 특징을 따르고 있다고 할 수 있겠다.

그러나 그것은 무질서하고 따로따로 떨어진 소재에 불과하다. 그 단편적인 소재들을 지식이라고는 할 수 없다. 그래서 칸트는 확실한 지식을 얻으려면 인간의 오성이 그 소재를 일정하게 짜 놓은 틀선천적 형식·소재를 질서있게 배열, 일반화에 의해서 우리는 과학적 지식, 참된 사실의 지식을 가질 수 있게 된다고 주장했다. 여기에는 합리주의의 사고방식을 그대로 살리고 있다.

칸트는 이렇게 주장함으로써 과학적 지식은 자연이나 대상을 사진 찍거나 거울에 비치듯 외부의 사물의 모습을 그대로 모방하고 수동적으로 받아들이지 않았다. 자연스럽게 받게 된 소재를 인간 오성이 그 소재들을 능동적으로 질서 있게 배열하고 체계화 일반화시켜 구성한다는 말이다. 그는 이러한 구성을 다음과 같이 표현하였다.

인간의 인식에는 두 가지 줄기가 있다. 즉 감성과 오성이다. 전자에 의해서 대상을 얻을 수 있고, 후자에 의해서 대상을 생각할 수 있다.

그는 합리주의와 경험주의를 종합했을 뿐 아니라 데카르트에 의해서 기도되었던 근대적 자아의 확립을 완성시켰다고 말할 수 있다. 이제야 바야흐로 자아는 외부 세계로부터 자극을 수동적으로 받아들일 뿐만 아니라 외부 세계에 있는 소재들을 정리하고 가공해서 구성하는 능동적인 작업을 통해서 적극적인 지위를 얻게 되었다.

그런데 다시 한 번 앞의 그림을 살펴보자. 오성 다음으로 이성이라는 낱말이 보인다. 필자는 지금까지 이성이라는 낱말에 확실한 정의를 밝히지 않고 무심코 사용해 왔으나 칸트에 의하면 이성은 가치 판단을 하는 능력을 지니고 있다고 한다.

예를 들어보자.

'이것은 튤립이다'라고 하는 말은 있는 그대로를 말하는 '사실판단'이다. 그러나 '이것은 아름다운 튤립이다'라고 말하는 것은 가치 판단을 하고 있는 것이다. 마찬가지로 '이것은 순도 99%의 산소이다'라고 하는 것은 사실 판단이지만 '이것은 위급한 환자를 살리는 좋은 산소이다', 또는 '금고를 달구어 녹여 버리는 데 쓰는 나쁜 산소이다'라고 하는 것은 가치 판단이다.

용어의 설명을 이해하기 쉽게 요약해서 나타내 보겠다.

● 오성 – 이론 이성理論理性이라고도 한다. 따로따로 감성을 통해서 받게 되는 감각 소재들을 정리하고 가공해서 구성하는 것. 태어나면서부터 지니고 있는 선천적인 형식을 통해서 이루어지나 사실 인식은 비록 동물이라 할지라도 가능하다.

● 이성 – 실천이성이라고 한다. 인간만이 가지는 가치 판단의 능력.

005 동양철학에서의 진리는 무엇일까?

주관과 객관, 인간과 자연을 구별, 대립시키지 않는 사고방식이란?

서양식 견해사고방식와 동양식 견해의 차이

　경험주의나 합리주의 그리고 이 두 주의를 비판하여 인식론으로 구획지은 칸트의 비판론을 지금까지 살펴보았다. 이들의 이론 속에 하나의 특징을 공통으로 인정할 수가 있을 것이다. 그것은 주관과 객관, 인간과 자연, 보이는 것과 볼 수 있는 것을 대립시켜 양자의 관계를 문제로 삼아 나간다는 자세이다.

　이러한 특징은 고대 그리스 시대부터 이미 나타나 있다. 전형적인 예로서 아리스토텔레스의 세오리아Theoria를 들 수 있다. 세오리아라는 것은 명상적 태도라고 번역한다. 요컨대 자기 자신 외에 존재하는 것을 순수한 지적 관심을 가지고 바라보는 즉 무슨 목적을 위한 수단으로서 바라보는 것이 아니라 순수하게 지적인 호기심을 가지고 사색해 나가는 태도이다. 알기 어렵게 표현한다면 '알기 위해서 앎을 바라고 찾는다' 는 태도이다. 이러한 태도가 학문을 발전시키고 과학을 진보, 발달시켜 왔다. 이 세오리아를 어원으로 해서 생겨난 영어의 세오리Theory-이론, 학설가 있다는 사실을 보아서도 그와 같은 사정은 이해할 수 있을 것이다.

이해하는 것을 안다고도 한다. 다시 말해서 대상을 요소나 성질에 따라서 분석하여 이해한다는 의미이다. 이는 앞에서 말했듯이 분석하는 주관과 분석되는 객관을 대립시키지 않으면 분석 그 자체가 될 수가 없다.

그런데도 그 분석하는 '나'라는 점을 너무 지나치게 뚜렷이 내세운 결과, '전체'를 놓쳐 버리는, 자연에 대해서도 다른 민족에 대해서도 오직 자기 자신만을 위해 정복, 이용하는 일에만 전념해 버리는 폐해를 가져왔다.

즉, 근대 이후 현대에 이르기까지 전쟁이 계속되고 자연 파괴는 날로 더욱 심해지고 21세기를 맞이한 오늘날 인간이 인간 자신에게 앙갚음을 받고 자연으로부터도 심한 앙갚음을 당하는 사실들이 있음은 이미 알려진 대로이다.

그러나 이와 같은 입장을 고대 시대부터 한결같이 거부해 온 사고방식이 있다. 그 구체적 사례를 살펴보기로 하자. 그 가운데 하나인 인도의 자이나교의 경전에 다음과 같은 가르침이 있다.

당신이 죽이려고 생각한 상대는 실은 다름 아닌 바로 당신 자신이다. 당신이 학대하려고 생각한 상대도 실은 바로 당신 자신이다. 당신이 해치려고 생각한 것도 그러하고, 당신이 괴롭히려고 생각한 자 또한 그러하다. 그렇기 때문에 이런 사실을 깨닫고 생활하는 올바른 사람은 다른 사람을 죽여서도 안 되고, 또 다른 사람에 의해 죽게 해서도 안 된다.

자이나교는 불교와 마찬가지로 결코 살생해서는 안 된다는 가르침을 설파한 종교이다. 여기에서 우리가 유의해야 할 점은 자기 자신과 상대방을 구별, 대립시키기는커녕 똑같은 자라고 주장하고 있는 점이다.

이러한 사고방식의 말은 일상생활에서 흔히 볼 수 있다. 다음의 대화를 생각해 보자.

"나, 때렸어!"

"나, 오늘은 안 돼."

'나'라는 말이 '너, 당신'이라는 의미와 '나'와는 전혀 반대의 의미로 쓰여지고 있다. 이와 같은 사고방식을 바탕으로 하는 철학 사상을 좀더 살펴보기로 하자.

'도' 그것은 지식을 초월한 것

노장 사상이란?

노장사상이란 중국의 노자와 그 사상을 발전시킨 장자의 사상을 정리하여 말하는 용어이다. 알기가 좀 어려운 사상이므로 그 사상을 설명하기 전에 먼저 예비지식으로서 다음의 사실을 설명해야겠다. 자석을 예로 들어 설명하겠다.

N극과 S극은 자장이 있어야 비로소 성립한다. 자장이 없으면 N극과 S극도 없다. N극을 주관·자아라고 하자. 그리고 S극을 객관·자연이라고 하자.

물론 자석이니까 N극과 S극은 서로 반발하여 밀어낸다.

이 관계는 자연과 그 자연을 지배, 정복하려고 하는 인간과의 관계, 바꿔 말해서 근대 이후의 유럽사상과 비유할 수 있다. 여기에서 자장에 해당되는 것까지 생각할 수 없다.

앞으로 노자를 중심으로 하여 살펴보려고 하는 노장 사상은 바로 그 자장을 문제로 삼는다고 생각하면 될 것이다. 즉 인간과 자연을 포함해서 모든 존재의 배경에 가려져 있는 것, 모든 존재를 성립하도록 하는 것들을 문제 삼기로 한다는 말이다.

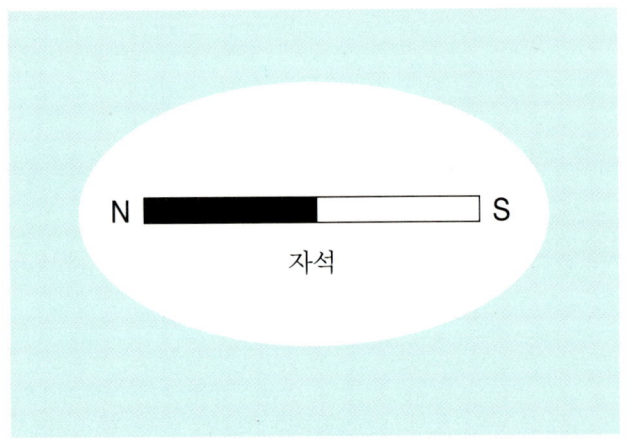

자석

그런데 그 노자는 B.C 5세기에서 4세기의 춘추시대 말기에 살았다고 하는데 그의 생존을 의심하는 사람도 있다. 그러나 '사기'나 '논어'에도 기록되어 있는 것을 보았을 때 도가사상을 창시한 실제 인물로 보아도 틀림없다고 본다.

그가 살았던 춘추시대는 여러 국가 사이에 일어난 끊임없는 전쟁 때문에 백성들은 한결같이 고난의 생활을 하고 있었다. 더구나 그가 태어난 진나라는 포악하기로 이름 난 사람들이 무서워하던 초나라에게 멸망 당하여 무거운 세금과 압제 밑에서 도탄에 빠져 허덕이는 생활을 하고 있었다. 이 고통에서 벗어나려고 그는 당시 천자의 나라 주나라로 갔다. 망국의 한을 품은 한 백성으로서 그곳에서의 생활을 결코 즐겁지 않았지만 궁중 서고의 기록을 맡은 거의 노예에 가까운 관리 직책을 40년 간이나 맡았다.

일반 대중들로부터 격리된 궁중 안에서 나날을 보내는 가운데 그는 도리어 매서운 눈으로 인생을 냉정히 살펴볼 수가 있었다. 주나라의 덕이 시들어 쇠퇴하는 것을 보고 세상을 피해서 숨어 살기로 결의를 하고 노를 타고 서쪽으로 가는 도중 함곡관하남성에 있는 요새지의 관리인 윤회의 청을 받아들여 그의 사상을 기록해 놓은 책이 바로 '노자 도덕경 5천 마디' 즉 '노자 도덕경'이다.

이 책이 노자 자신이 직접 썼느니 쓰지 않았느니 이론異論이 많지만 어쨌든 이 책으로 인해 그는 중국 역사상 가장 위대한 사상가의 한 사람으로서 공자와 함께 칭송 받게 되었다. 그는 살아 있는 동안 이름이 세상에 알려질까 두려워 초야에 묻혀 살다 갔다 해서 은둔자라고 일컬어지기도 한다.

그러한 그가 세상에서 격리된 궁중에서 생활하는 가운데 그의 머리에서 떠나지 않았던 의문은 자연의 세계에는 아주 정연한 질서가 있는데 인간 세상에는 어째서 혼란이 끊이지 않는걸까 하는 점이었다. 여러 해 동안 사색에 사색을 거듭한 결과 그가 도달한 결론은 '자연에는 도가 있는데 인간 사회에는 도가 실천되지 않고 있다' 라는 것이었다. 그렇다면 그 '도' 라는 것은 무엇을 말하는 것일까? 그는 '노자' 25장에서 다음과 같이 말하고 있다.

형태는 없지만 완전한 그 무엇인가가 있으니 천지보다 먼저 생겼다. 그것은 소리도 아니고 고요하게 움직이지도 않고 텅 비어 있는 모습으로 다른 것에 의존하지도 않고 오직 자기 스스로 독립하여 바뀌거나 변화하지 않으며 온갖 곳을 두루 돌아다녀도 지치는 일이 없고 멀다고 가지 못할 데가 없고 가깝다고 오지 못할 데가 없으니 그것은 천하의 어머니가 될 수 있다.

그 이름은 모르지만 굳이 이를 글자로 쓴다면 '도道' 라 하고, 굳이 이를 이름 붙인다면 무엇이든 다 포용하는 '크다大' 라 하겠다.

만물의 어머니라고 한 것을 보면 모든 존재의 기본이 된다는 뜻, 존재를 존재답게 해 주는 것이라고 할 수 있다. 앞에서 말한 '자장' 을 떠올려 보면 무엇인지 알 수 있을 것 같은 생각이 들지 않는가. 더구나 '그 이름을 우리는 모른다. 굳이 말한다면 도라고나 할 수 있지 않을까' 라고 되어 있다. 여기에 주목하기 바란다. 이름을 붙인다는 것은 그 사물을 한정한다는 뜻이 된다. 좀 어려운 표현이 되었지만 예를 들어, '이것은 무궁화꽃이다' 라고 이름을 붙이면 '그것은 튤립도 다른 꽃도 아니다' 라는 말이 된다. 즉, 그 꽃은 무궁화꽃이지 다른 꽃이 될 수 없다.

노자에 의하면 인간을 포함해서 모든 것을 태어나게 하고 그 기반이 되어 있는 것을 도라 말하므로 그것은 인간의 지식을 초월한 것이다. 얄팍한 인간 지식을 가지고는 이름 붙일 수가 없는 인간지식을 초월한 것이다.

그렇다면 그런 사실을 우리는 어떻게 해서 '안다' 고 할 수가 있을까? 그러나 유감스럽게도 그는 '도' 는 이런 것이다, 저런 것이다라고 그저 설명만 해놓았을 뿐, '어떻게 해야 인식할 수 있을까?' 하는 문제에 관해서는 구체적으로 이야기해 놓지 않았다.

물론 "항상 무욕함으로써 그 미묘함을 관찰한다"고 말하고는 있다. 바꿔 말하면 우리들이 사물을 보는 경우, 먹고 싶다든지 하는 욕망의 대상으로 보고 있는데 이와 같은 망상적인있지 않은 공상을 사실로 믿는 태도를 버리고 무심無心·천성에 거슬리지 않고 자연을 따르는 마음하게 됨으로써 도를 볼 수가 있다고 한 말이다. 또한 '티끌 하나 끼지 않은 맑은 거울 같이 외부의 사물을 대하는 심경'이라고도 했으나 이런 말로써는 잘 알 수가 없다. 학자에 따라서는 신비적 체험이라느니 순수한 경험이라느니 여러 가지 해설을 붙여 놓았지만 요컨대 구체적으로 무엇인지는 확실히 알 수 없다고밖에 말하지 않을 수가 없다.

필자는 이성적으로 또는 지적으로 이해할 수 없는 일이라면 직감이나 체험으로써 이해하는 수밖에 다른 방법이 없다고 본다. 알고 싶지만 말로써는 설명할 수가 없으니까 직접 체험으로밖에 알 수 없는 일이다. 또 동시에 철학이 과학과 근본적으로 다른 점도 바로 이 체험이라든가 종합적인 판단에 있다고 생각한다.

그리고 바로 이 점이 지금까지 살펴본 경험주의, 합리주의들과 다른 것이다. 이해를 돕기 위해서 일본의 니시다西田 철학을 살펴보기로 하자.

키워드는 순수 경험

니시다 철학이란?

'어째서 니시다 철학인가?' 에 관해서 여기에서 왜 이야기를 하지 않으면 안 되는가? 갑자기 어려운 말이 된 것 같지만 결론적으로 말하면 니시다 철학은 동양사상과 서양사상을 연결시킨 철학, 다시 말해서 동양사상을 서양사상의 개념을 가지고 설명한 철학이고, 체험이나 종합적인 판단을 정면에서 문제 삼은 철학이기 때문이다.

그 키워드가 앞에서 말한 순수 경험이라는 개념이다. 이 말은 훗날에는 '행동적 직감', '절대 모순의 자기 동일' 이라는 어려운 개념의 말로 쓰여졌지만 여기에서는 생략하기로 한다.

동양사상의 특징은 실천적, 체험적이다. 노자의 말에서 본 바와 같이 엄

밀한 논리를 차곡차곡 쌓아 마음속에 감추듯이 해서 결론을 이끌어 내는 데 너무나 관심을 드러내지 않는다.

필자는 직감이라든가 체험이라고 하는 말을 쓰고 있으나 진리는 언어를 가지고는 설명할 수가 없기 때문에不立文字 마음에서 마음으로 전하는 수밖에 다른 방법이 없다以心傳心. 노자가 그 자신 스스로도 답답하고 안타까운 듯이 도에 관한 설명을 되풀이하면서도 논리적으로는 구체적 설명이 되지 못했다는 점만 떠올려 보더라도 그 진리에 대해서 이해가 되지 않을까 하는 생각이 든다.

여기에서 처음 나오는 불립문자라든가 이심전심이라는 말은 불교의 선禪에 관한 용어이다. 그래서 니시다 기다로1870-1945가 무엇 때문에 선을 가까이 했는가를 살펴보기로 한다.

니시다는 입학했으나 뜻에 맞지 않고, 교육방침이 자신의 생각과 다르다고 해서 여러 학교를 옮겨 다닌다. 마지막으로 동경제국 대학의 선과禪科에 입학하여 이 학과를 졸업했다. 그러나 본과 졸업을 하지 못했기 때문에 만족할 만한 곳에 취직도 못 하고 빈민 속에서 나날을 보내고 있었다. 게다가 가정의 불화, 이혼 강요, 집안의 몰락 등 잇따라 불행을 겪어야 했고 인격이 분열되어 '죽고 싶은 심정' 일 정도로 고통을 당했다.

니시다는 수학을 잘해서 논리적인 재능을 발휘하여 스승들로부터 수학 선생님이 되라는 권고를 받은 수재였다. 그뿐 아니라 은사들로부터 취직을 비롯해서 두터운 사랑을 받았던 모양이다.

그런데도 그의 정신적 고뇌는 사라지지 않고 더욱 심해졌으므로 이 위기를 극복하고 자기의 인격을 통일 독립시키기 위하여 1897년 교토 묘심사에 가서 참선 공부를 하였다. 이를 계기로 해서 서유럽 철학의 고전을 탐독하고 깊이 생각하고 또 동시에 더할 나위 없는 열의를 가지고 참선 공부에 몰두하게 되었다.

최초의 저서 '선의 연구' 가 1910년에 간행되었는데 이 저서는 서유럽철학에 관한 연구와 '참선을 통한 악전고투 속에서 나온 것' 이란 어떤 내용인가? 여기에서 우리는 먼저 참선을 통해서 얻어지는 것이란 어떤 것인가를 알 필요가 있다. 선에는 임제선과 조동선이 있는데 그에 대한 설명은 이렇다.

임제선에서는 한 사람의 선승이 되려면 10년에 걸친 도장에서의 수업과 아울러 깨달음을 얻은 다음의 수업, 즉 인격 형성의 기간이 필요하다. 동북사의 경우, 행각승들은 매일 아침 3시에 일어나 독경을 한 다음 식사를 마치고 4시 반부터 날이 밝을 때까지 좌선을 한다. 저녁은 저녁대로 해가 진 뒤 9시까지 선당에 들어간다.

몸은 일년 내내 그러한 생활로 보낸다. 견디기 어려운 것은 경지를 단련하는 과정에서 겪는 내면의 고통이다.

"두 손바닥을 마주 쳐야 소리가 나지 한쪽 손으로 무슨 소리가 나겠는가?"

두 손을 마주 치면 소리가 난다. 그럼 한쪽 손으로 소리를 내려면? 이러한 공안公案-선문답이 스승으로부터 수업 중의 스님들에게 잇따라 주어지고 이른바 선문답을 주고 받는다.

3천을 가르치는 공안의 답은 머리로서는 이해하더라도 의미를 이루지 못한다. '알았다' 가 아니라 그러한 경지가 '된다' 는 것이다. 그렇기 때문에 자기 자신을 무로 하고 자타自他나 생사生死라는 이원二元의 대립을 뛰어넘는다. 선의 깨달음이라는 것은 매우 체험적인 것이다.

매우 간결하게 정리되어 있으나 밑줄 친 부분에 유의하기 바란다. 체험이라든가 이원二元을 뛰어넘은 세계라는 말이 있는데 이 경지는 노자의 사고방식과 비슷하다고 볼 수 있지 않을까. 니시다가 참선한 묘심사는 임제종의 사찰이니까 이 설명과 일치한다고 볼 수 있다. 니시다는 자신의 철학목표를 다음과 같이 말했다.

> 형체가 있는 것을 존재한다고 말하고 형체를 만들어 나가는 일을 선善이라고 하는 유럽 문화의 눈부신 발전을 존중해야 함은 두말 할 것도 없다. 그러나 몇 천년 전 옛날부터 우리 조상들이 발전시켜 온 동양 문화의 밑바닥에 주목할 만한 것이 있다. 그것은 형체가 없는 것을 보기도 하고, 소리가 나지 않는 것을 듣기도 하는 것이다. 우리들의 마음은 고와 맑은 것을 끊임없이 바라마지 않는다. 나는 이와 같은 요구에 철학적 근거를 두고 살펴보고 싶다.
>
> - '작용하는 것에서 보는 것으로' 에서

그 철학적 근거로 삼은 것이 독창적 기초 개념인 '순수경험' 이다. 니시다는 이러한 생각에 관해서 다음같은 설명을 해 놓았다.

> 경험한다는 것은 사실 그대로 안다는 의미이다. 완전히 자기의 재주, 잔꾀를 버리고 사실에 따라 안다는 것이다. 보통으로 경험하고 있는 일도 실제로는 무엇인가 생각을 주고 받는다. 조금도 사려분별을 보태지 않은, 참으로 경험 그대로의 상태를 순수경험이라고 말한다. 이를테면 색

깔을 보고 소리를 듣는 순간, 이것이 바깥에 있는 사물의 작용이라든가 자기 자신이 이를 느끼고 있다든지 아는 생각이 아직 없을 뿐 아니라 이 색깔, 이 소리는 무엇인가 하는 판단조차도 덧붙이지 않은 그 전의 상태를 말한다. 그래서 순수경험은 직접경험과 똑같다. 자신의 의식 상태를 직접 경험했을 때, 아직 경험하고 있는 주관도 없고 또 경험을 주는 객체도 없는 말하자면 지식과 그 대상이 완전히 하나가 되어 있는 상태이다. 이 상태가 경험의 가장 순수한 것이다.

… 중략 …

우리는 아주 조금도 사상을 주고받지 않고 주체 객체가 갈라지지 않은 상태에 주의를 기울이게 되는 법이다. 이를테면 열심히 낭떠러지를 기어오르는 경우처럼, 음악가가 열심히 연습한 곡을 연주하는 때처럼 완전한 지각知覺의 연속이라고 해도 좋다.

- '선의 연구' 에서

이 문장의 뒷부분에는 '말이 달린다' 하는 판단은 먼저 '달리는 말' 이라는 경험이 있은 다음에 '말' 이나 '달린다' 고 하는 판단이 나오게 된다는 예를 들었다. 확실히 우리는 '날아가는 새' 를 먼저 경험하고-이것이 순수경험이다-그 다음에 '참새가 날아간다' 고 하는 판단을 하는 것이다.

이 순수경험과 자장이나 N극, S극과 관련지어 생각해 보기로 하자. 자장에 해당되는 순수경험이 우선 있어야 하고 그 다음에 순수경험을 분석하게 된다. 그 결과 판단하고 있는 나 그리고 판단의 대상이 된 물체와 그것이 어떤 것인가를 알 수 있게 되는 것이 아닐까. '안다' 는 것, 어렵게 말하면 인식론을 오랫동안 생각해 왔다. 여기에서 과학에서 말하는 '안다'

는 것과 철학에서 말하는 '안다' 는 것과 차이를 이야기하고 이 장의 문을 닫기로 하다.

니시다는 곧잘 '놓여 있는 것' 이라고 이야기했다고 한다. 이는 토대를 가리키는 말이다. 토대가 있어야 그 위에 물체가 놓여진다. 과학은 토대에 놓여진 물체를 알려고 하는 것이다. 따라서 그 물체를 관찰하고 분석하고 고찰하여 분명하게 밝혀 나간다. 아주 자세히 꼼꼼하게 넓은 범위로 분석하는 일이 과학의 생명이고 '알기' 위한 기본적인 방법이라고 할 수 있다.

그러나 철학은 물체가 놓여져 있는 '토대 그 자체' 를 알려고 하는 학문이라고 할 수 있다. 이는 전체적, 총체적으로 또한 통일적으로 알려고 한다. 그러니까 과학처럼 자세하고 꼼꼼한 것이 아니라 종합적으로 그리고 넓은 범위로 보는 것이 아니라 보다 깊게 파악하려고 하는 것이다. 여기에 직감이라는 방법이 중요하게 된다.

이와 같이 말하면 지금까지 살펴본 서양의 여러 철학들은 철학이라는 이름으로서 가치가 없는 것이 아닌가. 그리고 동양의 철학만이 철학다운 철학처럼 받아들이게 될지 모르지만 결코 그런 것은 아니다.

근대에 접어들 때까지는 철학이나 과학이나 확실하게 구별되지 않은 채 쓰여 온 것은 사실이지만-뉴턴은 자신의 물리학을 자연철학이라고 일컬었다-칸트나 헤겔에 있어서도 사물을 근본적으로 종합적으로 이해하려고 했다.

칸트는 철학을 자연 과학과 마찬가지로 확실한 학문으로서 확립하려면 어떻게 하면 좋은가를 사색하고 '모든 철학은 칸트로 유입되고 새로운 생명을 받아서 또 다시 흘러 나간다' 는 평판을 받은 철학 체계를 쌓아 놓았다.

헤겔도 앞에 말한 예로써 말한다면 자장에 해당되는 근본적인 존재를 '절대 정신'으로서 방대한 철학의 전당을 구축했다. 로크에 있어서도 데카르트에 있어서도 사정은 똑같다고 볼 수 있다.

또한 헤겔과 거의 같은 시대에 쇼펜하우어라는 철학자가 나타나 '생철학生哲學'을 전개했다. 그의 사고방식을 계승한 베르그송과 함께 합리적 이성보다도 좀더 깊은 직감으로써 세계를 관찰해야 한다는 철학을 전개해 왔다.

여기에서 인식론의 차이를 명확하게 하기 위하여 근대 철학과 노자와 함께 니시다 철학을 표면에 내세우기도 했다. 서양에는 철학은 없고 철학다운 철학은 동양 철학뿐이라는 오해를 하지 않기를 바란다.

제 4 장

철학한다
그것은 미(美)

비너스가 두 종류의 사랑을 나타낸다는 상상은… 플라톤의 '향연' 의 사랑의 성질에 대한 대화 속에서 밝혀져 있다. '천상

비너스' 란 영원 신성한 것의 관조에서 생기는 사랑을 상징하며 '현세의 비너스' 는 물질계에서 발견되는 아름다움 및 생식

의 근원을 의미한다.

001 서양의 미, 동양의 미 여기가 다르다

미의 창조와 철학하는 일은 같은 것이다

예술가는 개성적이라고 하는데 개성적이란 무엇일까

이제까지 말해 왔듯이 철학은 존재의 근원을 직감으로 파악하고 그것을 논리화하고 체계화 하여 표현해 나가는 것이다. 소크라테스 이후의 위대한 철학자는 각자의 직감에 의해서 받아들인 것을 개성적으로 체계화하고 논리화함으로써 스스로 철학을 쌓아 왔다.

예술에 대해서도 같은 말을 할 수가 있다. 예술가는 직감에 의해서 받아들인 세계의 근원을 색채라거나 음성이라거나 혹은 몸의 움직임 등을 통하여 감각적으로 표현한다. 근원적인 것을 받아들이는 방법도 시대와 사회환경, 민족의 전통 혹은 문화의 영향을 받아서 개성적으로 되어 있고 예술가 개인이 표현하는 방법에 따라서도 또한 개성적인 예술이 되어 있다. 같은 음악이거나 같은 그림이라 하더라도 참으로 종류가 다양하고 개성적인 것은 여기에 이유가 있다.

다만 오해하지 않기를 바라는 것은 개성적이라는 것과 주관적이라는 것의 차이이다. 철학자든 예술가든 표현된 결과로서의 철학, 예술은 한 사람

한 사람 다르고 개성적이지만 그 받아들이는 방법, 표현 방법에 공통성을 지니고 있다는 사실을 그냥 지나쳐서는 안 된다. 개성적이라는 것은 독선이 아니라 보편성이나 객관성도 동시에 갖추고 있는 것이다. 바꿔 말하면 받아들이는 방법과 표현 방법의 '깊이'에서 다른 점이 개성의 차이가 되어 나타난다고도 말할 수 있을 것이다.

그렇지만 단순한 주관성이나 아니면 개성적이냐를 구분하기는 어렵다. 얼마 전 보도된 신문 기사에는 그와 같은 분쟁을 상세하게 설명하고 있었다. 이 기사는 빈 병의 작은 목으로 베, 철사, 나무조각 등을 넣어서 만든 범선 즉 보틀쉽Bottle ship이 예술작품이냐 아니냐를 두고 다투는 상황을 보도하였다. 보틀쉽은 원래 선원들 사이에서 생겨 세계 각국에 애호가도 많은 작품이지만 미술전에 출품된 이 작품에 대하여 심사위원은 다음과 같이 비평을 하여 그 예술성을 부정하고 있다.

"미술공예는 생활 용구로서의 기능을 가지며 독창적인 미의 창조이고 조형효과에 의한 독특한 미를 표현하는 것이 필요하다. 테마의 배는 바다를 항해함을 목적으로 한 기능의 탈 것이고, 미를 목적으로 한 것은 아니다. 그 배는 창작이 아니라 복사물에 가깝다. 창조에 의한 예술성이 풍부한 미술 공예품이었으면 한다."

이 비평을 실마리로 예술이라거나 미라는 문제를 생각해 보기로 하자.

복사물은 美라고 말할 수 없는가

비너스 상은 보는 사람에게 감동을 준다. 그러나 현실은 아무리 아름다운 사람이라도 그 사람을 데스 마스크를 벗기듯이 석고로 굴려서 만든 조각이라면 예술성을 가진 아름다운 조각이라고는 말할 수 없을 것이다. 이 비평에 있듯이 '복사품은 창작된 예술이 아니다'라는 것이다.

창작되었다는 말은 그 제작자의 이상을 표현한 제작자가 포착한 의미를 표현했다는 말일 것이다. '비너스 상'에 관해서 말하면 하나의 해석이지만 다음과 같은 의견이 있다.

비너스가 두 종류의 사랑을 나타낸다는 상상은…플라톤의 '향연'의 사랑의 성질에 대한 대화 속에서 밝혀져 있다. '천상의 비너스'란 영원 신성한 것의 관조에서 생기는 사랑을 상징하며 '현세의 비너스'는 물질계에서 발견되는 아름다움 및 생식력의 근원을 의미한다.

플라톤의 이데아에 대해서는 이미 말했지만 이 비너스의 미에 대해 이데아를 표현하고 있다는 해석으로 생각해도 좋을 것이다. 이 사실은 미의 표현에는 개인의 주관이나 기술이 관계된다 하더라도 동시에 이상이라거나 객관적인 보편성이 강조되는 것이다. 그러므로 많은 사람들에게 감명을 줄 수 있는 것이다. 또 예술은 존재의 근원을 감각적인 수법으로 표현한 것이라고 말한 것도 위의 사실에서 이해할 수 있으리라 생각한다.

생활 속에서의 창조란?

　앞에서의 보틀쉽에 관한 비평 속에 '미술 공예는 생활 용구로서의 기능을 가지며 독창적인 미의 창조이고…' 라는 대목이 있었음을 상기하기 바란다. 이 부분을 좀더 생각해 보도록 하자.

　우리에게 감동을 일으키는 위대한 음악가나 화가의 예술도 원래는 인간의 생활 속에서의 '그린다 → 본다 → 춤춘다 → 듣는다' 는 아주 흔한 행동 속에서 나타나는 것이다.

　내일의 풍성한 수렵을 기원하면서 동굴의 벽에 그린 벽화, 수렵 참참에 손톱으로 타는 활줄의 음향, 수확의 기쁨을 함께 축하하는 원시적인 춤과 노래 등, 이런 것들은 본래의 일상생활에 밀착된 활동이다. 그것이 그와 같은 일상의 요구를 떠나 보다 아름다운 그림, 음악, 무용을 통하여 아름

다움 자체를 실현하려고 하는 데에서 예술이 태어났다고 생각해도 될 것이다.

거기에는 내일의 생활을 위해 조금이라도 사냥감을 더 많이 잡아야 하는 생활의 절실함을 위해 신에게 기원하는 것은 아니다. 오히려 생활에서 자유로워져서 어디까지나 '아름다움' 그 자체를 추구해 나가는 자세를 볼 수 있다.

'예술을 위한 예술'이라거나 '미를 위한 미'라고 하는 말은 이러한 자유로워진 인간이 아름다움 그 자체를 추구해 나가는 데에 진정한 의미의 예술이 태어난다고 주장하는 입장이다.

한편 이와 같은 생활 속에서 태어난 미와는 다른 근원에서 출발한 미도 있다. 즉 미를 추구해 간 것이 아니라, 기능 면의 좋은 점을 추구하는 동안에 결과적으로 미를 표현하게 된 인공적인 미도 있다.

예를 들면 명검과 같은 것이다. 명검은 원래 사람을 살상하는 무서운 기능을 목적으로 만들어진다. 그러나 명검에는 공포감과는 반대로 마음의 평온함과 안정 그리고 아름다움마저 느끼게 하는 것도 있다. 본래의 목적을 추구하는 동안에 그 목적과는 다른 예술적인 아름다움이 아닌 이름난 장인에 의해서 창조된 것이다.

그 밖에 예를 들면 항공기나 자동차의 아름다운 디자인만 하더라도 빨리 날거나 달린다는 본래의 목적을 추구한 결과, 그 목적과는 다른 아름다움을 우리들에게 느끼게 하는 것으로 변신했다. 이 아름다움은 자연의 법칙에 따르면서 더구나 오랜 세월의 노력 속에서 만들어진 인공의 아름다움이라고 할 수 있을 것이다.

이런 면은 운동 선수의 폼의 아름다움을 생각하면 더욱 알기 쉬울 것이다. 예를 들면 볼을 던지거나 치는 야구나 골프를 시작할 때 폼의 아름다움을 추구한 것은 아니다. 확실하게 볼을 던지거나 치는 목적을 추구하여 기술을 훈련하는 가운데서 점차 그 목적을 달성하면서 아름다운 폼이 창조된 것이다.

그러나 이것은 확실히 인간이 창조한 아름다움이지만 솜씨가 뛰어난 장인 중에는

"이것은 내가 만든 것이 아니라 이 재질 예컨대 목재, 금속, 석재 속에 숨어 있는 생명이라고도 할 수 있는 것이 내 손을 움직이게 하였다."

라고 말하는 경우도 있다.

이와 같이 천재적인 사람들에게는 '창작하는' 것이 아니라 '창작된다'는 자각이 있는 것이다. 이 사실을 묘사한 작품에 일본 '나쓰메소키'의 〈유메쥬야〉가 있다. 그는 다음과 같이 말한다.

운케이는 굵은 눈썹을 한 치의 높이로 파내고 끝의 날을 세로로 되돌리면서 비스듬히 위로부터 망치를 냅다 때렸다. 굳은 나무를 한 번 새기고 가까이서 두꺼운 나무 부스러기가 망치 소리에 따라 날아가는가 싶더니 콧구멍이 뚫린 성난 코의 측면이 새겨졌다. 그는 제멋대로 후려쳤다. 그러나 조금도 의심을 품고 있지 않은 것처럼 보였다. "끌을 아무렇게나 사용했는데 마치 생각하고 그런 듯이 눈썹과 코가 완성되는구나"하고 그는 너무나 감탄하여 혼잣말처럼 말했다. 그러자 아까 그 젊은 사나이가

"그 눈썹이나 코는 끌로 만드는 게 아니야. 저 모양의 눈썹이나 코가 나무 속에 묻혀 있는 것을 끌과 망치의 힘으로 파내는 것뿐이야. 마치 흙 속에서 돌을 파내는 것과 같은 것이므로 결코 잘못될 리가 없어"하고 말했다.

나무속에 부처님이 앉아 계심을 나타낸 이 그림은 西村公朝의 책에 실려 있는 것
고지류의 아미보살상은 단 한 개의 나무토막으로 만들었다고 한다.

운케이라는 예술가가 재질인 나무 속에 잠들어 있는 본질적인 것을 파
낸다고 한다. 그러므로 운케이 개인의 영위로서 창작활동을 하는 것이 아
니라 재질 속에 잠들어 있는 본질이 운케이의 손을 빌려 모습을 나타낸다
고 하는 것이다.

이와 같이 보게 되면 되풀이되지만 첫째로 예술은 '존재의 근원'을 감
각적인 것으로 표현하는 것일 것, 둘째 개성적이라고 하는데 그 개성에는
보편성이 잠들어 있을 것, 그리고 셋째로 창작자와 창작된 것이 일체가 되
어 있거나 또는 감상하고 있는 사람과 대상이 일체가 되어 있다는 세 가지
점을 지적할 수 있을 것이다.

다음으로 마지막의 관상하는 사람과 대상이 일체가 되어 있는 예로서
자연의 아름다움에 대해 언급하고자 한다.

자연의 아름다움과 일본인

나의 고향 세도나이도 빛나는 듯한 푸른 잎으로 덮여 있을 것이다. 이 산 저 산의 싱싱한 짙은 녹음을 배경으로 따뜻한 비취색 하늘과 바다에 반짝인다. 저녁 무렵이 되면 구름과 수면의 선명한 색채가 서로 반영하면서 시시각각으로 변화한다. 작년 이맘때였는데 새벽 고향 마을에 이르러 아기자기한 자연의 아름다움에 가슴이 메어 멍한 적이 있다.

또 작가안 구리타 씨는 카톨릭 사제인 이토우에 씨와의 대담에서 다음과 같은 말을 하였다.

이즈 반도를 승용차로 달리면서 저녁 해가 바다에 잠기는 멋진 정경을 맞이한 일이 있습니다. 태양과 바다가 일체화되고 거기서 시간이 멈추어 버린 것 같은 순간이었습니다. 그 때 랭보프랑스 시인가 예감했던 '영원'이란 것이 그런 것이라고 실감했습니다. 그 순간에 나는 자신과 만났다는 생각이 들었습니다. 도겐이 말하는 깨달음도 이것일까 하고 느꼈습니다.

수학자 히라나카 씨와 작가 구리타 씨 두 사람이 체험한 자연의 아름다움은 자연이 가진 큰 질서 속으로 끌려들어가서 자연을 보고 있는 자신, 자신 앞에 전개되어 있는 대자연이라는 구별도 의식하지 못하고 양자가 메아리치고 있는 상태가 아닌가 생각된다. 히라나카 씨는 '망연했다'고 표현하고 있고 구리타 씨는 '일체화되어 거기서 시간이 멈추어 버린 것 같은 순간'이라고 말했다. 또 구리타 씨는 '도겐의 깨달음도 이런 것이다'

라고 느꼈다.

'도겐의 깨달음'이란 니시타가 순수 경험의 개념에서 설명한 바와 같이 보는 자신주관과 보여 주는 자연객체이 혼연일체가 되어 있는 상태를 말한다. 자연의 아름다움, 위대함이란 것은 이와 같은 체험을 가리키는 것이 아닐까?

그리고 그와 같은 체험을 통하여 어떤 사람은 그것을 부처라고 말하고 하느님이라고 표현하지만 요컨대 인간을 초월한 존재를 자각하고 그와 같은 존재에 대한 외경의 생각과 일체화한 감격을 안는 것이 아닐까?

자연과의 일체화를 강조한 사람을 특히 일본의 자연의 아름다움을 세계에 호소한 사람에 대하여 언급해 두고자 한다. 그것은 가와바다 야스나리 씨의 노벨문학상 수상식에서의 연설이다. 그의 말은 외국인에게는 너무나 어렵고 이해하기 힘겨웠다고 평가된다. 그러나 동양인이 그걸 읽으면 잘 이해할 수 있을 것으로 생각된다. 조금 소개해 보겠다.

니시유키를 벚꽃의 시인이라고 말하는데 비해 미요우에를 달의 가인이라고 부르는 사람도 있을 정도인데,

밝디 밝아라, 밝디 밝아라, 밝디 밝아라.

밝아라 밝디 밝디 밝은 달 하고 감동의 소리를 그대로 연결한 노래가 있기도 하지만 밤중에서 새벽까지의 겨울의 달의 3수로 말하더라도 '노래를 읊지만 참으로 노래로 생각하지 않는다니시유키의 말'는 느낌이고, 솔직, 순진, 달에 이야기를 거는 말 그대로의 단가로 이른바 달을 벗삼는다고 하기보다도 달과 친하고 달을 보는 내가 달이 되고 나에게 보이는 달이 내가 되어 자연에 몰입, 자연과 합일하고 있다….

여기에서는 자연과 일체화 한 미요우에가 이야기되어 있지만 강연의 제

목에 유의하기 바란다. 가와바타 야스나리 씨는 처음에는 '일본의 미와 나'라고 썼었는데 그것을 '아름다운 일본의 나'라고 정정하고 있는 데에 중요한 의미가 있는 것으로 생각한다. 앞의 것과 같이 '와'로 할 경우에는 '일본의 미'와 '나'가 대립한다. 그러나 '의'로 하면 양자가 일체가 된다. 가와바타 씨는 그것을 고려하여 이와 같은 표현으로 했을 것이다.

미는 시대와 사회의 배경에 영향을 받는다

예술을 근원적 존재인 감각적 수법에 의한 표현이라고 정의한다면 사회 배경이라거나 시대 배경의 영향은 받지 않게 마련이라고도 말할 수 있을 것이다. 왜냐하면 시간, 공간을 초월한 존재가 근원적인 존재일 것이기 때문이다.

그대로이다. 그러나 '표현'이라는 것에 유의할 필요가 있다. 표현하는 사람의 개성이 나오고, 인간은 '시대의 아들'이기도 하므로 표현 방법에도 시대라거나 생활하고 있는 사회, 문화의 영향을 받는 것도 부정할 수 없다. 그래서 우선 예술은 시대 배경으로부터 어떠한 영향을 받는 것인지 보도록 하자.

이탈리아에서 14세기경에 시작된 문예부흥운동은 정치, 사회, 문화 등 모든 면에서의 근대화 운동이었다. 그때까지 정신면에서는 카톨릭 교회가 절대적인 지배력을 가지고 있었고, 이 교의에 반하는 사고방식엔 철저한 탄압이 가해졌다. 인간이 아니라 하느님이 모든 것의 중심이었고 현실로 살아 있는 사회가 아니라 하느님의 나라만이 중요하다고 했던 것이다.

이와 같은 생각에서 현세야말로 중요한 것이 아닌가? 인간이야말로 모든 것의 중심이 아닌가? 하고 주장한 것이 문예부흥운동이었던 것이다.

그 시대 정신이 성모 마리아의 화상에 확실히 나타나 있다. 성모 마리아는 예수 그리스트의 어머니인데 아래의 그림우은 큰 권위를 가지고 있던 카톨릭 교회가 마침내 붕괴하기 시작했을 무렵에 그려진 것이다. 화가는 이탈리아의 도 비치오1267-1337인데 그가 1258년에 그린 성모자聖母子 · 판화 부분화이다. 따라서 중세의 자취가 강하게 남아 있으면서도 새로운 숨결이 엿보일 무렵의 그림이라고 해도 좋을 것이다. 그러므로 마리아님은 온순함 속에서도 위엄 있는 거룩한 상으로 그려져 있다. 아래좌 그림은 라파엘로1483-1520가 그린 '그랜드라카의 성모'인데 이 두 그림을 비교하여 보면 어떠한 느낌을 갖는가? 라파엘로가 그린 마리아가 더욱 색향이 감도는 참으로 아름다운 여성이라는 느낌을 받지 않는가? 하느님마저 인간적으로 그려진 데에 시대 배경의 영향을 볼 수 있다.

라파엘로의 그랜드라카의 성모
하나님의 모습도 인간적으로 그려져있다.

성모마리아
이탈리아의 화가 드 비치오의 작품

또 문예부흥시대는 자기를 강조한 시대이기도 했다. 이 시대정신을 배경으로 이 시대에 처음으로 그림에 원근법이 도입되었다.

원근법이란 사실로서 산이 아이보다 훨씬 큰 것은 말할 나위도 없는 일이지만 그 풍경을 보고 있는 자신의 가까이에 있는 아이를 크게 그리고 멀리 있는 산을 작게 그리는 기법을 말한다.

이 기법은 기원전 1세기에 나타나 있지만 미술에 채용된 것은 문예부흥시대인데 그 최초의 것이 마삿치오의 '성 삼위일체1427년경'이다. 이 그림의 천장 부분에 원근법이 채용되어 그려져 있다. 유명한 다빈치의 '최후의 만찬'도 원근법으로 그려져 있다. 결국 자신을 중심으로 세계를 질서 지어 나가는 기법이고 여기에 분명히 자아 의식을 강조하는 문예부흥정신의 그림에의 영향을 볼 수 있다.

마삿치오의 성 삼위일체

뭉크의 불안의 절규

이와 같은 18세기에는 18세기의, 19세기에는 19세기의 시대정신이 그림에 영향을 주어 각각 미묘한 차이를 가진 미가 표현되어 있다. 판화는 뭉크1863-1944가 1895년에 그린 작품 '불안의 부르짖음'이다. 빈민굴의 의사로 근무하는 아버지, 어렸을 때 어머니와 누나를 폐병으로 잃고 그 자신도 병으로 약했기 때문에 항상 병과 죽음에 대한 공포로 계속 시달려 온 그의 인생 체험, 거기다가 19세기라는 세기말의 시대 배경이 이 판화에 잘 그려져 있다고 하겠다.

이제까지 '시대정신의 그림에의 영향'을 살펴보았는데 마지막으로 사회 민족 등의 전통이 어떠한 영향을 주느냐 하는 점에 대해서 생각해 나가자.

美는 민족이나 전통의 영향을 받는다

예술은 시대정신의 영향을 받음과 동시에 전통이나 민족의 생활 의식의 영향도 강하게 받는 것이다. 다음 사진은 교토의 가쓰라 이궁의 사진이다. 이 이궁은 1615년-1624년경 핫조미야 도시히토 친왕의 별장으로서 건조되었다. 몇 차례에 걸쳐서 증축되어 메이지 16년1883 이후 황실의 이궁이 된 일본 건축이다.

도시히토 천왕이 애독했다고 하는 '겐지모노가타리'의 자연관에 의거해 친왕의 사회관, 다도관, 선의 사상 외에 크리스트교적 정신이 배어 나오고 있다고 평가된다. 간결하고 은근한 멋이 있는 건조물로 되어 있으며

일본 건축의 대표적 건조물

일본 건축의 대표 건조물이라고 해도 될 것이다. 그런 만큼 현재에도 외국에서 일본에 오는 저명인이 일본 건축의 정수라 하여 반드시 방문하는 건물이다.

이 가쓰라 이궁은 도쿠가와 막부의 경제적 원조에 의해서 지어졌지만 그 막부가 막부 창설자 도쿠가와 이에야쓰를 제사하기 위해 1646년에 건축한 닛코도쇼 궁은 가쓰라 이궁과는 느낌을 매우 달리하는 건조물로 되어 있다. 그 요메이 문은 히구래 문이라는 별명이 있듯이 호화 찬란한 건축물로 되어 있다. 지나치게 장식하여 아름다움은 부족하지만 개개의 세부 조각은 호화롭기 그지없는 것으로서 남만 문화를 섭취한 국제성 풍부한 모모야마 문화의 대표적 건조물이다. 이 국제성 풍부한이라는 말에 유의하기 바란다. 최고의 기술을 구사하면서도 인공미를 부정하고 자연 그대로의 소박, 순수함 그리고 아치, 은근한 정감이라는 일본인의 미의식을 유감없이 나타내는 가쓰라 이궁과 이 요메이 문을 비교할 때 같은 예술적 미라고 하더라도 이와 같이 차이가 있구나 하고 놀라게 된다.

'아치' 나 '은근한 정감' 이라는 말이 나왔지만 본래 이것들은 하이카이 다오에서 쓰이는 말인데 그 다도에 쓰이는 찻잔 중에 일그러진 것을 명품이라고 하는 경우가 많다. 이에 대해 일그러진 형태가 본래 가졌어야 할 완성된 형태를 암시하여 보는 사람에게 상상력을 작용하게 함으로써 보는 사람을 조형활동으로 끌어들이기 때문이라고 문학자인 다케야마 씨는 설명한다.

그리고 일본의 문화를 암시로서의 예술이라고 정의하여 깔끔하게 조형 잡힌 균형의 미와는 다른 일본 독자의 미가 있다는 것, 또 거기에 바로 온화함과 더욱 깊은 어떤 것을 느낄 수 있음을 강조하고 있다.

그리스의 미술품은 균형 잡힌 아름다움을 지니고 있으며 중국의 도자기에도 균형미를 표현하는 수가 많다는 것을 생각하면 '과연 그렇구나' 하고 느끼지 않을 수 없다.

그림이나 무대 예술에 관해서도 같은 말을 할 수 있다. 뒤러1471-1528의 그림에서 보듯이 서양의 그림은 화면 가득히 그려져 있어서 공백은 볼 수 없다. 이 그림과 대조적인 것을 지다이가1723-1776 · 에도 중기의 화가의 그림에서 볼 수 있다. 이 그림으로 알 수 있듯이 일본의 그림은 보는 사람의 눈을 한 점에 집중하게 하고 그 밖의 공간은 오로지 마음이 내면에 있는 것

을 암시하려 하고 있다. '그윽하고 고
상함'이란 이와 같은 정신 활동을 가리
킨다고 할 수 있을 것이다.

뒤러 묵시록

제 5 장

철학한다는 것은
종교의 발견이다

종교가 인간의 자유를 빼앗는다고 비판하는 사람도 있으나 현실적으로 금전을 위해 신념을 내던지거나 정치권력 앞에 허리

굽혀 자기 자신의 자유를 잃어버린 노예가 돼 버리는 경우가 많다. 종교를 통해 우리는 세속적인 덕목을 부정함으로써 그

떤 것도 두려워하지 않는 참된 자유를 획득할 수 있다고 생각한다.

크리스트교, 이슬람교, 불교는 어디가 다른가?

인간에게 종교가 왜 필요한가?

자기만의 힘으로는 어떻게 할 수 없는 꾀죄죄함과 나약함에서 태어난다

　집사람이 아파 입원했을 때의 일이다. 그 병원은 어떤 특정종교와 관계가 있는 병원으로서 입원환자의 대부분이 그 종교의 신자였다. 그리하여 아침 저녁으로 침대 머리맡에 앉아 경전을 읽는 생활을 했다. 환갑 전후로 보이는 아주머니 한 분이 입원하여 집사람 옆자리로 들어왔다. 하루도 거르지 않고 저녁 때가 되면 그 아주머니의 아들이 일을 마치고 귀가하는 길에 어머니를 살피러 왔다. 한 스무 살 정도 된 청년이었다. 그러나 그 청년은 자기 어머니가 그 종교를 믿는 것이 못마땅했던지 어머니가 독경만 시작하면 시큰둥한 표정을 지으며 복도로 나가 버리는 것이었다.

　일 주일 정도가 지나고 그 아주머니는 배를 째는 수술을 받게 되었다. 토요일이었다고 기억된다. 그날 마침 나도 점심때가 조금 지났을 때 집사람을 보려고 병원에 갔던 차여서 그 청년을 만날 수 있었다. 그 청년은 어머니가 수술실로 들어간 후 마음이 불안한지 병실 안을 수선스러울 정도로 왔다갔다했다.

그러다가 자기 어머니 베개 옆에 놓여 있던 경전과 염주를 보곤 침대에 정좌하더니 오른손에 염주를 꼭 쥐고 정신을 집중하여 경전을 읽기 시작했다. 자기 어머니가 경전을 읽는 것이 싫어서 병실에서 나가 버리곤 하던 청년이 말이다. 나는 이 청년의 모습을 보고 '아, 저런 것이 종교다' 하고 머리를 끄덕거렸던 기억이 난다.

세속적으로 하는 말로 어려울 때 하느님이라는 말이 있다. 이 말에는 어딘지 종교를 멸시하는 의미가 숨어 있는 듯한 생각이 들긴 하지만 요컨대 인간이 자기 힘의 한계를 깨닫고 인간을 넘어선 존재에게 매달리는 것에서 종교는 성립한다고 말할 수 있지 않을까?

내가 이 장에서 말하고자 하는 내용은 절대자나 초월자에 대한 이론적인 설명이 아니다. 중요한 것은 그러한 절대자, 초월자라는 최고의 이상을 근거로 반성해 볼 때 우리는 유한하고 약하기 짝이 없는 존재라는 사실을 자각할 수 있다는 사실이다.

자신의 향상을 꾀하는 사랑, 이상을 추구하는 사람은 절대자를 잣대로 하여 현실에서의 자신의 모습을 측정해 본다. 그리고 절대자에게 자기 자신을 내맡기거나 절대자를 섬김으로써 현실의 벽에 갇혀 있는 자기에게서 벗어나려 한다. 선과 진리를 지향하지 않는 사람은 자기의 진짜 모습을 깨닫지 못한다.

종교가 인간의 자유를 빼앗는다고 비판하는 사람도 있으나 현실적으로 금전을 위해 신념을 내던지거나 정치권력 앞에 허리를 굽혀 자기 자신의 자유를 잃어버린 노예가 돼 버리는 경우가 많다. 종교를 통해 우리는 세속적인 덕목을 부정함으로써 그 어떤 것도 두려워하지 않는 참된 자유를 획득할 수 있다고 생각한다. 절대자에 비하면 우리의 생명조차도 하찮은 것이라는 생각에서 용기 있는 행동을 취할 수 있는 것이며 그 누구보다도 자유로울 수 있는 것이라 생각한다.

인간은 자기 자신을 반성하고 자신의 향상을 위해 끊임없이 노력하는 존재이다. 그 노력을 통해 도달해야 할 이상의 극치가 곧 절대자 혹은 초월자로 형상화된 것이라 할 수 있다. 물론 이 절대자, 초월자에 대한 사고는 종교에 따라 크게 차이가 난다. 불교와 기독교에서는 정반대라고 말할 수 있을 정도이다.

프래그머티즘의 대표자 W·제임스는 종교 심리의 분석에도 우수한 분석을 하고 있는데 그는 '인간이 자기 마음속에 무엇인가 잘못된 것을 느낄 때 종교적이 된다'고 말한다. 종교란 자신의 힘으로는 어떻게 할 수도 없는 나약함을 배경으로 태어났다고 해도 되지 않을까?

그럼 세계의 3대 종교에 대해 살펴보기로 하자.

크리스트교의 가르침이란?

다음 사진은 나가사끼長崎 다치야마立山에 있는 26성인의 상이다. 1596년 우와사上佐에 상 페리페호라는 스페인의 배가 표착했다. 그 배를 조사하러 간 마스다增田長盛는 뜻밖의 사실, 즉 스페인은 먼저 선교사를 보내어 신자를 늘린다. 그리고 신자에게 반란을 일으키게 하고 그 원군이라는 명목으로 군대를 파견하여 그 나라를 점령한다는 말을 들은 것이다.

유럽의 훌륭한 문명과 기술에 동경심을 가지고 선교사나 크리스트교를

나가사키의 26성인 기념상
15살의 토마스, 13살의 안토니아, 10살의 로드피코.
죽음을 두려워하지 않은 그들의 용기는 어디에서 나왔을까

너그러운 태도로 바라보던 도요토미 히데요시는 당황하고 말았다. 그래서 그 본보기로 이시다石田三成에게 명하여 부랴부랴 경계에 사는 선교사와 그 일본인 24명을 체포했다.

그들은 한쪽 귀가 잘린 채 연행되어 경계에서 나가사키까지 얼어붙은 길을 걸었다. 애처롭긴 하지만 종교를 믿는 까닭에 당당한 태도를 취하는 그들의 태도에 감격하여 도중에 크리스천이라고 자수하여 체포된 두 사람까지 합하여 26명그들 중에는 15살의 토머스 고사키, 13살의 르도비코 이바라기라는 3명의 어린이도 있었다이 나가사키로 끌려왔다.

나가사키 부국의 한 우두머리 데라사와寺澤半三郎는 이 세 명의 어린이에게 "종교를 버려라. 그러면 무사로 등용하겠다"고 말했다. 그러나 소년들은 하늘을 가리키며 "그래도 하느님에 대한 신앙을 버리진 않을 거예요"라고 말했다. 그래서 1597년 2월 5일 다데야마에서 십자가를 짊어지게 되었다. 가장 나이 어린 르도비코 이바라기는 자기 차례 올 때까지 십자가 위에서 찬송가를 계속 불러 죽어가는 신자들에게 용기를 북돋아 주었

다고 전해진다.

정의와 생명 가운데 어느 하나를 선택하라고 강요당할 경우 과연 나는 내 자신의 신념을 끝까지 지킬 수 있는 강인한 인간일까, 정의의 손을 쳐들 수 있을까? 내가 지닌 지식이라는 것이 과연 인간이 살아가는 데 어떤 힘과 가치를 지니고 있을까? 나는 자기 힘의 한계를 깨닫고 스스로 절망에 빠져든 약한 자만이 종교에 입문한다고 말해왔다. 그러나 이제는 자기 힘의 한계를 발견한 사람은 허약한 존재가 아니라 강인한 인간이라는 생각이 든다.

나이 어린 아이를 그토록 용기 있는 행동으로 이끈 것은 도대체 누구일까? 말할 것도 없이 크리스트교의 하느님이고, 그 하느님에 대한 신앙심이다. 여기서 먼저 크리스트교에서 말하는 하느님에 대해서 생각해 보기로 한다.

크리스트교는 갑자기 나타난 것이 아니라, 그 모태로서 유태교가 있다. 유태교와 비교하면서 설명을 해나가는 것이 더 알기 쉬울 것이므로 유태

교부터 들어가기로 하자.

유태교는 히브리 민족 사이에서 발생한 민족종교이다. 그들은 불모지인 들판과 사막에서 죽음의 위협을 받으면서 계속 유랑하고 주변 민족의 침략에 의해 망국의 국민으로서 괴로운 생활을 강요당했다. 그래서 그 고난 속에서 유일한 하느님 여호와에 대한 신앙을 굳혀 나간 것이다.

- 모세의 십계명

1. 나 이외의 다른 신을 섬겨서는 안 된다.

2. 자신을 위해 우상을 섬겨서는 안 된다.

3. 하느님의 이름을 함부로 외쳐서는 안 된다.

4. 안식일을 기억하여 그것을 거룩하게 하라.

5. 아버지와 어머니를 공경하라.

6. 사람을 죽여서는 안 된다.

7. 간음해서는 안 된다.

8. 도둑질을 하지 마라.

9. 이웃 사람에 대해 위증해서는 안 된다.

10. 이웃 사람의 집을 탐내서는 안 된다.

여호와 하느님은 히브리 민족이 이집트에서 사로잡힌 몸이 되었을 때 민족의 지도자 모세를 통하여 "사람을 죽이지 말라" "도둑질하지 말라" 등의 열 가지 훈계 즉 '모세의 십계'를 주었다. 그리고 이 십계를 비롯한 하느님의 명령을 지킨다면 하느님은 히브리 민족에 대하여 행복과 평화로 가득찬 '하느님의 나라'를 실현시켜 줄 것이라고 약속을 하여 이루어진 계약관계가 유태교의 기본을 이루고 있다.

하느님이 주었다고 하는 율법은 당초 모세의 십계에서 볼 수 있듯이 도덕적으로 생생한 생명력에 가득차 있었다. 그러나 시대가 지남에 따라 거기에서 점차 이탈하여 민족적인 풍속이나 관습 중심의 것으로 변화하여 갔다. 왜냐하면 많은 고난 속에서 민족의 독자성을 강조하고 단결력을 강화하려면 다른 민족에게도 적합한 도덕이나 종교보다는 민족적인 풍속이나 관습을 강조하는 것이 효과가 더 크기 때문이다.

이렇게 하여 율법은 일상생활의 자세한 부분에까지 파고들어 규정이 복잡해졌다. 당초 그 속에 흐르고 있던 생명력은 사라지고 복종이라는 형식만이 중요하게 여겨져 사람을 살린다기보다도 오히려 속박하는 것으로 변해 갔다.

더구나 율법은 원래 히브리어로 기록되어 있었지만 그 히브리어를 말할 수 없게 되자 히브리어를 해석하여 율법을 전문적으로 다루는 학자가 필요하게 되었다. 그들의 지위는 점차 높아져서 사회 안에서 한 지배계급을 형성하게 되었다. 그런 만큼 그들의 입을 통하여 말해지는 하느님은 사랑의 인도를 하는 하느님이기보다는 율법을 지키지 않는 자를 처벌하는 '두려움의 하느님'으로 되어 갔다.

지키려고 해도 지킬 수 없는 민중은 다만 하느님의 처벌을 두려워할 뿐이다. 그들은 불쌍한 자신들을 구원해 주는 하느님을 구세주로 갈망했던 것이다.

이와 같은 때 율법 학자가 버리고 돌아보지 않았던 가난한 사람, 질병으로 고통받는 환자들 사이에 처벌의 하느님, 두려움의 하느님을 사랑의 하느님, 용서하는 하느님, 구원하는 하느님을 주장하는 사람이 나타난 것이다. 바로 예수 크리스트이다. 예수는 고유명사이고, 크리스트는 구세주라는 보통명사라는 것에 유의하자.

그는 "건강한 사람에게는 의사가 필요 없다. 의사가 필요한 사람은 병든 사람이다. 내가 온 것은 올바른 사람을 초청하기 위해서가 아니라 죄인을 불러서 회개하게 만들기 위해서이다." 또 "길을 잃지 않은 99마리의 양보다도 길을 잃은 한 마리의 양을 위해 하느님은 마음을 쓴다"고 호소했다. 그와 같은 하느님은 민중이 이때까지 요구해도 가르쳐 주지 않았던 하느님이었던 것이다.

'음욕을 품고 여자를 보는 사람은 이미 간음한 것과 같다' 거나, '원수를 사랑하고 핍박하는 자를 위해 기도하라' 고 가르쳤다. 그와 같은 가르침은 율법에도 없고 그때까지 들은 적도 없는 사랑에 가득 찬, 그러나 어떤 면에서는 기성도덕을 부정하는 엄격한 것이었다.

"무거운 짐을 지고 고생하는 사람은 누구나 내 곁으로 오라. 나는 온유하고 마음이 겸손한 사람이니 나의 멍에를 짊어지고 나에게 배워라. 그렇게 하면 네 영혼을 쉬게 하리라."

이렇게 하여 예수의 가르침은 학대받던 사람들의 마음속에 가물어 메마른 땅에 단비가 스며들 듯이 침투해 갔다. 유태교에서 태어난 이 새로운 가르침은 그 모체가 가진 해독을 제거하고 훌륭한 소질을 이어받으면서 예수라는 위대한 인물에 의해서 새로운 생명을 불어넣어 주변국가로 퍼져 나갔다. 분명히 말하지만 예수의 가르침은 크리스트교라는 새로운 종교가 아니라 유태교의 크리스트파라는 형태로 퍼져 갔다.

그런 까닭에 예수는 유태교의 지도자들에게 원한을 사서 '유태의 왕을 자칭하고 로마에 반기를 든 자' 라는 비난을 받고 예루살렘 교회 골고다

언덕 위에서 십자가의 형벌에 처해졌던 것이다. 그때가 기원 30년경의 일이었다.

성서는 왜 인생의 글인가?

"어서 이 여자를 쳐라. 이 여자는 간음하다가 잡혀 왔다. 모세는 저런 여자는 돌로 쳐서 죽이라고 말하지 않았는가!"

마을 사람들은 저마다 예수에게 돌로 치라고 강요했다. 그러나 예수는 한 마디 말도 하지 않았다. 다만 몸을 구부려 바닥에 뭐라고 쓰고 있을 뿐이었다. 마을 사람들은 차츰 초조해졌다. 사람들 중에는 예수를 의심하는 자도 있었다.

"빨리 쳐라! 빨리!"

마을 사람들은 흥분하였다. 그제야 예수는 몸을 일으켜 조용히, 그러나 멀리 울려 퍼지는 목소리로 말했다.

"여러분 중에 죄 없는 사람이 먼저 이 여자를 치시오!"

말을 마치고 그는 다시 몸을 구부려 바닥에 무엇인가를 또 쓰기 시작했다. 사람들은 한순간 쥐죽은 듯이 조용해졌다.

'예수는 도대체 무엇을 말하려 하는 것일까?'

그들은 각자 자신에게 그렇게 물었다.

모여 있던 사람들이 하나 둘씩 사라졌다. 마지막에는 몸을 구부리고 있는 예수와 그 여인, 두 사람만이 남게 되었다.

예수는 조용히 일어서더니,

"당신을 비난하던 사람들은 어디에 있는가? 당신을 처벌한 사람은 아무도 없었습니까?"

그의 목소리는 애정으로 가득 차 있었다. 여인은 마음이 씻긴 듯한 목소리로 말했다.

"주여, 아무도 없습니다."

"나도 당신을 처벌하지 않을 것이오. 다시는 그와 같은 죄를 범하지 않도록 하시오."

그 여인은 울먹이면서 조용히 물러갔다.

예수가 여기서 말한 일련의 말들은 여인과 마을 사람들의 마음을 크게 감동시켰음에 틀림없다. 아니, 많은 세월이 흐른 후, 오늘날 우리들의 마음까지도 감동시킨다. 왜 그럴까? 마을 사람들뿐만 아니라 나도 그 여인을 칠 자격이 없다는 뉘우침이 우리들의 마음을 한결같이 조이기 때문이다.

크리스트교는 이 죄 많은 약한 인간관을 전제로 성립되어 있다. 우리들은 선을 이루고자 생각하면서 어느 사이엔가 악을 저지르고 있다. 그리스 철학에서는 이성의 힘으로 인간의 악의 근원을 단절할 수 있다는 점에서 이성이나 지혜를 인간의 자랑이라고 하였다. 그러나 아무리 그 지혜를 자랑하고 이성을 내세워도 자기 머리털 한 가닥이라도 희게 하거나 검게 할 수 없는 것에 불과하다. 그것보다 무한한 것, 절대적인 것, 인간의 이성이 헤아릴 수 없는 저편에 있는 것이다.

우리들의 마음속을 가만히 들여다보자. 성서에서 예수가 말한 그 말에 비하여 우리들의 마음속에는 악의 근원이 얼마나 많이 자리잡고 있는가!

이웃을 사랑하라고 예수는 가르친다. 그러나 우리들은 자기를 위하여 사람을 사랑하고 있다. 사랑한다고 말하면서 남을 이용하려고만 하는 것은 아닐까? '만약 누가 너의 오른뺨을 친다면 왼뺨을 내놓으라'고 한 예수의 말에 우리는 '그런 바보같은 짓을, 이쪽에서 되받아쳐야지' 하고 생각할 것이다. 그러나 그렇게 생각하면서 마음속에 무엇인가 걸리는 것은 없는가?

생각하면 생각할수록, 자신의 마음을 돌아보면 볼수록 그 하느님과의 말과 마음속에 완강하게 뿌리를 내리고 있는 자기 사랑과의 사이에 무한한 간격을 느끼지 않는가? 하느님을 알지 못했다면 아무 불안도, 방황함도 느끼지 않았을지도 모른다. 그러나 하느님의 말을 접한 이제 우리들은 자신이 아무리 해도 들리지 않게 할 수 없는 한계를 느끼는 것이다. 이 하느님의 말과 자신의 마음과의 무한한 거리감과 자기 혐오감이 크리스트교에서 말하는 원리라고 말할 수 있을 것이다.

이제 우리들은 자랑한 만한 지혜도 이성도 아울러 갖고 있지 않다. 그뿐 아니라, 마음은 뱀이나 전갈과도 같이 더럽다고 한다면 우리들에게 남겨진 길은 오직 하나 곧 자기 자신의 이성이나 지혜에 겸허할 것, 하느님 앞에 자신을 던져 구원의 손을 기다리는 수밖에 없다. 예수는 말했다.

"누구든 자신을 속여서는 안 된다. 만약 여러분 중에 자신이 이 세상의 지자知者라고 생각하는 사람이 있다면 그 사람은 지자가 되기 위해 겸허해지는 것이 좋다."

우리들은 길을 잃은 한 마리의 양을 위해 마음을 쓰는 하느님의 사랑아가페·비참한 사람이나 가치 없는 사람에게 쏟는 사랑을 믿어야만 한다고 크리스트교에서는 가르치고 있다.

그러면 크리스트교를 지탱하는 가장 중요한 것은 무엇일까? 성서의 말을 인용해 볼까 한다.

그들 중의 한 율법 학자가 예수를 시험하려고 물었다.

"선생님, 율법 중에서 어느 것이 가장 소중합니까?"

예수는 대답했다.

"마음을 다하고 정신을 다하고 생각을 다해 당신의 하느님을 사랑하라. 이것이 가장 중요한 첫째 가르침이다. 자기를 사랑하듯이 이웃을 사랑하라. 이 두 가지의 가르침에 율법 전체와 예언자가 달려 있다."

하느님에 대한 사랑과 이웃에 대한 사랑, 이 두 가지가 가장 소중하다고 예수는 말했다. 십자가의 세로는 하느님에 대한 사랑, 가로는 이웃에 대한 사랑을 나타낸다고 말하는 사람도 있다.

이상으로 내가 이해하고 알고 있는 범위 안에서 크리스트교를 설명했다. 나는 크리스천이 아니지만, 성서는 인생의 가르침으로 애독하는 책 중의 하나이다.

35년 전의 일이다. 장마가 들어 축축한 날, 누워서 성서를 읽고 있었다. 마태복음 제10장을 읽어 나가는 중에 '내가 당신을 보내는 것은 양을 이리에게 보내는 것과 같다. 그러므로 뱀과 같이 예민하고 비둘기와 같이 순진하라'고 한 말이 마음에 들어왔다. 그래서 나는 얼른 일어나 앉아서 다시 읽었다.

그 후 나는 뱀이 사냥감을 노릴 때의 그 반짝반짝 빛나는 눈과 같이 깊고 날카로운 지성과 평화의 새 비둘기 가슴의 온유한 선처럼 다정하고 순진한 감정을 가진 인간을 이상적인 인간상으로 그리게 되었다. 나는 고등학교 교사로 40여 년 근무하고 있는데, 뱀과 같이 날카로운 동시에 비둘기처럼 순진한 사람이 되도록 부족하나마 학생들을 가르치고 있다.

사회주의가 붕괴하였고, 민족주의도 흔들리고 있다. 앞으로 사회는 격동이 계속될 것이다. 그런 분위기 속에서 늠름하게 살아가려면 뱀의 눈과 같이 날카로운 지성이 필요하다. 동시에 다른 사람의 삶에 대한 동정심을 가져야 한다. 참으로 강하지 않으면 살아갈 수 없고, 온순하지 않으면 살아갈 자격이 없는 것이다.

불교철학과 크리스트교의 차이

사위성이라는 곳에 고타미라는 부인이 살고 있었다. 그녀는 외아들이 자라는 모습을 보는 것을 유일한 삶의 보람으로 여기며 살아가고 있었다. 운명은 얄궂은 것이어서 가엾게도 그 아이는 고작 하루 동안 병을 앓다 죽고 말았다. 고타미의 슬픔은 말로 표현할 수가 없었다. 그녀는 죽은 아들의 시체를 부둥켜안고 미친 듯이 뛰어다니며 '이 아이가 살아나지 않으면 나도 죽겠다' 고 말하며 음식도 먹지 않고 탄식하였다. 이를 동정한 이웃 사람이,

"기원정사에 계시는 부처님이 어쩌면 당신을 슬픔에서 구원해 주실지 모르니 가서 의논해 보세요." 하고 말했다. 그래서 그녀는 큰 기대를 안고 부처님을 찾아갔다.

"어떻게든지 이 아이를 살려 주십시오. 그러면 저는 무슨 일이든지 하겠습니다."

부처님은 말했다.

"부인, 그 아이를 살리고 싶으면 마을로 내려가서 여태껏 죽은 사람이 한 사람도 없는 집에서 양귀비 씨를 얻어 그것을 마시게 하시오."

그 부인은 희망을 안고 재빨리 마을로 가서 한 집 한 집 돌아다니며 죽은 사람이 하나도 없는 집을 찾아다녔다. 그러나 몇 십 채, 몇 백 채를 들러 보았지만 그런 집은 찾아볼 수가 없었다.

"아무도 죽지 않았다니요? 우리 조상부터 시작해서 오늘날까지 죽은 사람은 헤아릴 수도 없이 많아요!"

오히려 어떤 사람은 부인에게 비난의 말을 하는 사람도 있었다. 차츰 마

음이 안정된 고타미는 죽음은 누구에게나 피할 수 없는 것임을 깨달았다. 그녀는 부처님을 찾아가 그 사실을 알리고 가르침을 청했다. 부처님은 말했다.

"부인, 죽음은 당신의 아들에게만 있는 것이 아니오. 살아 있는 것들 모두에게 정해진 이치요. 자손을 뺏긴 사람, 재산을 자랑하는 사람, 마음속에 갖가지 고민이 있는 사람 등 누구에게든 죽음은 찾아갈 것이오. 마치 이 마을 저 마을을 엄습하는 홍수와도 같이."

고타미는 마음을 가라앉히고 부처님의 가르침을 받고 신자가 되어 마음의 편안함을 얻었다.

〈바리경전〉에 나오는 이야기에서 주목해야 할 세 가지가 있다.

첫째는 부처가 조금도 기적을 행하지 않았다는 것이다. 종교에는 반드

시 기적이 따른다. 죽은 사람을 되살리는 기적이 종교 경전에는 자주 등장한다.

둘째는 부처가 현재 정신의학에서 중요시하고 있는 카운셀링의 방법을 택하고 있다는 점이다. 고타미가 맨 처음 부처에게 의논하러 갔을 때, 부처는 즉시 인간은 누구나 죽음을 피할 수 없다는 점을 알려 주지 않았다. 그 여인 스스로 그 사실을 자각하도록 하였다. 이 방법은 카운셀링 중에서 고도의 무지시적 방법無指示的 方法으로서 부처가 매우 과학적인 방법을 택한 점이 주목된다.

셋째로 그 여인의 고통을 초월자나 절대자에 대한 신앙에 의해서 해결하려고 하지 않았다. 부처는 인생의 철학을 가르쳐 줌으로써 문제를 해결했다는 데 주목하자는 것이다. 신앙에 의한 구제가 아니라, 지혜로써 구제를 하고 있는 점을 기억해 두자.

위의 세 가지 점을 주목한다면 크리스트교와도 크게 다르다는 것을 이해할 수 있으리라고 생각한다. 크리스트교를 염두에 두면서 불교의 사고 방법을 배워 나가기로 하자.

불교는 부처가 주장한 가르침의 종교이다. 부처란 '깨달은 사람' 이라는 의미의 존칭이고, 대승 불교에서는 진리 그 자체라는 의미로 사용하는 경우도 있다. 석가족의 성인이라는 의미에서 '석가모니', '석존' 이라고 부르기도 하지만 부처의 본명은 '고타마 싯달타' 이다. 여기서는 고타마라는 고유명사를 사용하고자 한다.

고타마가 태어났을 무렵, 인도의 갠지스 강 중·상류에는 많은 도시 국가가 있었는데, 그 나라들 사이에 통일의 기운이 있어 사회에 불안의 기운이 일고 있었다. 한편 도시 국가 내부에서는 상공업자의 힘이 점점 증대되고 있었다. 신분 계급으로 말하면 제2신분인 무사계급과 제3신분인 상공업자 계급이 대두되고 있어 사회의 전환기를 맞고 있을 때였다.

그러한 사회적 배경에서 고타마는 유복한 석가왕족의 왕자로 탄생했다. 생후 7일째 되던 날 어머니가 죽어서인지 그에게는 언제나 우수의 그림자가 따라다니는 듯했다. 부왕은 그러한 고타마를 조금이라도 위로해 주려고 16살 때 종자매인 야쇼다라와 결혼시켜 그들 사이에 아들이 태어났다. 결국 고타마는 왕자라는 정치적 권력을 쥘 수 있는 지위에 있고, 경제적으로도 매우 유복하고 가정적인 행복도 누리며 인간으로서 더 바랄 수 없는 최고의 행복한 상태에 있었다고 할 수 있다.

그러나 29살 때 그는 그러한 모든 것을 버리고 출가하여 수행의 길을 떠난 것이다. 영어로 고타마의 출가를 위대한 포기The Great Remumeiation라고 하는데 참으로 적절한 표현이라고 생각한다. 인간으로서 바라는 모든 행복을 포기하고 그는 대체 무엇을 획득하려고 출가를 한 것인가?

그는 행복의 절정에 있을 때 문득 이렇게 생각했다고 한다.

"사람은 누구나 늙어 간다. 자신도 언젠가 늙을 것이며 늙어서 추한 다른 사람의 모습을 싫어하고 있다. 이래도 되는 것일까? 나는 청춘의 기쁨이 순간에 사라졌다."

그는 같은 논법으로 병이나 죽음을 생각했을 때, 건강한 때의 기쁨이나 사는 즐거움이 사라지고 인생 자체는 괴로움, 생生, 노老, 병病, 사死 그 자체라고 생각한 것이다.

그러나 고타마는 그 괴로움, 그 절망으로부터 피하려 하지 않고 오히려 눈을 부릅뜨고 이와 같은 괴로움의 현실을 바라보고, 그 원인과 해결방책을 이성적으로 생각해 나갔던 것이다. 그래서 그것을 위해 자기 자신이 지니고 있는 모든 행복을 포기한 것이다. 말하자면 '인생이란 무엇인가? 어떻게 살아가야 할 것인가?' 라는 물음의 해답을 찾아 출가한 것이다.

불교라고 하면 나이가 많은 사람들이 믿는 종교라거나, 왠지 케케묵은 듯한 느낌을 갖기 쉽지만 결코 그렇지 않다.

'인생이란 무엇인가?' 라는 청년다운 물음의 해결을 찾는 것이기 때문에 불교는 참으로 청년의 종교라고 말할 수 있을 것이다.

그가 35살 때 깨달음을 얻어 죽을 때까지 계속 설파해 온 인생의 진리 즉 불교란 어떠한 철리哲理를 가진 가르침인가? 여기서는 4체四諦라는 논리를 중심으로 설명하기로 하겠다.

4체의 체는 '체념한다' 는 뜻이다. 이것은 '어차피 죽는 것이기 때문에 체념하자' 는 뜻으로 쓰이지만 인생의 진리를 밝혀 나간다는 적극적인 의미도 포함되어 있다. 그러므로 4체란 네 가지의 진리라는 뜻이다.

첫째, 진리를 고체라고 한다. 인생은 괴로움이다. 일체개고一切皆苦라는 의미이다. 흔히 우리들은 '사고팔고' 라는 말을 듣는데 사고란 앞에서 말한 생, 노, 병, 사의 고통을 가리킨다. 이 밖에 인생에서는 사랑하는 사람과 헤어지는 고통愛別離苦, 미운 사람과 만나는 고통怨憎會苦, 불끈불끈 치미는 욕망의 고통五陰盛苦 그리고 갖고 싶은 것을 구하여 얻지 못하는 고통求不得苦이 있는데 위의 사고와 이 네 가지 괴로움을 합하여 팔고라고 한다. 결국 고체란 고타미가 인생의 사실을 정확하게 파악하려고 내놓은 결론이다.

둘째 진리를 집체集諦라고 말한다. 이 사고팔고의 고통의 원인은 무엇일까? 고타마는 갈애渴愛라는 것이다. 사랑이라는 말은 불교에서는 욕망이라는 의미로 쓰이며, 크리스트교의 사랑에 해당하는 것이 자비이다. 어찌

되었든 간에 인간은 정욕情欲·욕애欲愛, 생존욕有愛, 남보다 잘되고 싶다, 권력과 명성을 얻고 싶다는 욕망을 가지며 그것들이 상승하여 인생고가 생기는 것이라고 한다. 이것도 인생고의 원인을 이성적으로 추구해 나간 결론이라고 할 수 있다.

셋째, 진리는 멸체滅諦라고 말한다. 여기서 고타마의 생각은 일전하여 인간은 어떻게 살아야 하느냐 하는 문제로 들어간다. 우리들은 욕망의 불꽃을 끄면 열반적정涅槃寂情·마음이 안정된 행복한 상태에 도달할 수 있지만, 그러기 위해서는 인생의 진상을 올바르게 이해하여야 한다. 결국 욕망이 인생고의 원인이기는 하지마는 그 욕망은 인생의 원리에 대한 무지이를 무명(無名)이라 말하고 있다에서 발생한다는 것이다.

그러면 인생의 원리란 무엇인가? 고타마는 연기緣起의 법, 무아설無我設로서 그것을 밝히고 있다. 모든 존재는 상호의존의 관계에 있다. 결국 일체의 존재는 독립하여 영구히 존재하는 것이 아니라 서로 의지하여 존재연기의 법하는 것이고, 더욱이 항상 변화를 되풀이하여 나가는 것이다. 고정된 것은 아무것도 없다무아설.

그러나 이 원리에 대한 이해가 없기 때문에 자신을 위하여 남을 부정하려고 한다. 또 꽃은 언제까지나 아름다운 상태 그대로가 아니고, 청년도 마침내는 노인이 되어 죽음을 맞이한다. 그럼에도 불구하고 우리들은 꽃을 영원히 아름다운 꽃으로 그대로 두고 싶어하고, 늙어 가는 것을 한탄하고 죽음을 싫어한다. 그러나 모든 것은 제행무상諸行無常 즉 영원한 것이 없다.

그런데 이와 같은 인생의 원리는 어떻게 하여 실천으로 옮겨지느냐 하는 것을 주장한 것이 넷째 진리인 도체道諦이다. 여기서 그는 팔정도八正道

를 설득해 나간다. 즉 올바르게 4체의 이치를 파악하라正見 · 정견, 4체의 이치에 따라 사색하라正思 · 정사, 올바른 지혜에 기인하여 그것에 반하는 말을 사용하지 말라正語 · 정어, 깨끗한 행실을 하라正業 · 정업, 올바른 생활을 하라正定 · 정정, 분별심을 갖고 생각하라正思惟 · 정사유, 열반에 이르도록 노력을 계속하라正精進 · 정정진 등의 8가지 길이다.

그러나 '올바르다'는 것은 무엇을 가지고 올바르다고 하느냐 하는 의구심이 일어나리라 생각한다. 고타마는 올바른 조건으로서 3가지를 들고 있다. 첫째로 중요한 것은 사실을 올바르게 이성적으로 알 것, 둘째로는 중요한 것을 소중히 하고, 작은 일을 작은 일로 알라. 당연한 일인 것처럼 생각되지만 우리들은 자칫하면 중요한 일을 경시하고 아무렇게나 해도 되는 일을 중요하게 여기는 경우가 많다. 셋째로 중도 즉 극단적인 언행을 하지 말라, 평범하라고 가르치는 것이다.

위에서 고타마의 사고방법을 보아 왔는데 여기서 유의하여야 할 일은 팔정도로 하든 정의 조건으로 하든, 아니 4체 그 자체가 먼저 아는 일, 이성적으로 보는 일로부터 시작된다는 것이다. 결국 고타마의 가르침은 '이성의 확신' 위에 성립되어 있음을 보아 넘겨서는 안 된다. 그런 의미에서 불교는 크리스트교보다는 그리스 철학에 가깝고 종교 그 자체보다도 철학적 색채를 매우 강하게 띠고 있다고 할 수 있다.

대승불교와 소승불교의 차이

아래의 사진에 어딘가 공통점은 없는가? 왼쪽은 인도의 마우리야 왕조 3대의 왕, 아소카 왕BC 268~BC 232이 세운 원통 돌기둥의 머리 부분의 사진, 오른쪽은 현재 인도 국기이다. 모두 '아소카의 법륜' 이라고 하는 상징적인 문장이 그려져 있다.

인도의 국기

아쇼카왕이 세운 원통 돌기둥

아소카 왕은 인도의 역사가 시작된 이래 거대한 통일 국가를 실현한 왕으로서, 평생동안 전쟁을 단 한 번 치른 왕으로도 유명하다. 그 한 번의 전쟁이란 즉위한 지 9년째 되던 해 카링가 지방을 정복하기 위해 전쟁을 한 것을 말한다. 그 전쟁은 참으로 비참한 전쟁이었다. 적과 아군을 합하여

10만 명의 병사가 목숨을 잃었고, 그 몇 배에 이르는 사람이 질병과 그 폐해로 인해 죽었다. 전쟁의 비참한 상황을 본 왕은 '전력에 의한 승리' 보다 '달마達磨 · 진리, 교법에 의한 승리' 를 맹세하고 그것을 평생 관철한 것이다. '평화를 유지하기 위해서 힘에 호소하지 않고 진리에 호소한다' 는 그의 이상은 인도 독립지사 간디나 네루 수상에게도 받아들여져 오늘날 인도 국기의 마크로 채택되었던 것이다.

그 아소카 왕은 불교에 깊이 귀의함과 동시에 멀리 이집트, 유럽에까지 불교전도 사절을 파견했다. 스리랑카실론가 현재 불교를 국교로 하고 있는 것은 그가 뿌린 씨앗이다. 불교는 그의 시대에 양적으로뿐만 아니라 내용면에서도 큰 발전을 이루었다. 그것은 대승불교, 소승불교의 성립으로 나타나 있다.

원래 불교 교단의 내부에는 진보적인 입장을 취하는 대중부와 보수적인 입장에 놓인 상좌부라는 부파의 대립이 있었는데 대중불교는 대중부의, 소승불교는 상좌부의 계통에 해당하는 것이다. 소승이란 '작은 탈 것' 이라거나 '작은 가르침' 이라는 의미로, 대승불교가 소승불교를 비난하는 뜻이 담겨 있는 말이라고 이해해도 될 것이다.

그러면 두 파의 차이점에 대해 알아보자.

첫째로 소승불교는 석가모니를 역사상의 한 인물로 보아서 존경하는 데 비해 대승불교는 석가모니를 이상적 존재 내지 절대자로서 숭배하는 것이다. 석가모니는 분명히 수행자 한 사람 한 사람이 진리와 자기 자신에 대한 신뢰를 바탕으로 '올바르게 수행하라' 고 가르쳤을 뿐, 그 이상의 절대적인 존재에 대한 예배같은 것은 권하지 않았다.

그런데 석가모니가 열반한 후 그의 가르침과 행적을 되돌아볼 때, 그는 보통사람으로 할 수 없는 위대한 업적을 거두었고, 위대한 진리를 설파하였기에 그는 단순한 인간이 아니라 경험계를 초월한 절대자로서의 부처가 인간의 모습을 나타낸 것이라고 생각하게 되어 예배의 대상이 된 것이다.

그러나 여기서 말하는 절대자와 인간의 관계는 크리스트교와는 크게 다르다. 이미 설명했지만 되풀이하면 크리스트교에서는 인간과 하느님과는 질적인 차이가 있어서 인간은 아무리 노력해도 하느님이 될 수 없고, 오히려 원죄를 가진 인간이 하느님이 되려고 생각하는 것 자체가 최대의 죄악인 것이다. 그러나 불교에서는 양자는 본질적인 차이가 없을 뿐만 아니라, 우리 자신에게도 부처가 될 수 있는 본성 즉 불성을 갖추어 양자는 연속의 관계에 있는 것이다.

천국과 지상에 대해서도 그렇다. 크리스트교에서는 양자는 분리, 독립의 관계에 있다고 한다. 불교에서는 이 세상에서 저 세상까지 죽은 사람은 삼도천三途川을 건너서 오랜 나그네길을 계속해야 도착하는 것이다. 그러므로 죽은 후 49일 간 불교도의 집에서는 등불을 끄지 않고 죽은 사람의 발길을 비쳐 주는 것이다. 죽은 아이들은 주사위의 들판에서 돌을 쌓고 졸면서 오랜 나그네길을 계속한 끝에 저 세상에 닿는 것이다. 천국은 지상의 나라의 연장선상에 있는 것이다.

둘째, 대승불교에서는 '공론空論'이라는 세계관을 근본으로 하고 있다. 흔히 '색즉시공色卽是空, 공즉시색空卽是色'이라는 말을 듣는데 여기서 색色을 기색氣色이라는 의미로 해석하여 이론으로 돌려 버리는 경향이 있는 것 같다. 그러나 불교에서 말하는 색이란 '형태 있는 것'이라는 의미로 우리 주위에 존재하는 여러 가지 존재를 가리킨다. 이미 앞 절에서 연기에 대해서 말했지만 공론이란 이 연기론을 철저히 한 것이라고 할 수 있다.

경험계의 모든 존재를 그 밖의 것을 조건으로 하여 존재하는 것이고, 그 것도 또 다시 그 밖의 것을 조건으로 하여 존재한다. 그러므로 어떤 존재 도 독립으로 자기만이 존재할 수도 없다. 결국 '공空'이라는 것이다.

이 사고방법을 더욱 철저히 하여 대승불교의 이론을 완성시킨 용수龍 樹 · 2~3세기 무렵라는 불교철학자는 이 경험계에 존재하는 생과 사, 선과 악, 대와 소 등 대립의 근본에는 그것들을 초월하여 그것들의 대립을 뒷받 침하고 있는 권리 그 자체 곧 부처가 있다는 것이다. 경험계에 존재하는 일체의 것은 사실은 부처가 자기 모습을 나타낸 것에 불과하며 근본은 같 다는 사고방식에 기인한다. 이미 말한 노자의 사상과 매우 비슷한 사고방 법이라 할 수 있다.

셋째로 소승불교는 호화로운 사원을 세우고, 그 사원에 부를 희사함을 공덕으로 생각한다. 그러므로 소승 불교가 성한 동남아시아 지방에는 훌 륭한 사원이 많고, 그 사원의 기둥에는 지금까지도 신도가 금박을 붙이는 관습이 있을 정도이다. 동남아시아에서 경제가 발달하지 않은 것은 애써 얻은 이윤이 이런 데로 소비되어 자본으로서 살릴 수 없었기 때문이라고 지적하는 사람이 있을 정도이다. 그리고 그와 같은 거대한 사원에서 조용 히 명상하고 어려운 교리를 연구하는 생활을 이상으로 했다.

그러나 대승불교는 이러한 태도를 이기적, 독선적이라고 비판하여 오히 려 대중 속으로 들어가서 사람들의 삶의 고통을 제거하여 즐거움을 주는 행行 즉 자비행慈悲行을 실행할 것을 권한다. 자기 자신이 피안彼岸에 도달 하기 전에 먼저 남을 구제하여야 한다는 것이다. 크리스트교에서 말하는 이웃에 대한 사랑에 해당된다고 생각해도 될 것이다.

불교에서는 무재無財의 칠시七施라는 이타행利他行이 있다. 즉 아무리 가난한 사람이라도 실행할 수 있는 자비행을 말하는데 남에게 다정한 눈길을 돌릴 것, 온화한 미소를 띈 얼굴로 사람을 대할 것, 고운 말로 사람을 대할 것, 근로봉사를 할 것, 감사하는 마음을 가질 것, 자리를 양보해 줄 것, 하룻밤 잠자리, 한끼의 밥을 베풀 것의 7가지 선행을 말한다. 무엇인가 가슴에 와닿는 것이 있지 않은가.

이 밖에 소승불교가 국왕이나 부호 등의 정치적, 경제적 원조를 받아 광대한 정원을 가진 것에 비하여 대승불교는 민중에서 일어난 대중 운동으로서 권력자에게 아부하지 않았다는 차이도 있다.

대승불교는 단순히 '나무아미타불'이나 '나무묘법연화경'을 소리내어 외우며 불상에 합장하는 것을 본명으로 하지 않는다. 사람들에게 자비행을 베푸는 것이 대승불교의 핵심이라고 나는 생각한다.

이슬람교는 어떤 종교인가?

걸프전이 끝난 후, 신문에 이런 기사가 머릿기사로 났었다.

"이라크에게는 이겼지만 이슬람에게는 졌다!"

사우디아라비아에 주둔했던 미국 병사들 중, 이슬람교로 개종하는 병사들이 속출하고 있다고 한다. 사우디측의 포교자에 의하면 개종한 사람은 영관급을 포함하여 약 2,500여 명이라고 한다. 그 수는 점차 증가한다는 보고가 있었다. 그렇게 강력한 종교는 처음이라고 미국 군인들이 말했다

한다. 이라크에 완승한 미군이 뜻하지 않은 이슬람 공세에 비틀비틀한 첫이다.

일본인도 걸프 전쟁 이후 이슬람교에 깊은 관심을 갖게 되었다.

유태교, 크리스트교, 불교의 성립 과정을 살펴볼 때, 성립 이전의 가치관에 대한 혁명적인 변혁을 실행함으로써 새로운 종교의 탄생을 맞이했던 것을 알 수 있다. 이슬람교에 대해서도 마찬가지의 말을 할 수 있다. 마호메트 이전의 아랍 종교와 비교하면서 이슬람교를 살펴 나가기로 하자.

마호메트가 유일신 알라에 대한 귀의와 신앙을 설파하기 이전의 아라비아는 모든 생활 기반이 부족을 중심으로 이루어졌다. 사막이라는 어려운 자연 환경 속에서 인간은 자연과 끊임없이 싸워야 했고, 또 생활의 양식을 얻기 위해 다른 부족과 싸우지 않으면 안 되었다. 싸움은 사막에 사는 인간에게 있어서 생활의 기조를 이루는 것이었다.

싸움은 부족에 의해서 실행된다. 그러므로 사람들은 정사선악正邪善惡에 의해서가 아니라 언제 어떠한 경우에도 부족과 함께 행동하고, 부족에 의존하여 자기 삶의 방향을 결정해 나간다. 부족은 사막에서 사는 인간의 생존의 기반이고, 살아가기 위한 원리를 지시하기도 했다.

그들의 인생은 서로 치고 방어하는 죽임, 약탈에 이은 약탈, 투쟁에 의한 투쟁의 연속이었다. 그러므로 그들은 죽음의 공포에 끊임없이 시달렸고, 이를 피하기 위해 찰나적인 것에서 사는 기쁨을 찾아나갈 수밖에 없었다.

'아아, 이 순간을 어찌 즐기지 않을 수 있으랴! 머지 않아 죽음이 찾아올 몸으로서······'

'살육과 열락에 침면하는 우리를 비방하는 그대, 그러면 그대 우리에게

영원한 생명을 주어야 해.'

당시의 어느 시인은 사막에 사는 사람들의 심정을 이와 같이 노래했다. 2차 세계대전 때에도 어차피 죽을 바에야 술과 여자에 대한 환락에 빠지는 사람이 많았다고 하지 않은가. 인간이 죽음에 직면해 있을 때 그 사람의 인격이 집약되어 나타나는 것이다. 전쟁이 다반사여서 죽음에 직면해서 살아야 했던 아랍인들이 이처럼 환락의 거리에 몸을 두었던 것은 충분히 이해할 수 있는 문제라고 생각된다.

또 이미 말한 바와 같이 싸움이 부족 단위로 실행되기 때문에 어느 부족 출신이냐 하는 것이 큰 의미를 지니고 있었다. 권위있고 유력한 부족 출신과 그렇지 못한 사람 사이에는 예컨대 전리품의 분배를 비롯해 큰 차별이 있었던 것이다.

마호메트의 종교 개혁은 이와 같이 사막에서 사는 부족 중심주의 인간들과 그들의 삶의 방식에 철퇴를 가한 것이었다.

"인간의 고귀함은 태어남과 혈통에서 오는 것이 아니라, 오로지 하느님의 신앙의 깊이에 의해 헤아려진다."

"잘 태어났든 못 태어났든 어느 부족에 속해 있든 인간은 모두 각기 한 사람 한 사람 알몸으로 하느님 앞에 세워진다."

그는 이와 같이 부르짖었다. 그 부르짖음은 그때까지의 사막에서의 인간의 삶의 방식을 뿌리째 뽑아 버리는 것이었다.

마호메트가 그린 알라 하느님

〈코란이슬람 경전〉에서 다음과 같은 글을 볼 수 있다.

"그야곱가 아들에게 '내가 죽은 후에 너희들은 무엇을 배례할 생각인가?' 하고 물었다. 그들은 '우리들은 당신의 하느님, 당신의 조상 아브라함, 이스마일, 이삭의 하느님, 유일한 하느님을 섬기어 이에 귀의하겠습니다.' 하고 대답한 것을 네가 눈으로 보았느냐?"

우선 아브라함, 이스마일, 이삭이란 누구인가를 이해하지 않으면 이 코란의 말을 이해할 수 없다. 이 세 사람의 관계는 다음과 같다.

아브라함은 이스라엘인 즉 히브리인의 시조로서 사라와 결혼하여 이삭을 낳는데, 이삭은 이스라엘인 즉 히브리인의 조상이 된다. 아브라함은 아랍인 이스마엘과도 결혼을 했는데 이스마엘은 아랍인의 조상이 된다. 이처럼 유태인과 아랍인과는 어머니가 다른 형제 관계에 있다. 또 마호메트가 주장하는 하느님 알라는 아브라함이 믿은 하느님 즉 유태교나 크리스트교가 주장하는 유일한 하느님과 같다는 것이다. 더욱이 그가 주장하는 것은 자신이 주장하는 종교가 유태교나 크리스트교보다도 더욱 오래되었고 더욱 순정한 종교라는 것이다.

이슬람교에서는 하느님 알라는 인류 구제를 위해 모세, 크리스트 등 많은 사도를 이 세상에 보내어 각각 경전을 주었지만 그들은 경전을 개찬하거나 사도를 신격화하는 등의 오류를 범했다고 한다. 그래서 최후의 신도로서 마호메트와 경전 코란을 주었다는 것이다.

그 증거로서 〈구약성서〉 및 〈신약성서〉의 다음과 같은 대목을 제시한다.

"여호와께서 내게 이르시되 그들의 말이 옳도다. 내가 그들의 형제 중에 너와 같은 선지자 하나를 그들을 위하여 일으키고 내 말을 그 입에 두리니, 내가 그에게 명하는 것을 그가 무리에게 다 고하리라. 무릇 그가 내 이름으로 고하는 내 말을 듣지 아니하는 자는 내게 벌을 받을 것이므로……"구약성서 신명기 18장 17-19

"너희가 나를 사랑하면 나의 계명을 지키리라. 내가 아버지께 구하겠으니 그가 또 다른 보혜사를 너희에게 주사 영원토록 너희와 함께 있게 하시리니."신약성서 요한복음 14장 15-16

밑줄 친 부분이 마호메트를 암시하고 있다는 것이다. 그리고 이에 대해 코란에는 다음과 같은 계시가 나와 있다.

"마리아의 아들 예수가 이렇게 말했을 때 '보라, 이스라엘의 아들들이여, 나는 알라가 보내어 너희들 곁으로 왔다. 나보다 전에 계시된 율법을 확증하고 또 나의 후예 한 사람의 사도가 나타난다는 즐거운 복음을 전하러 왔다. 그 이름은 마호메트이다." 61장 6

되풀이되지만 마호메트는 유일한 하느님에 의해서 이 세상에 보내진 '최후의 예언자'라는 것이다.

그러면 유태교, 크리스트교, 이슬람교 사이에 '하느님의 관념'에 차이는 없을까?

유태교의 하느님은 여호와의 유일 절대의 하느님, 의의 하느님이고, 신도는 하느님이 정한 율법을 엄격하게 지킴으로써 의를 행하며 하느님의 나라에 들어감이 허락된다. 하느님과 신도를 결합하는 것은 율법이다.

크리스트교의 하느님은 율법을 지키려고 해도 지킬 수 없는 죄인을 구원하는 사랑의 하느님이다. 하느님과 인간과의 사이에는 하느님의 아들 예수 크리스트가 설정되어, 예수를 믿음으로써 하느님과 연결되는 것이다.

이슬람의 하느님 알라는 전지 전능, 천지 만물의 창조자, 지배자, 초월자이다. 그리고 하느님을 배반하는 인간에 대해서는 이를 한없이 벌하고, 하느님을 믿고 따르는 자에게는 한없이 은혜를 주는 하느님이다. 이 세상의 종말의 날, 하느님은 죽은 사람까지도 무덤 속에서 되살아나게 하여 심판을 한다. 그리고 하느님에게 배반하는 행위를 한 사람에 대해서는 철저하고 잔학한 형벌을 주어 지옥에 떨어뜨리는 것이다. 또 이 지옥이 사막의 백성답게 불꽃 속의 비참한 것으로 그려져 있다.

'걸프 전쟁에는 이겼지만 이슬람교에는 졌다'고 보도한 이유는 미군이 힘센 데에 부추겨졌기 때문이라고 말한다. 이슬람의 하느님은 철저한 복종을 강요한다. 그리고 그 명에 따르지 않은 자에 대해서는 철저한 복수를 하는 것이다.

이슬람교가 주장하는 하느님은 마음씨 곱기는커녕 무섭디무서운 아버지와 같은 하느님이다. 그리고 마음씨 고운 것을 추구하면서도 강함을 가진 두려움에 대한 동경이 우리들 마음의 일부에는 있는 것이 아닐까? 불꽃의 뜨거움과 싸우며, 모래 폭풍 속을 무릅쓰고 싸웠던 용감한 군인들이 죄 있는 것, 약한 것, 병 있는 것에 대한 한없는 사랑을 주장하는 크리스트교적인 온유한 하느님이 아니라 오히려 힘세고 두려운 하느님을 요구해 나갔다는 것도 이해할 수 있을 것 같다.

한편 크리스트교와 같이 하느님의 아들 예수라는 존재를 인정하지 않는다. 그도 마호메트와 같은 사도의 한 사람이고 마호메트가 예수보다도 훌륭한 사도라는 것이다.

마호메트는 생존 중에 아라비아 반도의 대부분을 점령하여 이슬람 왕국을 이룩했다. 흔히 이슬람교는 '오른손에 코란, 왼손에 칼을 잡고 개종이냐 그렇지 않으면 죽음이냐를 요구한 심한 종교'라고 하는데 이것은 크리스트교에서의 악선전이고 실제는 '개종이냐 공납세금이냐'였다.

더구나 이슬람군의 점령지에서 이슬람교로 개종하는 사람이 속출한 것은 이 종교가 민중에 호소하는 면을 지니고 있었기 때문이 아닐까? 그러나 대항하는 자에게는 철저한 공격을 가했다. 코란에는 이렇게 기록되어 있다.

"그대들에게 싸움을 거는 자가 있으면 알라의 지니리성전로 당당히 맞서 싸우는 것이 옳다. …… 그리고 그들이 그대들을 몰아낸 장소에서 이번에는 이쪽에서 그쪽을 몰아내라. 그쪽에서 싸움을 걸어올 때에는 죽여 버려도 상관없다. …… 종교가 완전히 알라의 종교 한 가지로 될 때까지 그들을 상대로 끝까지 싸워라."

이 글을 읽으면 이라크의 후세인 대통령의 얼굴이 즉각 떠오르지 않는가?

종교 얘기는 여기서 그만두고자 한다. 나는 인간이 인간다운 이유는 '가치관'을 가지고 그것에 부응하여 행동하는 데에 있다는 시점에서 글을 써 왔다.

그리고 가치관에는 진·선·미·성의 네 가지가 있다는 것에 대해서 말하고 민주주의적 가치관은 상대주의 가치관에 입각하면서 유일 절대 가치의 실현을 목표로 해 나가는 이상주의의 입장에 입각한 것이라는 점도 언급했다.

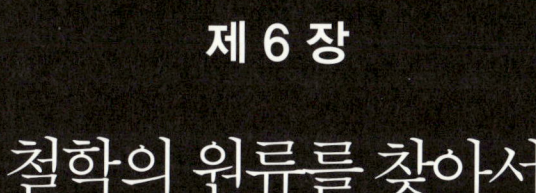

제 6 장

철학의 원류를 찾아서

아테네 시민은 무지한 탓에 '다만 살아가는' 것만을 생각하지 어떻게 해야 잘 살 수 있나 하는 문제에 관심을 보이려 하지 않

았다. 그래서 소크라테스는 우선 상대방이 무지를 자각하도록 이끌어 간 뒤, 그들이 스스로 참된 지혜를 찾고자 하는 의욕이

생기도록 도와주고자 했다. 그는 '너 자신을 알라'고 말을 걸면서 아테네 시민을 일깨우는 노력을 했다. 그런 의미에서 그는

교육자였다.

001 소크라테스나 노자에게서 무엇을 배울수 있나?

소크라테스의 삶

너 자신을 알라

    아테네의 아고라광장에 한여름의 태양이 눈부시게 빛난다. 그러나 습기가 없는 탓이니 오히려 선선하다는 느낌을 안겨 준다.

    그 태양 아래 덥수룩한 털투성이인 손발을 그대로 내놓고, 대머리에 들창코, 게다가 올챙이배를 한 못생기기 짝이 없는 한 노인이 어떤 청년을 붙잡고서는 다음과 같은 대화문답를 나누고 있다.

    "친구에게 거짓말을 하는 것은 부정인가?"

    "물론 부정이고 말고요."

    "그럼, 병에 걸린 친구에게 약을 먹이기 위해 거짓말하는 것도 부정인가?"

    "그것은 부정이라고는 할 수 없겠죠."

    "그렇다면 뭐랄까, 친구에게 거짓말하는 것은 부정일 수도 있고 부정이 아닐 수도 있지 않나? 도대체 거짓말을 하는 것은 정인가, 부정인가? 분

명히 해 보게."

"저로선 알 수가 없습니다."

"좋아, 그렇다면 자네는 지금까지 거짓말하는 것이 정인지 부정인지도 모르는 주제에 스스로 알고 있다고 생각해 온 것이구먼."

"말씀하신 대로입니다."

이 노인은 누구인가? 어떤 사람들은 그를 '아테네라는 말에 꾀어 든 성 가진 등에' 라고 하며 몹시 싫어했다. 그리고 어떤 사람들은 '인간적으로 가장 훌륭하며 높은 지식을 지녔으며 정의감이 강해 참된 의미에서 가장 용감한 인간' 이라고 칭송해 마지않았다. 이런 상반된 평가를 받았던 그 노인은 다름 아닌 소크라테스였다.

소크라테스는 아고라에서 이 사람 저 사람 가리지 않고 아테네의 시민 을 붙잡고서는 앞서와 같은 질문을 던진다이것을 문답법이라 한다. 그리고 그

상대를 '무지의 지'로 몰아갔다. 소크라테스가 그같은 행동에 나서게 된 까닭은 수많은 세상 사람들이 가장 중요한 일, 즉 인간에게 있어 무엇보다 소중한 영혼에 대해서는 아무것도 알지 못하면서도 마치 다 아는 듯이 살아가는 그 무지를 자각시켜 주는 것이야말로 자신에게 부과된 사명이라고 확신했기 때문이었다.

아테네 시민은 무지한 탓에 '다만 살아가는' 것만을 생각하지 어떻게 해야 잘 살 수 있나 하는 문제에 관심을 보이려 하지 않았다. 그래서 소크라테스는 우선 상대방이 무지를 자각하도록 이끌어 간 뒤, 그들이 스스로 참된 지혜를 찾고자 하는 의욕이 생기도록 도와주고자 했다. 그는 '너 자신을 알라'고 말을 걸면서 아테네 시민을 일깨우는 노력을 했다. 그런 의미에서 그는 교육자였다.

교육이란 단지 가르치기만 하는 것이 아니다. 영어로 교육을 education이라 하는데, 이는 educe ^{끄집어내다}라는 말에서 유래한 낱말이다.

오늘날의 학교는 대학입학시험에만 매달린다. 그 덕분에 교사들은 하나라도 더 외우게 하려는 교육에 바쁘고 학생들은 수동적으로 배우게 되지만 이에 대해 조금도 의심하는 마음을 품지 않는다. 소크라테스는 교육이란 이끌어내 주는 것으로서 진리라는 아이를 밴 임산부학생에게서 그 아이^{진리}를 끄집어내 주는 조산원의 역할이 곧 교사의 할 일이라는 신념을 지니고 이를 실천한 사람이다. 그런 까닭에 그가 행한 문답법을 조산술이라 부르기도 한다.

배가 부른 사람은 먹을 것을 찾지 않는 것과 마찬가지로 참된 지식을 갖고 있지 않으면서도 갖고 있다고 생각하는 사람은 지식을 찾으려 하지 않는다. 스스로의 무지를 깊이 깨우친 사람만이 참된 지혜를 찾으려 애쓴다.

그런 뜻에서 그 무지는 그냥 제로가 아니고 '꽉 찬 제로'라 할 수 있다. 철학은 그러한 무지를 출발점으로 삼는다.

책을 읽을 때는 마음을 지우라는 말을 한다. 마음을 겸허하게 가지라는 말을 하기도 한다. 풀어 말하자면 '내가 아는 건데' 하는 자만심을 깔고 책을 읽는 사람은 책 속에서 아무것도 배우지 못하게 된다는 뜻이다. 소크라테스의 '너 자신을 알라' '무지를 자각하라'는 외침은 학문하는 사람이 반드시 갖추어야 할 마음가짐을 깨우쳐 준다.

소크라테스는 왜 사형을 선택했는가?

탈옥 권유를 물리치고 독배를 들이킨 뜻은?

'우정은 더디게 자라는 나무이다. 그 나무가 우정이라는 이름에 값할 만하게 될 때까지는 수많은 어려운 고비를 넘어서야 한다.'

이 말은 미국의 첫 대통령 워싱턴이 한 말이다. 깊은 마음이 담겼으면서도 차고 바른 충고만큼 귀중한 것은 달리 없다.

그러나 자칫하면 이 충고는 위에서 워싱턴이 말한 어려운 고비 정도가 아니라 모든 것을 부수고 마는 고비가 되는 경우가 생긴다. 왜 그러냐 하면 유감스럽게도 사람들이란 자신의 결점을 정확하게 지적받게 되면 화를 내기 때문이다. 사람들은 그래서는 안 되고, 오히려 그 우정에 감사하면서 스스로를 반성해야만 자기 발전을 이룰 수 있다는 점을 이치로는 잘 알고 있으면서도 행동으로 옮기기는 어렵다.

아테네 시민을 향한 소크라테스의 우정을 이해할 수 없었던 많은 사람들은 거꾸로 소크라테스를 미워했다. 그리하여 젊은이들을 혼동에 빠뜨리고 민주주의를 헐뜯었다는 따위의 여러 가지 이유를 붙여 소크라테스를 법정으로 끌고 갔다. 소크라테스는 법정에서 그의 참된 뜻과 믿음이 어떤 것인지를 말했다. 그 내용은 소크라테스의 제자 플라톤이 쓴 〈소크라테스의 변명〉이라는 한 권의 책으로 세상에 나와 2천 년에 걸친 오랜 세월 동안 인류의 마음에 깊은 감명을 안겨 주고 있다. 그러나 소크라테스가 이처럼 자신의 참된 마음을 말했지만 아테네 사람들의 마음을 움직이지 못했다.

그 무렵 아테네는 펠로폰네소스 전쟁을 치르고 있었는데 그 전쟁에서 아테네는 스파르타에게 지고 만다. 그런데 그 싸움에 지게 된 원인은 소크라테스가 젊은이들을 혼동에 빠뜨렸기 때문이라는 근거 없는 말이 사람들 사이에 떠돌았다. 이 근거 없는 풍설이 소크라테스에게 불리하게 작용했다. 마침내 아테네 시민들은 소크라테스에게 사형 판결을 내리고 말았다.

그러나 소크라테스의 참된 가치를 알고 있는 사람들은 깜짝 놀랐다. 그리고 슬퍼했다. 그들은 어떻게든 소크라테스를 구해내야 한다고 생각했다. 그 당시 아테네에서는 사형선고를 받으면 24시간 안에 처형하도록 되어 있었으나, 소크라테스의 경우에는 축제기일과 겹쳐 사흘 동안 처형이 미루어졌다. 이 기간을 이용해 친구들이나 제자들은 옥리에게 뇌물을 안겨 주고 탈옥시키기 위한 준비를 마쳤다. 그러나 탈옥 권유를 받은 소크라테스는 이 제안을 딱 잘라 물리쳤다. 그는 죽음을 기꺼이 받아들였던 것이다.

무슨 까닭에서였을까? 누구에게나 죽음은 두려운 법. 게다가 그가 받은 판결은 그릇된 것으로서 소크라테스 쪽이 옳았다. 친구들이나 제자들도 그런 사정을 알고 있었기 때문에 뇌물을 쓰면서 탈옥 준비를 했던 것이다. 그렇다면 소크라테스가 이들의 탈옥 권유를 거부한 행위는 우정을 배신한 셈이 아닌가? 나아가서 정의의 법이어야만 법이라 할 수 있는 것으로서 소크라테스가 말한 '악법도 법이며 그 법에 따르는 것은 시민의 의무이다' 하는 주장은 그릇되지 않은가?

우선 폴리스도시국가의 명령은 절대이며 법은 신성하다. 게다가 법은 여태까지 나를 키우고 지켜 주었다. 그 법에 따르는 것은 '선량한 시민'이 되기 위한 의무이다. 설사 그 법이 나쁘거나 잘못되어 있다 하더라도 도망이라는 부정한 행위로 법에 앙갚음하는 것은 잘못이며 절대로 폴리스 시민으로서 할 짓이 아니다.

둘째로 판결이 잘못되었다 하더라도 그 판결이 국법 그 자체의 잘못은 아니다. 중우정치 속에서 타락하고만 시민들이 저지른 옳지 못한 행위일 뿐이다. 그 옳지 못한 행위를 부정한다는 이름 아래 법의 존재 그 자체까지 부정하는 것은 본뜻이 아니다.

셋째로 아테네의 법에 따르면 8살 이상이 되어 아테네의 법에 불만을 품고 있는 사람들은 언제든지 아테네를 떠날 수 있는 권리가 주어져 있다. 그렇다면 그 자유를 써먹지 않고 70년 이상이나 아테네에서 살아 왔다는 사실은 그 법을 인정하고 따르겠음을 약속했다고 볼 수 있다. 이제 와서 새삼스레 그 법이 싫다고 해서 법을 부수한 것은 계약위반이랄 수밖에 없다. 계약위반은 그 무엇보다도 나쁘다.

소크라테스는 거침없이 이같은 이유를 설명하며 탈옥권유를 물리치고 죽음의 길을 택했다. 그러나 우리들이 마음에 담아 두어야 할 점은 그가 탈옥을 거부한 참뜻이 '악법도 법'이라는 소극적 이유 때문이 아니라는 점이다. 소크라테스는 더욱 적극적으로 법을 깨뜨리는 부정뿐만 아니라 폴리스 시민으로서 갖추어야 할 의무를 뚜렷하게 이해하고 그 이해를 바탕으로 무지한 시민을 부정에 대해 눈뜨게 만들어 본래의 폴리스를 다시 찾고자 하는 의도 아래 죽음의 길을 택했다고 할 수 있다.

'그 누구보다도 뛰어난 벗이여! 그대는 가장 위대한 그리고 지혜와 힘에 있어 가장 이름난 도시인 이곳 아테네 시민이면서도 가능한 한 많은 재산과 평판과 명성을 얻는 일에만 마음을 쏟고 지혜와 진리와 영혼을 가능한 한 선하게 하는 일에 마음쓰지 않은 데 대해 부끄럽게 생각지 않는가.'

소크라테스는 이같은 말로 아테네 시민들의 잠든 의식을 일깨웠지만 결국 그로 인해 죽음을 당하고 말았다. 여러분들은 '아테네 시민'이란 부분을 우리의 조국이나 ××고등학생이라는 말로 바꾸어 읽어도 그대로 들어맞는다는 생각이 들지 않는가.

플라톤의 철인 정치론이란?

민주주의는 이대로 좋은가?

어떤 사람, 어떤 책, 어떤 작품을 만나게 되면서 우리들의 삶이 크게 영향을 받는 경우가 있다.

플라톤의 삶 속에서 소크라테스와의 만남은 그런 중대한 뜻을 지닌다.

플라톤은 '어깨통이 넓은 남자' 라는 의미를 가지고 있다. 떡 벌어진 몸집에 기품 있는 얼굴의 플라톤은 어느 모로 보나 아테네의 명문 출신다웠다.

무엇 하나 부족함이 없이 어린 시절을 보내고 드디어 이름난 정치가가 될 수 있는 모든 조건을 갖추고 있던 플라톤이 왜 철학자를 향한 고난의 길을 걸어야 했던가! 그 해답은 소크라테스와의 만남에 있다.

존경해 마지않았던 스승 소크라테스가 사형을 당한 것은 플라톤의 나이 28살 때의 일, 플라톤은 도저히 그 형장에 있을 수 없었지만 스승이 죽음을 당한 후 한없는 슬픔에 빠져들어 아테네를 떠나 12년 동안 세상을 두루 떠돌아다녔다. 그 여행을 통해서 플라톤은 중우정치로 타락한 민주주의를 대체할 새로운 이상정치를 설계해 나갔다.

그때의 그리스는 폴리스도시국가의 수만큼이나 개성 있는 정치체제를 갖고 있었다. 그리스에서는 민주주의만이 가장 좋은 정치체제는 아니었다. 끊임없이 다른 정치 형태로부터 부딪쳐 오는 비판을 견뎌내야 하고 동시에 조금이라도 시민의 복지에 공헌할 수 있도록 자기 비판과 개선을 위한 노력이 필요했다.

플라톤도 이같은 이해를 바탕으로 '스승 소크라테스를 죽인 것은 중우 정치로 바뀌고 만 민주주의였다' 고 믿고, 정치가 갖추어야 할 이상을 생각해 나갔다.

플라톤은 말했다.

"철학자가 정치가가 되든지 정치가가 철학을 하지 않으면 정치가 제대로 되지 않는다."

이것을 철인정치론이라 하는데 과연 플라톤의 참뜻은 어디에 있을까. 오늘날 우리가 마주하는 문제와 견주어 생각해 보기로 하자.

플라톤은 소크라테스의 죽음을 통하여 정치란 '수' 의 정치가 되어선 안 되며 무엇보다도 '도리' 의 정치, 바꿔 말해 예지가 꼭 필요하다는 것을 깊이 깨달았다.

분명히 민주주의는 언론의 자유, 관용의 정신, 소수의견의 존중, 혹은 교육을 중시하는 따위의 정책을 통해 정치가 이성에 들어맞게 이루어지는 길이 열려 있기는 하다. 그러나 마지막 결정이 다수결로 이루어지는 한 '수' 의 정치가 될 위험성을 갖게 되는 것이 사실이다. 당시의 아테네가 다수결 원리를 채택하고 있었지만 그 이상의 문제점도 있었다.

예를 들어 재판관 등 정치에서 가장 중요한 노릇을 하는 사람들을 추첨을 통해 선출했다. 소크라테스가 지적하듯이 고귀한 영혼보다도 재산 늘리기와 명예 얻기에만 골몰하는 시민들이 행하는 다수결이 좋은 결과를 가져다 주지 못한다는 건 당연한 이야기이다. 게다가 중요한 자리를 추첨으로 뽑게 되어 있으므로 법을 모르는 재판관이 나타나는 상황에까지 이르렀다.

이리하여 민주주의란 이름의 덮개를 뒤집어 씌운 중우정치가 활보하게 되고 그 결과 스승 소크라테스를 파묻었던 것이라고 생각했다.

이런 생각 끝에 플라톤은 정치에는 무엇보다도 이성과 예지가 필요하며 '수'의 정치를 하기 위한 전제로서 '도리'의 정치가 필요하다고 보았다. 그것이 플라톤이 말하는 철인정치의 목표였다.

방향을 돌려 오늘날의 민주주의를 생각해 보자. 오늘날의 민주주의는 대중민주주의라 하기도 한다. 보통선거가 확대됨으로써 이른바 대중이 정치의 움직임을 결정지어 나가는 민주주의이다. 그러나 대중은 자칫하다간 이성에 따라 행동하기보다도 감정에 따라 행동하는 경우가 많게 된다.

아무리 훌륭한 정책을 내세운다 해도 사람들의 감정에 호소할 수 없다면…

정치가도 그것을 꿰뚫어 보고 있다. 그러므로 선거에 쓰는 포스터도 천연색의 근사한 작품처럼 만들어 대중의 마음에 호소한다. 텔레비전에 출연하는 후보자는 정성껏 화장을 하고 양복과 넥타이의 색깔까지 주의를 기울여 대중들에게 조금이라도 좋은 인상을 심어 주려고 노력한다. 어려운 정치이론보다도 짧은 캐치프레이즈를 써서 이미지 선거의 양상을 보이기까지 한다.

그러니까 현대의 대중민주주의에서는 이성이라는 요인 이외의 요소가 결정요인으로 작용한다고 할 수 있다. '정치는 어떻게 이루어져야 하는가. 어떤 후보가 올바른 정치가인가' 하는 이성의 판단보다도 '느낌이 좋은가 나쁜가' 하는 인상으로 정치가 움직여 나가게 된다.

플라톤이 정치에는 반드시 이성의 요소가 필요하다고 주장한 철인정치론은 멀리 아테네의 민주주의에 대해 경종을 울렸을 뿐만 아니라 사실 오늘날의 민주주의에 대해서도 다시 한 번 생각해 보게끔 경종을 울려 준다.

플라톤의 이데아론이란?
이상과 현실의 골을 메워 주는 것

이런 이야기가 있다. 소아마비를 앓은 끝에 다리가 부자유스럽게 된 병약한 젊은이가 어느 소녀를 사랑하게 되었다. 그 젊은이의 사랑은 세속의 때묻은 사랑이 아니다. '내가 남자이고 그 사람이 여자이기 때문은 아니다. 이 사람과 함께 있을 때 나는 언제나 이 사람은 뭐랄까 제3의 성에 속한다는 제4의 성에 속한다는 느낌이 든다.'

이와 같이 남자와 여자라는 성의 차이를 넘어선 사랑, 바꾸어 말하면 순수하게 정신의 요소가 중시되고 육체라는 요소를 갖지 않은 사랑을 플라토닉 러브라고 말한다.

플라토닉 러브란 말을 플라톤이 쓴 적은 없지만 그는 에로스사랑라는 용어를 꽤 중요하게 여기며 썼다. '에로틱' 이란 야릇한 형용사는 이 말에서 비롯된 것이긴 하지만 플라톤이 말하는 에로스는 그런 육체적인 사랑과는 전혀 반대되는 순수한 정신적 사랑을 가리킨다. '에로스 = 사랑' 의 문제를 실마리 삼아 플라톤의 세계관, 즉 이데아론을 생각해 보기로 하자.

사랑이란 동경이다. 이건 젊은이에게나 나이든 사람에게나 똑같다. 사랑하는 사람은 모든 장벽을 뛰어넘어 사랑을 이루려 한다. 무엇 때문에?

나는 다음과 같이 해석한다. 사랑의 심리 가운데에는 상대방 속에서 자신을 찾고 자신 속에 상대방을 받아들임으로써 새로운 존재를 만들어 나가려는 움직임, 다시 말해 생산과 창조를 향한 뜨거운 의욕이라고 할 무언가가 있다고 생각한다. 나아가 그러한 창조의 과정을 통해 언젠가 반드시 죽는 인간도 영원히 죽지 않는 존재로 순환이 가능해진다.

두 사람의 애정을 통해 아이가 탄생된다. 그 영원한 반복을 통해 인간인 이상 아무리 바란다 해도 얻을 수 없는 영생의 염원이 사랑을 통해 달성될 수 있기 때문이 아닐까. 그러나 창조에는 반드시 생성의 고통이 뒤따른다. 그러므로 사랑은 결코 달콤한 것만은 아니다. 그런 면에서 온갖 고통 속의 사랑만이 사랑의 본질을 드러낼 수 있지 않을까 한다.

불사의 동경, 영원의 염원을 플라톤은 에로스라고 말한다. 조금 더 플라톤이 말하는 내용에 귀를 기울여 보자.

그는 영원 불멸의 존재를 이데아라고 했다. 예를 들어 앞에서 얘기한 적이 있듯이 공책이나 칠판에 그리는 삼각형 그 자체가 아니라 삼각형처럼 보이는 것에 지나지 않는다. 원래 기하학에서 말하는 선분이란 길이만 있지 폭은 없는 것이다. 그러므로 선분은 현실적으로 존재하지 않는다. 그러므로 그러한 세 선분으로 그려진 도형은 머리로 그리는 것이성적으로 인식하는 것은 가능해도 현실에서 눈으로 볼 수 없는감각적으로는 인식할 수 없는 것이다. 아무리 연필을 가늘게 해서 그린다 해도 완전무결한 삼각형을 그린다는 것은 불가능한 일이다.

그러나 우리들은 그 완전무결한 삼각형이것을 삼각형의 이데아라 함을 머릿속에서 그리고 그것을 원형으로 삼아 현실의 삼각형을 그린다. 이를 달리 삼각형으로 다루는 까닭은 각각의 삼각형이 삼각형의 이데아를 어느 정도 갖고 있기 때문이다. 이처럼 그는 현실에서 보는 모든 사물에 공통하는 본질이나 그 사물을 사물답도록 해 주는 본질적 존재를 이데아라 한다. 그것은 전형이며 본질이며 이상이며 나아가 영원불멸의 존재이다.

어떤 사람은 현실의 존재와 이데아를 '계단식 논에 비치는 달'로 견주어 말한다. 밤하늘에 높이 떠 빛나는 아름다운 보름달은 하나뿐이다. 그러나 그 달은 산중턱의 계단식 논에 층층이 둥근 모습을 비친다. 진짜 존재는 중천에 뜬 보름달 하나일 뿐이며, 논마다 층층이 비친 달은 그 그림자에 지나지 않는다. 모습도 일그러져 있고, 구름이 달을 가리면 지워져 버리고 마는 덧없는 존재이다.

그러면 이 영원불멸의 이데아와 현실의 불완전한 존재는 어떤 관계를 맺고 있을까?

플라톤은 이데아와 현실세계의 이 두 세계를 에로스라는 작용으로 연결시켰다. 그는 문학에서 흔히 쓰이는 비유의 수법을 통원해 다음과 같이 말했다.

"인간의 영혼은 이 세상에 태어나기 전에 이 이데아 세계에 살고 있었으며, 사물의 본질을 모두 알고 있다. 그러나 이 세계에 태어남과 동시에 육체라는 감옥에 갇혀 버려 불완전한 존재로 타락하고 만다. 그러나 이성을 통해 완전한 이데아를 알고 나서는 과거에 살던 이데아의 세계를 잊지 않게 된다. 그리고 이데아의 세계를 동경하고 고향을 그리워하듯 안타까운 마음에 사로잡혀 영원한 삶을 간절히 원한다. 이러한 동경이나 안타까운 마음이 바로 에로스이다."

문학적으로 설명된 이 에로스로부터 우리는 무엇을 배울 수 있을까? 플라톤은 이같은 설명을 통해 인생에 대한 이상주의적 자세를 가르쳐 준다. 영원한 이상인 이데아를 찾아서 끝없이 노력해 나가라는 것을. 그 이데아를 결코 우리 손에 넣을 수는 없다. 그러나 이데아는 우리들이 살아가는 데 무엇 하나 영향을 끼치지 못하는 보잘것 없는 환영이나 꿈은 분명 아니다.

예를 들어 바다 위를 떠가는 배에서 바라보는 북극성과 같이. 이데아는 항해의 목적 혹은 지침이 될 수 있다. 물론 그 배는 절대로 북극성에 도달할 수는 없다. 그러나 배는 북극성을 길잡이 삼아 거친 파도를 넘어 멈춤 없이 항해를 계속한다. 그것이 곧 인생이며 에로스이다. 나아가 그것이 곧 행복이다.

헤르만 헤세는 '행복은 행복을 향해 가는 의지'라고 했다. 도스토예프스키는 '콜럼버스가 행복했던 때는 그가 아메리카를 발견했을 때가 아니고 계속 발견해 나가던 때였다… 행복은 생활 속의 영원으로 이어지는 끝없는 탐구에 있지 결코 발견에 있지 않다'라는 말을 했다. 이같은 행복관은 플라톤의 생각을 이어받은 것이라 할 만하다.

공자의 사상은 위험한 사상인가?

오늘의 눈길로 다시 보는 공간

중국에서는 문화대혁명1966-1976 당시, 공자를 비판하는 캠페인이 온 나라가 떠들썩하도록 전개된 적이 있다. 이른바 '비림비공非林非孔' 운동이다. 왜 공자는 당시 비판의 표적이 돼야 했는지 그 사정을 조금이나마 살펴보기로 하자.

그들이 주장한 내용은 대략 아래와 같다고 할 수 있다.

공자는 주나라 때 노예제도가 무너지고 진한秦漢의 봉건제도로 바뀌어가는 춘추시대에 태어났다. 공자는 그러한 시대배경 속에서 주나라의 봉건제도를 가장 좋은 제도로 내세워 노예제도의 부활을 꾀했다. 늘 역사의 공자학설의 중심을 이루는 인仁은 귀족집단끼리의 단결에 이용되고 백성들은 명령으로 따르게 하면 되지 도리나 방침을 설명할 필요는 없다는 공자의 주장을 통해 바로 알 수 있듯이 우민정치를 위해 쓰였다. 임표가 반모택동 쿠데타를 실행하기 위해 공자의 인이나 충서사상忠恕思想을 동원한 것처럼 공자의 사상은 반동파들에게 방패막이로도 예리한 무기로도 쓰일 수 있는 매우 편리한 사상이다. 반동과 위험한 공자의 사상은 철저히 부정하여 쫓아내야 할 대상이다.

공자의 사상이 반동적이고 위험한 사상인가 아닌가에 대해서는 여러분의 판단에 맡기기로 한다. 그런데 공자의 사상에 대한 비판이 문화대혁명 기간 동안에만 이루어진 것은 아니다. 사실 지금까지 공자사상에 대한 비판은 몇 차례 된다. 중국의 경우에는 멀리 진나라의 시황제가 일으킨 분서갱유유학과 관계된 책들을 불사르고 유학자들을 구덩이에 묻어 죽인 사상탄압사건와

근세에는 1917년 시작된 백화운동을 들 수 있다. 일본의 경우에는 에도시대의 국학자들이 주도하여 철저하게 비판한 바 있으며, 메이지 시대의 문명개화운동 중에도 통렬한 비판이 전개되었다.

허나 그런 모진 비바람을 굳게 견디어 내고 많은 사람들에게 계속 영향을 끼쳐 왔다는 사실을 생각해 볼 때 공자의 사상을 단순히 반동이라거나 위험하다는 딱지를 붙여 배척해 버리고 마는 것은 지나치게 단순한 사고가 아닐까 한다. 설령 공자의 사상이 역사의 수레바퀴를 거꾸로 돌리는 노릇을 했다 해도 공자가 스스로 과거로 되돌아가야 한다고 했던 적은 결코 없다. 옛것을 연구하여 새 지식을 얻는다는 뜻의 온고지신이라고 답을 한 적은 있다.

적어도 그의 언행록이라 할 수 있는 논어 가운데에는 역시 배워야만 할 예지로 번뜩이는 부분이 수없이 많다. 여기에선 그 중 세 개만 예를 들겠다.

첫번째로는 '그대에게 이를 알리라고 이르지 않았던가. 아는 것을 안다고 하고, 모르는 것을 모른다고 하라. 이것이 곧 앎이니라' 고 한 말은 소크라테스의 '너 자신을 알라'. '무지의 지' 와 통한다고 할 수 있다. 두번째는 '배우고 생각하지 않으면 망녕되니라. 생각하되 배우지 않으면 위험하니라' 하는 말은 인생을 사색하는 사람이나 글을 사랑하는 사람들이 잊어서는 안 될 훌륭한 교훈이라 할 수 있다. 그리고 마지막 '내가 원하지 않는 바를 다른 사람에게 미치지 않도록 하라' 는 말은 성경 속에 나오는 '네가 원하는 기대로 다른 사람에게 행하도록 하라' 는 말과 마찬가지이다.

여기에는 세 가지 정도의 예를 들었지만 공자의 언행에는 우리들이 나아가야 할 길이 가닥이 안 잡혀 고독과 불안에 빠져 있을 때, 따뜻하면서도 때로는 엄격하게 앞길을 밝혀 주는 곳이 많다.

공자는 '따뜻하면서 엄격하고 엄숙하면서 격렬하지 않고 공손하면서도 편안한 사람'이다. 어머니와도 같은 따뜻함과 친절한 아버지와 같은 엄격함을 동시에 가졌다고 할까. 이는 성서에서 말하는 '뱀의 지혜와 비둘기의 순수함'을 함께 갖춘 이상적인 인간상에 접근한 사람이었다.

아무리 위대한 사람이라 할지라도 인간인 이상 우리가 배워야 할 부분과 그렇지 못한 부분을 함께 지니고 있는 법이다. 그러한 선각자의 모든 것을 부정해 내버린다거나, 반대로 마치 신이라도 되는 듯이 무작정 떠받드는 것은 현명하지 못하다. 배워야 할 가르침을 제대로 배운다는 여유 있는 태도가 필요하지 않을까.

공자의 기본적 사고
인과 예란 무엇인가?

앞에서 공자의 사상은 반동적이고 위험한 사랑이라고 단순하게 내쳐서는 안 된다는 점과 그 사람됨이 어머니와 같은 자애로움과 아버지와 같은 엄격함을 함께 지니고 있다는 점을 설명했다. 그런데 공자의 어떤 사랑이 오늘날에도 살아 있는 사상이라 할 수 있을까? 좀더 사상 내용을 파고들어 생각해 보기로 하자.

공자가 사고를 하는 기본이 인과 예라는 사실은 이미 여러분도 모두 알고 있다. 그러므로 먼저 인이란 무엇인지부터 검토해 보자.

그런데 공교롭게 논어에 수없이 나오는 인에 대해 공자는 정면에서 그 뜻을 정의해 놓지 않았다. 제자들에게 설명하면서도 사람들마다 다 다르게 말해 주었다. 게다가 인에 도달하는 구체적인 방법을 설명하면서도 간접적으로밖에 언급을 해 놓지 않았다. 그 구체적인 방법으로서 공자가 설명한 것으로는 사리사욕을 버리는 극기克己, 동정심을 발휘하는 서恕, 자신의 양심에 따르는 충忠, 타인에게 거짓말을 하지 않는 신信 등이 있다.

논어에 다음과 같은 구절이 나온다. '번지樊遲가 인에 대하여 물었다. 선생님께서 말씀하시기를 사람을 사랑하는 것이 인이라 했다.' 이 말은 공자의 다른 설명에 견주어 볼 때 상당히 직접적으로 언급된 것이다.

이상과 같은 점에서 일단 인이란 일체의 덕을 덕스럽게 해 주는 근본적인 덕이며, 그 내용으로서 애정, 친애의 정을 가리키는 것이 일반적이다. 애정이나 친애의 정이 자연스럽게 드러나는 경우는 제일 가까운 사이인 부자, 부부, 형제, 친구 사이에서이다. 가까운 사람들과의 도덕을 먼저 행한 뒤에, 그 고리를 점차 넓혀 나가는 방향을 취한다. 심신을 닦고 집안을 다스린 연후에야 나라를 다스리고 온 천하를 태평히 할 수 있다는 말은 유명하다. 이 말만큼 개인도덕과 정치도덕이 훌륭하게 연결된 사상은 달리 찾아보기 어렵다.

다음으로 인은 인과 나란히 일컬어지는 예와 어떤 관계에 있는 것일까? 우선 결론적으로 말하자면 인이라는 덕은 습관, 풍속, 문물제도와 같은 사회질서로서 객관화된 것을 가리킨다. 영어로는 propriety로 번역된다. propriety는 proper적절한를 가리킨다.

즉 결혼식에 가면 될 수 있는 대로 기쁜 표정을 짓고, 화려한 복장을 갖춘다. 반대로 장례식에 갈 경우에는 침울한 표정을 짓고 옷도 검은 색의 옷을 입는다. 이른바 시간, 장소, 목적 즉 TPO에 따라 적절한proper 복장을 하는 것이 예의에 맞는 것이다.

어떤 사람은 이를 허례허식이라고 할지 모른다. 그러나 극단적인 이야기는 그만두고 TPO에 따르면 언행은 사회생활을 해나가는 데 있어서 일종의 윤활유라 할 수 있을 것이다. 나아가 우리들은 형식을 제대로 지킴으로써 실질을 충실하게 만들 수도 있다. 멋진 복장을 갖추면 마음까지도 새로운 기분에 젖어 들고, 경우에 따라선 도망치는 행동을 함으로써 공포심이 더한 경험을 한 분도 있을 것이다.

인의 마음을 지님으로써 예를 몸에 익히고, 예에 어긋나지 않는 언행을 함으로써 인의 마음을 지닐 수 있다. 이 두 개념은 서로 떨어뜨려서는 생각할 수 없는 중요한 짝이다.

위에서 설명한 사항들에 관해 여러분은 여러 가지 점을 이해했으리라고 믿는다. 그런데 공자의 기본적인 입장은 철두철미하게 인간을 중심으로 형성되어 있다.

귀신을 공경하되 이를 멀리하면 앎이라 할 수 있다. 계로季路가 묻되 귀신을 섬긴다 함은 무엇을 말하는 것입니까? 공자가 가로되 아직 사람도 제대로 섬기지 못하는데 하물며 능히 귀신을 섬길 수 있겠는가. 또 감히 죽음에 관하여 물었다. 공자 가로되, 아직 삶조차 알지를 못하는데 하물며 죽음을 알겠는가.

이와 같은 말만 보더라도 공자의 사고는 철저히 인간 중심, 현세 중심에 놓여 있었다. 이를 오늘날의 용어로 풀어 말하자면 휴머니즘의 입장이라 할 만하다.

나아가 공자는 이런 설명도 했다. '성과 인 같은 덕목은 우리 인간이 행할 수 있는 것이 아니다. 단지 성이나 인으로 나아가는 길을 싫증내지 않고 계속 추구하며, 사람을 가르침에 게으르지 않도록 하는 정도라 할까.' 하며 공자 스스로도 말하고 있다. 플라톤이 지치지 않고 이데아를 추구해 나갔던 모습과도 비슷한 자세는 공자의 이 말 속에서도 느낄 수 있다.

공자는 이상을 실현하기 위해 수많은 제후들을 설득하며 돌아다녔지만 결국 실패로 끝나고 말자, 몇 번씩이나 속세를 떠나 살고자 했다. 그러나 불가능하다는 것을 알면서도 결코 포기할 수 없는 세상에 대한 정열을 지녔던 사람이 바로 공자였다. 그런 까닭에 공자는 늙은 몸에 채찍을 가하듯 제후를 설득하고 제자를 양성하는 일에 죽을 때까지 매달렸던 것이다.

노자의 사상

어린아이의 천진난만함을 이상으로 삼은 철학

　'태어났을 때 이미 백발의 노인이었던 노자는 붉은 빛 옷을 입고 으앙으앙 울며 매일을 보냈다.'

　도저히 믿기 어려운 전설 같은 이 얘기에 어떤 학자들은 그가 실제로 이 세상에 존재했던 사람인지에 대해 의심을 품는다. 그러나 노자가 썼다는 〈노자 도덕경 5千言〉 이른바 〈노자〉는 오늘날까지 세상에 전해져 우리들이 손쉽게 읽을 수 있는 책이다. 그것은 400자짜리 원고지로 겨우 13, 4매 정도밖에 안 되는 책이다. 그러나 그 책이 전세계 사람들에게 널리 읽히고 있으며 사람이 살아가는 방식에 관해 훌륭한 교훈을 주고 있다는 사실을 부정할 수 없다.

　노자는 서로 뺏고 빼앗기는 전쟁이 무성하던 춘추시대 말기에 태어났다고 전해진다. 그의 조국 진나라는 초나라에 멸망당하자 노자는 망국민으로서 무거운 세금과 압제에 시달리고 있었다. 노자는 마침내 조국을 버리고 그 당시 이미 이름만 있지 아무런 실권이 없는 천자의 나라 주로 도망쳤다. 거기서 왕실의 도서를 담당하는 직원으로 40년 동안이나 일했다. 어둠침침하고 곰팡내 나는 도서관의 한 귀퉁이에서 그는 극도로 혼란한 세상의 움직임과 그 안에서 펼쳐지는 인간의 행복·불행을 용서하면서 나날을 보냈다.

　그러던 그에게 어느 틈엔가 하나의 의문이 생겨났다.

　'대자연에서는 봄이 가면 여름이 오고, 겨울이 가면 봄이 찾아든다. 비는 구름으로 구름은 비로 화하는 하늘과 땅의 운행 속에서, 풀과 나무는 싹이 트는 때가 오면 새가 찾아와 꽃이 핀다. 대자연은 리듬과 아름다움과 빛남을 갖추고서 조화 속에 생성과 변화를 거듭해 나간다. 그런데 왜 인간 세상에는 혼란과 무질서가 있는 것일까?

이런 의문은 잠시도 그의 머리를 떠나지 않았다.

수많은 사색을 거듭해 나가면서 그는 퍼뜩 인간들이 아름다움과 추함, 이득과 손실, 현명함과 어리석음 따위의 문제에 지나치게 매달려 있지 않은가 하는 생각이 들었다. 나아가 그런 구별이란 하찮은 것이며, 상대적인 것에 지나지 않는다고 생각했다. 즉 추함이 없다면 아름다움이란 존재하지 않으며, 선이 없는 악도 없다. 그처럼 언뜻 보기엔 서로 대립하는 듯이 여겨지지만 대립되는 두 가지 개념은 서로를 떠받쳐 주고 있는 것이 아닐까? 모든 것은 서로간에 도움을 주는 관계에 있지 않을까 하고 생각했던 것이다.

인간은 자연의 이치에 따르며 살아야 한다

노자의 사색은 더욱 깊어진다. 이런 상대적인 것들의 밑바닥에는 그 상대적인 것들을 성립시켜 주는 '그 무엇인가' 가 있을 것이다.

우리들은 현실의 차별에 대해서만 눈길을 빼앗기고 말아 자칫하다가는 그 근저에 자리잡고 있는 본질을 간과해 버리기 십상이다. 예를 들어 타이거스 팀이 이기고 자이언트 팀이 졌다는 승패의 문제에만 사로잡히게 되면, 야구게임 자체를 떠받쳐 주고 있는 프로야구의 진정한 모습에 다가서기가 어려울 것이다.

노자는 그 현실의 모든 것을 성립시켜 주는 '어떤 것' 을 '도道' 라고 보았다. 그러나 그것은 우선 이름하기 어려워 도라고 해놓았을 뿐 사실은 그 어떤 말로도 표현할 수 없는 것, 굳이 말하자면 '무無' 라든지 '무명無明' 이라고밖에 표현할 수 없는 것으로 보았다.

앞에서 노장 사상에 대해 얘기할 때도 말했지만 인간의 말이란 본래 무엇이든 한정시키는 작용을 한다. 이것은 꽃이다라고 하면 그것은 꽃 이외에 다른 것은 아니다라는 뜻을 지닌다. 이처럼 말이란 사물을 구별하는 작용을 하는 것이기 때문에 현상계형이하에 대해서는 힘을 발휘할지 모르지만 그 현상을 떠받쳐 주는 것을 해명하기에는 역부족이다. 근본적으로 인간 존재 그 자체가 유한하며 유한한 인간은 유한한 힘밖에 갖지 못한다. 그 인간이 무한한 것, 형이상학적인 것을 표현하기란 애당초 어려운 일이다.

이러한 세계관 위에 서서 노자는 인간사회가 혼란을 겪는 원인을 '전우주의 밑바닥에 있는 도를 거스르며 작위, 인위를 거듭하기 때문' 이라고 보았다. 거짓이란 뜻을 나타내는 한자 '위僞' 라는 글자는 사람人에게 무언가를 하는爲 뜻을 지닌다. 인간은 재력이나 명예 혹은 체면 따위를 홀가분하게 내버리고 약삭빠른 꾀 따위를 부리지 말고 자연스럽게순수하게 살아야 한다. 노자는 이를 무위자연이 되라고 말한다. 무위란 아무 일도 하지 않는다는 뜻이 아니라 약삭빠른 꾀나 금전, 지위 등 무릇 세속적인 유혹에 사로잡히지 말아야 한다는 뜻으로 해석해야 한다.

노자는 '하는 자는 패할 것이요, 잡는 자는 놓칠 것이다. 그러므로 세상 사물의 이치는…' 이라고 노래 불렀다. 승패를 넘어서고 자기 본위의 생활 태도를 내던지고 인간의 본래 모습 그대로 자연으로 되돌아가 살지 않겠는가고 묻는다.

맥이 완전히 풀려 흔들거리는 지하철에 올라 타 늘어져 있는 손잡이 하나에 몸을 지탱하고 서 있을 때, 엄마 등에 업힌 어린아이가 해맑은 미소를 지으며 손을 흔드는 모습을 보았다면 자기도 모르게 온갖 피곤이 사라지고 마음이 푸근해지는 그런 경험을 한 적이 있으리라.

예수는 '마음이 어린아이와 같아지지 않는다면 천국에 들어갈 수 없다. 어린아이와 같이 자신을 낮추는 사람만이 천국에서는 가장 위대하다'고 말한 바 있으며, 도스토예프스키가 '신은 어린아이의 두 눈에 있다'고 한 말에도 수긍이 간다. 노자가 어린아이의 천진난만한 삶을 이상으로 삼은 까닭은 그 안에 무위자연의 생활 방식이 충분히 나타나 있기 때문이 아니었을까?

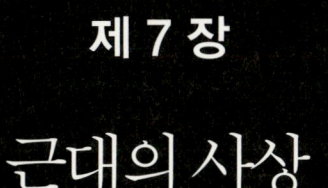

제 7 장

근대의 사상

재산의 사유화가 시작되면 노예제도와 빈곤, 불행과 악덕이 만연하기 시작한다. 사람들의 욕망과 야심이 자극되어 무서운

전쟁상태에 돌입한다. 이 전쟁상태는 부유한 지배권력층에게도 손해를 끼치므로 그들은 법률을 제정하고 사회제도를 만들

어서 자신들의 지위와 부와 권력을 지키려 든다. 그러므로 이 법률과 사회제도는 능력 없는 사람과 가난한 사람들에게 새로

이 노예와 빈곤의 상태로 처하게 만든다.

루소와 칸트를 사귀어 보자

루소와 칸트를 중심으로

로크의 정치철학

로크가 영원히 잠들어 있는 묘비에는 이런 글이 적혀 있다.

"나그네여, 발길을 멈추지 않으시겠소? 그대 발길 가까이에 존 로크가 잠들어 있다오. 만일 그가 누군지를 묻는 사람이 있다면 수줍은 운명에 만족하던 사람이라 답해 주오. 그는 학자로서 다만 진리를 추구하기 위해 연구에만 매달린 그런 사람이었다오. 그건 그의 저서를 보면 곧 알 수 있을 것이오."

존 로크는 과연 어떤 진리를 추구한 사람이었을까?

로크에게는 두 가지 측면이 있다. 하나는 홉즈사회 계약론을 처음으로 주장하여 근대적 정치이론의 기초를 확립함의 정치이론을 받아들여 사회계약론을 완성시킨 사람이라는 측면이다. 또 하나는 경험론의 철학사상가라는 측면이다. 후자에 대해서는 나중에 다시 다루기로 하자.

우선 로크의 인맥이 어떻게 형성되어 있었는지를 알아보자. 그의 저서 〈시민정치론〉은 미국 독립선언의 기초자 토머스 제퍼슨이 늘 곁에 두었던 책이다. 제퍼슨은 이 책을 토대로 미국독립선언을 기초하였다 한다. 나아가 이 독립선언에 근거하여 미합중국 헌법이 이루어졌다.

그러면 로크의 시민정치론에는 어떤 사상이 담겨 있을까?

어떤 사상이나 그 근본은 인간관에서 비롯됨을 잘 알고 있으리라 믿는다. 홉즈의 인간관은 인간의 본성을 이기적이고 감정적이라고 보았다. 그러나 로크는 인간을 이성적인 존재로 파악했다. 말하자면 홉즈는 성악설을 내세웠음에 비해 로크는 성선설의 입장을 취했다. 그러므로 계약을 맺어 사회상태에 들어가기 이전의 자연상태에서 사람들은 자기 이성의 명령, 즉 자연법 아래에서 자유롭고 평등하며 평화롭고 편안한 생활을 영위하고 있다는 것이다.

로크는 '모든 사람은 자신의 이성에 물어보기만 하면 누구나 타인의 생명과 건강과 자유 또는 소유에 상처를 입혀서는 안 됨을 알 수 있다'고 보았다. 그러므로 홉즈와 같이 비참하고 죽음의 공포와 폭력에 가득 찬 상태는 나타나지 않는다고 말했다.

"자유롭고 또 자기의 신체와 재산을 완전하게 지배하며 아무리 위대한 사람과도 평등하며, 아무도 복종하지 않고 지낸다면 왜 이 자유를 내던지고 타인의 권력과 통제에 따르려 한단 말인가!"

이 물음에 대해 한 마디로 대답하자면 그 상태에서는 자유가 불안정하고 불확실하기 때문이다. 그러나 의문은 계속된다. 왜 자연상태에서는 생명과 건강과 자유 또는 소유가 불안정하고 불확실하단 말인가? 이 의문에 대해 로크는 다음과 같은 세 가지를 들어 대답한다.

첫째로 옳고 그름의 기준이 되며 분쟁을 재정하는 법이 존재하지 않는다. 둘째로 법에 근거하여 공평한 재판을 행하는 재판관이 없다. 셋째로 올바른 판결을 정당하게 집행하는 권력이 갖춰져 있지 않다.

그리하여 사람들은 계약을 맺고 사람이 태어나면서부터 갖게 되는 자연적 자유를 버리고 시민사회의 구속을 받는 상태에 들어가게 된다. 로크가 말하는 이러한 계약, 곧 사회계약에는 다음과 같은 네 가지 특징이 있다.

첫째로는 '누구도 그 자신의 동의 없이 이런 상태에서 빠져나와 타인의 정치권력에 복종하지 않는다.' 즉 사회는 어디까지나 사람들 저마다의 자유의지에 따른 계약에 의해 성립되는 것이며 주권은 국민 각자에게 있다는 사실을 분명히 했다. 주권자인 국민은 그 권리를 국회에 신탁한다. 신탁이란 곧 맡긴다는 뜻이지 양도한다는 뜻이 아니므로 소유권은 어디까지나 국민에게 있다.

일본 헌법도 국민 주권을 규정함과 동시에 '원래 국정이란 국민의 엄숙한 신탁에 의한 것으로서'라고 규정하여 권리신탁이라는 입장을 취하고 있다.

둘째로는 계약의 목적은 '소유—생명과 자유와 재산—의 상호 보존을 위해서'였다. 특히 그가 노동을 통해 얻은 재산의 사유를 중시했던 까닭은 당시의 명예혁명으로 새로이 지배계급으로 올라선 신흥 부르주아와 자영농업경영자의 입장을 지키려 했기 때문이라 할 수 있다. 사유재산제의 확립은 오늘날 자유주의적 민주주의의 기본원칙으로 확립되어 있다.

셋째로는 하나의 정치체제가 구성되고 나면 '거기에서는 다수의 사람들이 나머지 사람들을 움직이고 구속하는 권리를 가진다.' 즉 의회제도에서의 다수결원칙의 주장이라 하겠다.

마지막 특성으로서 그가 '정치권력이 국민의 신탁에 대해 배임행위를 했을 경우에는 국민은 일단 부여한 권력을 되찾고 자유를 회복할 권리를 가진다'고 한 점을 들 수 있다. 이것은 로크의 사회계약론에서 가장 중요한 특징이며 사회계약론의 민주주의적 성격을 가장 잘 드러내 주는 요소로서 주목받고 있다.

권력은 끊임없이 전제화 되는 경향을 띠며 국민의 자유를 위협하는 위험성을 내포한다. 그 위험성을 제거하는 방법에 대해서도 그는 두 가지를 제안했다.

하나는 권력의 분립이다. 그는 국가의 기능으로서 입법권 · 행정권 · 연합권을 들었다. 입법권은 국회에 속하며 국민은 이에 대해 직접적으로 주권을 신탁한다고 말한다. 행정권과 연합권전쟁 강화 동맹 조약 등을 협정하는 외교관은 국왕이 갖는다. 그러나 그 국왕의 권력도 최고기관인 국회를 무시하고 이루어져선 안 된다. 이 권력 분립의 사상은 프랑스의 몽테스키외의 '법의 정신'에서 더욱 발전되었다. 그리고 오늘날에는 미국을 비롯한 전 세계 민주국가의 헌법상 기본원칙으로서 삼권분립론이 널리 채택되어 있다.

전제정치를 막는 또 하나의 장치로서 생각한 것이 이미 언급한 바 있는 저항권이라는 발상이다. 권력의 분립을 설령 시행한다 해도 국왕이나 국회의 전횡 때문에 국민의 권리가 위협받는 일이 계속 발행한다. 그때 국민의 법의 범위 한에서 합법적으로 저항하는 저항권을 가지며 나아가 전제지배가 극단에 흐를 때는 반란을 일으키는 혁명권을 갖고 있다는 것이다.

결론적으로 로크가 250년이나 옛날에 전개시킨 여러 원리들은 근대정치 사상 위에 찬란하게 빛날 뿐만 아니라 오늘날에 우리 생활의 기본으로 할 헌법의 기본원리를 이루고 있음을 잊어선 안 된다.

루소의 정치철학

고독한 산보자의 몽상

"주먹 쥐고 손을 펴서 손뼉 치고 주먹 쥐고, 또 다시 펴서…"

이 정겨운 멜로디는 아마 여러분도 여러 번 불러 봤을 것이다. 그런데 이 곡의 작곡자는 지금부터 이야기하려는 장 자크 루소일지도 모른다. 이에 대해 의심을 품는 사람도 있는 모양이지만 악보를 베껴 주고 작곡을 한 적도 없는 루소의 일생을 생각해 볼 때 헛소문이 아니라는 생각도 든다.

동양 한 귀퉁이에서까지 아이들이 따라 부르는 곡의 작곡자로 알려진 루소는 1746년부터 10년 간 한 호텔의 하녀와의 사이에서 낳은 다섯 명의 아이들을 모두 고아원에 보냈다. 모순된 그의 성격은 정신의학자와 심리학자의 흥미를 유발시킨다. 그들 중에는 루소가 편집광적인 이상성격자이거나 요독성 정신병자라고 말하는 사람도 있었다.

어쨌든 그는 교육이라고는 교회에서 받은 음악교육뿐 학교교육이라고는 일체 받지 못했다. 그러나 루소는 1750년 '학문 및 예술론' 이라는 아카데미 현상논문에 당선되어 학회에 데뷔했다.

루소는 그때부터 〈신 엘로이즈〉, 〈사회계약론〉, 〈에밀〉, 〈고백〉 및 절필의 글이 된 〈고독한 산보자의 몽상〉 등의 책을 써서 오늘날 우리들에게 가장 친숙한 철학자 가운데 한 사람이 되었다. 여기서는 프랑스혁명의 지도원리이기도 했던 〈사회계약론〉을 중심으로 그의 사상을 이야기해 보고자 한다.

앞에서 이야기한 바와 같이 로크는 국민주권, 의회제도간접민주제, 다수결의 원리, 사유재산의 보장, 권력분립 등의 특징을 지닌 사회계약을 주장했다. 이에 비해 루소는 국민주권이라는 면에서는 공통되지만 직접민주제와 권력집중제를 중심으로 삼고, 사유재산제를 악의 근원으로 보며 다수결의 원리에 대해서도 때로는 부정하고 때로는 긍정함으로써 로크와는 크게 다른 사회계약론을 주장했다. 로크의 입장과 비교해 가면서 루소가 말한 사회계약론의 전개를 살펴보기로 하겠다.

루소도 로크와 마찬가지로 인간의 본성을 선하다고 보기는 하지만 인간의 본성은 이성적이기보다는 오히려 '자기애'와 '연민'이라는 자연감정을 지니고 생활한다고 보았다. 즉 감정을 중시하는 입장이었다루소가 낭만주의의 시조로 불리는 것은 이때문이다.

그런 인간들이 만드는 자연 상태를 루소는 로크 이상으로 평안한 모습으로 묘사했다.

"숲속을 다니며 잔재주도 없고, 언어도 없고, 주거도 없고, 전쟁도 동맹도 없고, 조금도 동포를 필요로 하지 않을 뿐만 아니라 그들에게 해를 입히려고는 전혀 생각지 않으며 그들 가운데 누군가가 개인적으로 기억하는 이조차 결코 없으며 개인은 극히 작은 정념에게만 지배당하며 자기 혼자서 필요한 것을 다 마련할 수 있기 때문에 이 상태에 고유한 감정과 지식밖에 갖고 있지 않았다."

이토록 평안하며 자유롭고 평화로운 자연상태에서 사람들은 그 자유와 평화의 안정을 도모하기 위해 자기 자신들의 의사로 주체적으로 사회상태로 옮겨간다. 이것이 로크의 생각이었다.

루소는 그렇게 말하지 않는다. 그는 그 과정을 사유재산제도의 발생과 문명의 발달에 따라 자연상태에서 사회상태로 타락해 간다고 표현했다.

인간은 태어났을 때 자유로웠다. 그러나 사회가 인간을 부자유스럽게 만들었다. 인간은 태어났을 때 평등했다. 그러나 사회가 인간을 노예로 만들었다. 인간은 태어났을 때 선량했다. 그러나 사회가 인간을 악하게 만들었다는 것이다.

재산의 사유화가 시작되면 노예제도와 빈곤, 불행과 악덕이 만연하기 시작한다. 사람들의 욕망과 야심이 자극되어 무서운 전쟁상태에 돌입한다. 이 전쟁상태는 부유한 지배권력층에게도 손해를 끼치므로 그들은 법률을 제정하고 사회제도를 만들어서 자신들의 지위와 부와 권력을 지키려 든다. 그러므로 이 법률과 사회제도는 능력 없는 사람과 가난한 사람들에게 새로이 노예와 빈곤의 상태로 처하게 만든다. 이런 뜻에서 사회 상태는 불평등과 악덕을 나타내는것 이외의 그 무엇도 아니라는 설명이 된다.

루소의 사회계약설은 이처럼 부패하고 타락한 사회상태에 어떻게 하면 자연상태에서 누리던 자유와 평등과 평화를 회복할 수 있을까를 다룬 것이다. 루소의 그 의도는 '자연으로 돌아가라' 는 그의 유명한 슬로건 가운데 단적으로 나타나 있다.

자유 평등의 사회를 수립하기 위해서는 우선 사람들이 태어나면서부터 지니는 자연적 자유를 버리고 전원 일치의 합의원시계약이라고 함에 의거해 정치사회를 형성해야 한다. 로크의 신탁이 아니라 홉즈와 마찬가지로 양도하는 것이다. 그러나 이렇게 해서 형성된 국가는 이제 홉즈가 말하는 괴수리바이어던가 아닌 제2의 자기라고도 할 수 있는 공공아公共我이다. 아울러 인간은 이 원시계약에 의해 국가를 형성한 만큼 그 권력에 복종해야만 한다.

자기와 대립되는 국가권력에 복종하는 것이 아니라 제2의 자기인 국가에 스스로가 복종하는 것이므로 그것은 복종이 아니라 그야말로 진정한

자유라 할 수 있다.

'사회계약에 의해 인간이 잃는 것은 그의 자연적 자유… 인간이 얻는 것은 시민적 자유와 그가 가지고 있는 모든 것에 대한 소유권이다'라는 말은 루소가 이러한 새로운 의미의 자유를 제창한 것으로서 주목할 만한 값어치가 있다.

그러나 여기서 주의해야 할 점이 있다. 위에서 정리한 국가는 제2의 자기 → 국가의 명령에 절대복종 → 그야말로 새로운 자유라는 발상은 자칫 잘못하면 국가주의, 전체주의에 빠져들어 개인주의, 자유주의와는 정반대의 결과를 빚어내고 만다. 개인주의, 자유주의의 투사인 루소가 왜 이처럼 위험한 주장을 전개했을까.

그 이유는 그가 국가권력의 기초라 할 국민의 총의일반의지는 항상 옳다고 생각했기 때문이다. 즉 국민 한 사람 한 사람이 갖고 있는 특수 의지는 언제나 자신의 일에 대해서밖에 생각하지 않는다. 그러므로 이 특수 의지를 항상 올바른 일반 의지, 즉 자유와 평등을 결코 부정하지 않는 의지의 지배 아래 놓아 둘 필요가 있다는 것이었다. 그리하여 한 사람 한 사람의 국민이 이 일반 의지에 따라 만들어진 법에 충실하게 따르면 따를수록 그만큼 인간 본래의 자유가 올바르게 실현된다는 것이었다.

그러나 그 정도로 문제는 아직 해결되지 않는다. 설혹 그 말이 옳다고 해도 우리는 어떻게 해서 항상 옳은 그 일반 의지를 찾아낼 수 있는가 하는 문제가 남는다.

여기서 루소의 개성 있는 민주주의론이 전개된다. 즉 일반의지는 분할도 할 수 없고분할한다면 특수의지가 되고 만다, 타인에 의한 대리행위도 불가능하다. 그러므로 인민대회에서 결정되어야만 한다는 것이다. 이것은 로크의 간접민주제나 권력분립제와 명백히 차이를 드러낸다. 인민대회에 모든 권력을 집중하고 거기서 전 인민이 참가하여 결정해 나간다. 이 과정이 곧 일반의지를 찾아나가는 것이므로 명확히 직접민주제 그리고 권력집중제를 묘사했다고 할 수 있다.

한편, 그때 다수결을 인정할 것이냐 아니면 전원일치를 취할 것이냐 하는 문제에 대해서는 통일된 입장을 보이지 못하고 있다. 이 문제는 너무나 전문적인 데다 어려운 사안이므로 여기서는 다루지 않기로 한다.

이상에서 우리는 루소의 사회계약론을 살펴보았고, 그 전에는 로크의 사회계약론에 대해서도 이야기했다. 여기서 여러분은 분명하게 대립되는 두 가지의 사회계약론이 있다는 것을 잘 이해했으리라고 믿는다. 루소의 생각은 오늘날 사회주의 국가의 민주주의 가운데, 그리고 로크의 사회계약론은 자본주의국가의 민주주의 가운데 살아남아 있다.

그 중 어느 쪽이 참된 자유를 안겨 주는가 하는 데 대해서는 여러분 자신이 결정할 문제이지, 내가 말할 수 있는 성질이 아니다. 다만 홉즈, 로크, 루소를 거치며 추구해 온 자유는 인간의 개인적 자유를 어떻게 사회제도로서 확립되었는가 하는 데 초점이 맞춰져 있다는 사실에 주목하기 바란다.

이를 사회적 자유라든가 밖으로 향하는 자유라고 하며 영어로는 liberty가 이러한 류의 자유를 의미한다. 그러나 자유를 가리키는 또 다른 영어단어 freedom이 있다. 이것은 주체적 자유, 안으로 향하는 자유라 할 수 있다. 여러분은 의미가 전혀 다른 자유가 있음을 마음 속에 꼭 담아 두기 바란다. 다음 차례에 이 자유에 대하여 생각해 보기로 하자.

로크와 흄의 경험론에 대하여
마음은 아무것도 쓰여 있지 않은 백지와 마찬가지

F · 베이컨이 수립한 경험론이란 사상은 앞서 우리들이 사회계약론으로 공부한 J · 로크가 이어받아 경험론철학으로 발전시켜 나갔다. 즉 로크는 정치철학 내지 사회 사상가로서의 일면과 경험론자의 일면을 함께 갖고 있었던 것이다. 여기서는 경험론자에 초점을 맞춰 생각해 보기로 하자.

네덜란드, 독일 등 대륙의 여러 나라에서는 베이컨이나 로크와는 전혀 다른 사고를 하는 사람들이 있었다. 이들 합리론자들은 인간은 태어나면서부터 여러 가지 사고방식을 지니고 있다고 말한다.

예를 들어 양심, 이성, 관념 등은 배우지 않아도 인간인 이상 누구든지 갖고 있다. 곧, 원인과 결과를 연결시켜 생각하는 방식인과율이나 아름답다는 성질에는 그 아름다운 성질을 지니는 것본체을 동시적으로 파악하는 방식을 태어나면서부터 갖고 있다고 본다. 이를 생득관념본체관념이라 하는데 이러한 사고를 전제로 삼아 합리론이라 일컫는 철학사상이 성립되었다.

로크는 이 본유관념을 향해 정면에서 비판의 화살을 날렸다. '어린아이나 정신이 박약한 사람은 이런 생득관념을 이해하지 못하고 있든가 전혀 갖고 있지 않다. 이건 이상한 일이다. 인간인 이상 모두가 가지고 있어야 함에도 불구하고 이를 갖추지 못한 인간도 있다는 사실은 모순이 아닌가'라는 주장이었다. 그리고 그는 이렇게 결론을 지었다. '마음은 말하자면 글자를 전혀 써넣지 않은 백지와 같다. 어떻게 해서 마음이 관념을 얻게 되는가. 나는 이에 대해 한 마디로 답하고자 한다.' 경험으로부터라고 이를 사람들은 로크의 백지설이라고 한다.

요컨대 지식이나 진리란 경험이 거듭 쌓이지 않으면 얻지 못하는 것이며 경험이야말로 지식의 원천이라는 것이다. 다만 그는 경험을 넓게 이해하고 있다. 경험 속에는 외계의 사물을 파악하는 감각만이 아니라 사색, 추리 등의 내성도 포함된다고 했다. 이 마음 속의 작용, 말하자면 이성의 작동이라 해야 할 사항을 인정했다는 점에서 로크는 경험론자로서 철저하지 못했다고 할 수 있겠다.

그런데 이 불철저한 경험론을 철저하게 이끌고 간 사람이 같은 영국인 데이비드 흄이었다.

로크와 흄의 사상은 제3장에서 언급했으니 여기서는 길게 하지 않기로 한다.

데카르트의 합리론

철학의 원점을 나에게로 돌린 근대 철학의 아버지

데카르트에 대해서도 3장에서 언급했으므로 길게 하지 않겠다.

데카르트의 철학은 오늘날 어떤 의의를 지니고 있을까. 우리는 원점으로 돌아가라는 소리를 듣는 경우가 있다. 아래 그림을 보기 바란다.

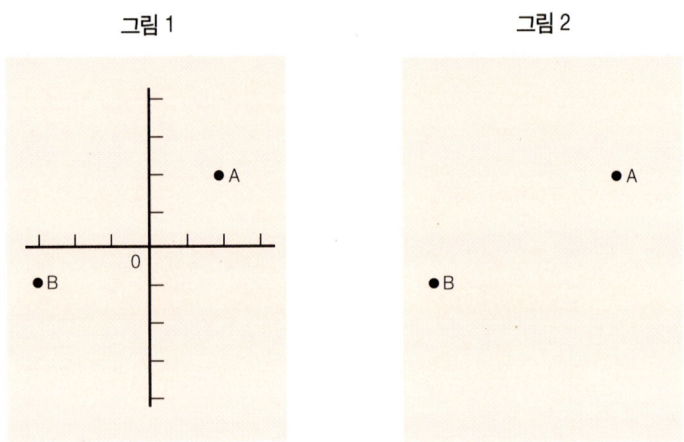

그림에서 A와 B의 위치를 나타낼 경우 우리는 X축과 Y축으로써 답한다. 예를 들면 A는 2, 2의 위치에 있고 B는 -3, -1이라고 답한다.

이것은 수학문제이지만 가령 전쟁은 좋은 것인가, 나쁜 것인가 혹은 인격은 왜 존귀한가 따위의 문제에 부딪칠 경우 대답하기가 상당히 곤란할 것이다. 우리는 단지 전쟁은 절대로 나쁘다라든가 인격은 어디까지나 평등하고 존엄하다고 상식적으로 대답만 할 수 있을 뿐, 그확실한 근거를 제시하지 못할 것이다.

데카르트 이전의 원점은 '하느님'이거나 '교회의 교의'였다. 그러나 르네상스 이후 신의 자리는 흔들리고 교회의 권위는 부서져 나갔다. 이런 낡은 원점, 무너져 버린 권위를 대신하는 새로운 합리적 원점, 새로운 권위를 찾아내기 위해 철학해 나간 사람이 바로 데카르트이다. 그는 그것을 어디에서 구했고 또 어떤 방법으로 찾아 나섰을까.

현대에는 가치관이 매우 다양해짐에 따라 가치관의 혼란이 논란거리로 등장했다. 데카르트가 원점 발견을 향해 나아갔던 사색의 여행길을 더듬어 보는 것은 우리가 우리의 인생을 살아가는데 있어 확실한 원점을 발견하도록 도와 줄 많은 가르침을 안겨 주리라고 생각한다.

데카르트는 무릇 의심할 수 있는 모든 것을 의심했다. 그는 제일 먼저 감각을 의심했다. 감각은 언제든지 착각을 할 수 있기 때문이다. 그의 의심은 점점 더 폭이 넓어졌고 날카로워졌다. 수학의 논리처럼 전혀 감각이라는 요소를 포함하지 않은 이성적인 논리에서조차 악령 같은 것이 끼어들어 우리를 엉뚱한 곳으로 끌고 갈지도 모른다고 의심해 보았다. 그러나 아무리 의심한다 해도 도저히 의심할 수 없는 그 무엇이 있지 않을까 하는 생각도 했다.

그는 이 세상의 모든 물체, 신이나 하늘조차도 존재하지 않은 것일 수도 있으며 우리의 손과 발, 우리 몸의 어떤 부위도 없는 것이라고 생각할 수도 있다. 그러나 우리 자신은 존재하지 않는다고 할 수 없다. 왜냐하면 이렇게 생각히고 있는 순간에 존재하지 않는다고 하는 것은 이치에 맞지 않는다. 그는 결국 '나는 생각한다. 그러므로 존재한다'는 결론을 내렸다.

영국 경험론은 자아를 단순히 '감각의 다발'로 보았다고 했다. 느끼는 발, 손, 심장의 고동을 한 묶음으로 묶은 것이 자아라는 것이다. 이에 대해 데카르트는 자아란 '생각하는' 작동 그 자체라고 했다. 옳고 그름을 생각하는 그 움직임 자체가 바로 자아라는 것이다.

그는 수학적인 방법을 사용하여 '나는 생각한다. 그러므로 존재한다' 라는 기본적 원리를 밝히면서 '감격에 차 놀랄 만한 학문의 기초를 발견했다' 고 선언했다. 그는 이 기본원리를 토대로 사색의 출발점에서 부정했던 모든 사항들을 하나하나 증명해 나갔다.

여기서 구체적인 예를 들기는 어렵지만 경험론과는 전혀 다른 사색의 방법을 살필 수 있다. 즉 제1원리로부터 수학적 논리적 방법을 써서전적으로 경험적 요소를 배제하고 진리를 찾아 나가는 방법이다. 이것을 연역적 방법이라고 한다.

그에 대해 한 마디로 요약하자면 근대적 자아의 확립과 합리론의 성립이라는 말로 갈음할 수 있겠다. 그것은 근대 철학의 금자탑이 되었다.

그러나 반면에 경험론과 마찬가지의 이 합리론을 극단적으로 강행시키면 여러 가지 결점이 드러나게 된다. 지나치게 독단적이라는 것이 그것인데 독단론이나 독아론의 입장은 합리론이 극대화된 모습이라 할 수 있다. 자신이 그렇게 생각한다고 아무리 주관적으로 확신을 갖고 있다 해도 그것이 경험적 실험적으로 확인되지 않는 한 진리로 인정할 수 없는 것이다. 또 자기의 내면만을 살피고 넓은 시야 혹은 외부세계와의 연결을 잘라 내버리면 우리를 고독하고 지옥 같은 세계로 빠뜨리기 십상이다. 이를 독아론적 상황이라고 한다.

칸트의 인식론
비판으로부터 생겨난 장대한 철학

앞에서 말한 바와 같이 유럽근대의 철학사상에는 경험론과 합리론이라는 두 개의 흐름이 있다. 이 두 흐름에 참된 의미와 비판을 가해 새로운 철학을 쌓은 사람이 임마누엘 칸트이다. 그의 저서 〈순수이성비판〉, 〈실천이성비판〉, 〈판단력비판〉에서도 알 수 있듯이 그의 학문의 방법은 철저하게 비판과 연결되어 있는 것이다.

흄은 지식은 모두 감각에 근거한다고 보고 여러 가지 관념이나 법칙은 몇 번씩 같은 경험을 반복하는 가운데 '아마 그럴 것이다'라는 느낌이 어느 사이에 반드시 그렇다는 부동의 법칙, 필련의 법칙으로 변해 간다고 했다. 그리하여 그 결과 의심의 여지없는 자연과학 진리의 일반성 및 필연성을 부정하고 회의론에 빠져들었다. 당시 독일을 중심으로 이성에 만능의 지위를 부여한 합리론은 데카르트에 연원을 둔 것이지만 그것이 극단으로 흘러 이성이 '여기 맛있는 비프스테이크가 있다'고 생각하면 경험적으로 확인이 되지 않아도 그 생각만으로 진리가 된다는 아리송한 주장이 돼 버리고 말았다. 그래 가지고는 정신이상을 초래하는 환상 이외의 아무것도 아니다.

칸트는 극단으로 흐른 합리론이 강조하는 만큼 이성이 만능이 아님을 흄에게서 배웠다. 칸드는 이를 '독단의 꿈을 깼다'라고 술회했다. 그리하여 칸트는 회의론에 빠진 경험론과 철저한 독단론에 빠진 합리론을 비판하기로 결심했다.

그는 인간의 의식에는 두 개의 줄기가 있는데 즉 감성과 오성이다. 감성을 통해 대상이 주어지고 오성에 의해 대상이 사고된다고 했다. 그가 주장한 것 중에 중요한 것으로 오성의 선천적 형식이 있는데 그것에 대해서는 3장을 참조하길 바란다.

과학자로서의 아인슈타인은 핵분열의 연구를 추진해 원자폭탄의 개발에 매진했다. 그러나 가치판단에 있어서는 인류평화를 염원하는 입장에서 원자폭탄의 제조에 대해 강력하게 반대하고 평화운동을 제창했다. 어찌되었든 칸트는 오성에 따라 사실판단을 내리고 이성에 따라 가치판단을 내린 셈이다.

인간은 동물이다. 그러므로 다른 동물과 마찬가지로 배가 고프면 음식을 먹고 싶어하는 게 당연한 이치이다. 그러나 사람은 배가 고프다고 해서 체면이고 뭐고 가리지 않고 개처럼 먹이를 향해 달려들지 않는다. 아무리 고생이 심해도 불의를 행하지 않는다는 판단은 인간에게만 있는 능력이다. 그 양심의 소리는 바로 이성의 명령이라는 것이다.

인간은 사실의 세계에만 살고 있지 않다. 예지계의 주민이기도 하다는 말은 칸트의 인간해석에 기초하여 나온 말이다. 사람은 빵으로만 사는 것이 아니라는 예수의 말을 듣는 듯한 느낌이 드는데 여러분은 어떤지 궁금하다.

선이란 무엇인가?

칸트가 생각하는 윤리학

선, 이 말은 우리가 이해하고 있는 말인 듯 느껴지지만 깊이 있게 생각해 보면 좀처럼 분명하게 가닥이 잡히지 않는 말이기도 하다. 약간 어려울지 모르지만 '선이란 무엇인가' 라는 문제에 대해 생각해 보기로 하자.

먼저 상식적으로 선한 것, 혹은 바람직스럽다고 여겨지는 용기를 예로 들어 보자. 용기는 언제 어떤 경우라도 선이라 할 수 있을까. 강도떼에 가담하여 용기 있는 행동을 한다고 하자. 이때의 용기에 대해 우리는 선이라고 하지 않는다. 무슨 까닭일까. 그것은 그 용기가 선한 의지에 따라 쓰이지 않기 때문이다. 즉 용기는 무조건 선하다고 할 수 없으며 선한 의지에 따라 이루어진 경우에만 선하다.

선한 용기와 악한 용기

그러나 아직도 분명치 않다. 도대체 선한 의지라고 할 경우의 선하다란 어떤 의미인가. 이에 대해 칸트는 '의지가 도덕법칙에 들어맞게 작동했을 때 선한 의지라 할 수 있다'고 했다. 그리하여 도덕법칙이란 무엇인가 하는 분석에 들어간다. 조금 복잡해졌다. 자, 지금까지 살펴본 사고의 경과를 표시해 보자.

용기 등 상식적으로 선이라 할 수 있는 것이라 해도
항상 선이라 할 수 없다.

↓

선한 의지에 이끌린 경우에만 선이다.

↓

선한 의지란 의지가 도덕법칙에 들어맞은 의지이다.

↓

도덕법칙이란 무엇인가.

자, 도덕법칙이란 어떤 것인가. 칸트는 도덕법칙의 원칙으로서 두 가지를 들고 있다.

첫째는 보편타당할 것. 한국에서는 적용되지만 미국에서는 적용되지 않는 것, 10년 전에는 옳았지만 현재는 옳지 않은 것에 대해 우리는 도덕법칙이라 할 수 없다. 언제 어디서든 적용가능한 법칙이어야만 도덕법칙이 될 수 있다.

두 번째는 필연적 성격을 가질 것.

도덕법칙은 '마음이 내켜 정직하고 싶으면 정직하라'는 식으로 성립되지는 않는다. 우리는 반드시 절대로 정직해야 한다. 이것을 칸트는 필연적이라는 말로 설명한 것이다.

이 두 조건을 갖춘 법칙은 무조건 '~하라' 정언명제는 형식을 취하고 있다. '만약 ~하다면 ~하라'의 형식은 가언명제라 한다. 이를 구체적으로 설명하자면 '만약 행복해지고자 한다면 정직하라'고 말할 경우, '행복하게 된다'는 조건을 충족시키는 때에만 '정직하라'는 행동이 요청된다. 그렇다면 이를 두고 보편적이고 필연적인 도덕법칙이라 할 수 없다. 그러므로 오로지 무조건적으로 '정직하라'는 형태를 취하는 것만이 도덕법칙이 된다.

이러한 입장 때문에 칸트는 공리설행복설을 부정한다. 공리설이란 행복쾌락을 증진시키고 고통불행을 감소시키는 것이 선이며, 그 반대를 악으로 보는 사상이다. 이 사상은 영국의 경험론자들이 전통적으로 취하는 사고방식이다. 칸트는 행복을 도덕상의 원리로 삼게 되면, 도덕의 보편성, 필연성이 무너져 버린다고 보았기 때문에 이 생각에 반대했다.

여기에서 오해하지 말아야 할 사항은 그렇다고 해서 칸트가 행복 그 자체를 부정하지는 않았다는 점이다. 그는 '자신에게는 도덕을 남에게는 행복을'이라는 말을 한 적이 있다. 이 말은 자신에게는 엄격하되 다른 사람들에게는 너그럽게 대하는 생활방식을 권한 말이다. 그가 부정하고자 했던 것은 행복 그 자체가 아니라 행복을 조건으로 삼는 도덕적 선이었음을 잊지 말기 바란다.

어쨌든 전혀 조건이 붙지 않는 무조건 명제 형식의 도덕법칙에 따르는 행동만을 도덕적 행위로 보는 것이므로 상당히 엄격한 가르침이라고 할 수 있다. 사실 칸트의 도덕설은 엄격주의라는 말을 듣는다. 물론 도덕법칙에 따른다고 해서 이를 억지로 따르는 것을 의미하진 않는다. '도덕법칙을 존중하는 마음에서 자발적으로 따른다' 는 행위의 동기를 대단히 중요하게 생각한다.

여러분은 성서 속에서 이런 글을 읽은 적이 있을 것이다.

"나는 너희에게 말한다. 누구든 정욕을 품고 여자를 보는 사람은 마음속에서 이미 간음을 한 것이다."

여기서 예수가 강조하고 있는 것은 간음을 하지 않는 행위만이 아니다. 예수는 정욕을 품고 있으면 동기가 불순하기 때문에 그것만으로도 하느님의 명령을 위반한 것과 마찬가지라고 보았던 것이다. 이 하느님의 명령을 도덕법칙으로 바꾸어서 생각해 보자. 칸트는 독실한 기독교신자였던 어머니 슬하에서 자라나 그 영향을 많이 받았다.

이번에는 칸트 윤리학에서의 자유와 인격이라는 문제에 관해 다루어 보자.

자유와 복종은 전적으로 모순된 개념이다. 그럼에도 불구하고 자발적이긴 하지만 무조건 명령이라는 엄격한 명령에 따를 때 칸트는 이를 도덕적이라고 말한다. 그렇다면 인간의 주체성이라든가 자유는 사라져 버리고만다. 주체성을 발휘할 수 없는 부자유스런 상황 속에서 행한 행위에 대해 책임을 추궁한다는 것 자체가 불가능하다. 만일 사람에게 묻는다면 아마도 이런 대답이 나오지 않을까. '나는 어쩔 수 없이 행한 것이므로 나한테는 책임이 없다' 고.

우리는 이처럼 무책임한 행위를 도덕적인 행위라 하지 않는다. 자신의 자유의지로 실천하고 따라서 어디까지나 스스로 책임을 지는 행위만을 도덕적 행위라 이름한다. 도대체 칸트의 도덕설에서는 자유는 어떻게 자리잡고 있을까?

칸트는 도덕법칙이라는 지상명령은 자기 양심의 명령, 자기 자신의 명령이라고 보았다. 자기의 명령에 스스로 따른다. 바꾸어 말하면 스스로가 스스로를 다스리는 것자율 자체가 참된 자유이다. 나아가 제멋대로 행동하는 것은 방종 혹은 방자함이며 그것이야말로 욕망의 노예상태라고 했다. '자유는 곧 자율' 이라는 관점은 루소의 철학에서도 찾아볼 수 있다. 또 앞에서 이야기하진 않았지만 데카르트에게도 있었다. 그러한 근대유럽의 자유개념, 그 중에서도 '안을 향한 자유freedom' 가 칸트의 철학으로 완성되었다 할 수 있다.

다음으로 인격에 대해 이야기해 보자. 칸트의 윤리학을 어떤 사람들은 인격주의 윤리라 하기도 한다. 그렇다면 그의 윤리학에서 인격이란 어떤 것을 가리키는 것일까. 또 왜 인격은 존엄한 것일까. 우리 주위를 보자. 자기 아이를 일부러 자동차에 부딪치게 하고 나서 배상금을 내라고 협박한 악귀같은 부모가 있다. 자기 어머니와 처를 살해하고서 보험금을 사취한 잔인하기 짝이 없는 사람도 있다. 과연 그들은 존엄한 인격을 가진 자라고 말할 수 있을까. 아니 그들만이 아니다. 우리 마음 속에도 스스로 오싹하게 느껴지는 악의 근원이라 할 그 무엇이 자리잡고 있음을 느낄 것이다.

그러나 동시에 온몸을 감싸는 욕망에 빠져들려 하면서도 '절대로 이래선 안 돼.' 라는 소리가 들려오지 않는가. 불길에 휩싸인 어린아이를 보면 '너만을 생각하지 말고 가서 구해 줘라!' 는 소리가 들려 오지 않는가. 그 소리는 숭고한 양심의 소리요, 의무감을 일깨워 주는 신성한 소리이다. 그 소리의 주체는 무엇일까. 그건 그야말로 사회적인 지위나 교양이 있고 없고 간에 인간인 이상 누구나 갖고 있게 마련이다. 칸트는 그것을 바로 인격이라 불렀다.

앞에 예로 든 악귀 같은 부모나 잔인한 인간조차도 예외가 아니다. 그 증거로 범죄를 저지르고 난 뒤에는 누구나 악몽에 시달리며 개중에는 희생자의 유령을 보고 고통을 당하는 사람도 적지 않다. 그것은 곧 양심이 자신을 괴롭히고 있기 때문에 그런 환각을 보는 것은 아닐까.

칸트는 그러한 숭고한 인격을 지니고 있는 이상, 인간은 모두 평등하며 존엄하다고 말했다. 그리하여 그 사람의 인간성을 항상 존경의 목적으로 다루어야지 결코 단순한 수단으로 다루지 않도록 행동하라고 말했던 것이다.

이것이 곧 칸트의 유명한 인격주의 윤리의 주장 내용이며, 19세기에서 20세기에 걸쳐 시민사회를 떠받쳐 온 윤리이기도 했다. 그가 시민사회의 완성자로 불리는 까닭도 이 윤리사상의 주장에 있다.

그러면 마지막으로 칸트 윤리학에 대한 비판을 다루어 보자. 어떤 사람도 완전무결한 진리를 파악할 수는 없다. 우리들은 그렇기 때문에 다양한 사상을 공부하여 그 장점을 익히고 결점을 없애 나가 한 발자국이라도 이상에 가까이 다가서기 위한 노력이 필요하다.

칸트에 대한 으뜸 가는 비판은 그의 윤리사상이 지나치게 형식적이란 것이다. 여기서 설명한 나의 설명 가운데서도 도덕법칙의 '형식'이라는 말이 몇 번씩 나와서 읽기에 껄끄러웠을 것이라 생각한다. 그는 도덕법칙의 내용에 대해서는 이야기하고 있지 않다. 예를 들어 '행복의 증진이야말로 선'이라고 보는 공리설이나 '생명을 양적, 질적으로 고양시키는 것이 곧 선'이라고 갈파한 슈바이처의 휴머니즘은 구체적으로 무언가를 가르쳐 주는 내용이 담겨 있다. 그러한 가르침들은 오늘날 살아가는 우리들에게 도움이 된다.

그러나 칸트는 보편성이나 필연성 등에 중점을 두었다. 그렇기 때문에 구체적인 내용을 지닌 도덕을 가르쳐 주지 못하고 형식적, 추상적으로 흘렀다는 것이다. 아주 매서운 비판이다.

또 하나의 유명한 비판이 있다. 실러라는 시인은 한 편의 시를 지어 칸트를 조소했다. 그 시는 '우정을 맺으려거든 한 번 그 친구를 경멸해 보라. 그리고 나서 의무가 명하는 바에 따라 그 친구를 대해 봐야 한다.'는 의미를 담고 있다. 칸트는 의무만을 중시하였기 때문에 아름다운 혼 혹은 우아함이 없다는 비판이었던 셈이다. 칸트의 '네가 해야만 하고 할 수 있다'는 유명한 말은 나의 인생을 바꿔 놓은 내용을 담고 있으며 사실 칸트 윤리학의 진수를 나타내는 핵심적인 구절이기도 하다. 그러나 그 말이 동시에 비판의 표적이 되어 있다는 점도 잊지 말기 바란다.

칸트의 묘비에는 이런 말이 적혀 있다.

"생각하면 할수록 또 시간이 가면 갈수록 항상 더욱 새롭게 감탄과 외경의 생각을 안겨 주고 가슴을 벅차게 만드는 것이 두 가지 있다. 그것은 우리 머리 위에서 별빛이 반짝이는 하늘과 우리의 내면에 깃들인 도덕법칙이다."

칸트가 이 세상을 떠나면서 마지막으로 한 말은 '이것으로 됐어'였다. 칸트는 자신의 인생을 한껏 성실하게 살다가 하늘나라의 부름을 받고 이 세상을 떠난 큰 별이다.

제 8 장

현대의 사상

이처럼 우주 전체나 우리 한 사람 한 사람은 서로 다른 존재가 아니라 모두 하나이다. 너와 나, 절대자와 상대자, 자연과 인간

을 대립시켜 사고하지 않고 같은 것이라고 생각한다. 개체 혹은 전체로 나누어 말하긴 하지만 그 본질은 같으며 너와 나를 한

몸으로 본다.

001 마르크스와 사르트르의 친구가 되자

헤겔의 철학이란?

모든 존재를 움직이는 절대정신

19세기 초엽의 음악세계는 베토벤이 지배했고 문학세계는 괴테가 지배했다. 그리고 철학세계는 헤겔이 지배했다.

8월 28일은 괴테 탄생일이고 그 다음 날인 29일은 헤겔의 탄생이었다. 독일인들은 자기 조국이 낳은 두 사람의 위대한 인물을 기념하기 위해 이 이틀간을 기념일로 삼았다고 전해진다.

헤겔은 아리스토텔레스와 어깨를 견주는 철학의 대전당을 세웠지만 그의 철학 가운데에는 그가 살았던 시대가 선명하게 반영되어 있다. 칸트가 1804년에 '이걸로 됐어'라는 한마디 말로 이 세상을 떠났을 때 헤겔은 스스로가 묘사한 '목적의 왕국'을 영원한 이상이라 믿고 프랑스혁명 이후 성립돼 나가던 시민사회를 전폭적으로 신뢰했다.

헤겔은 혁명과 혁명 뒤의 혼란을 몸소 겪고 칸트보다 30년 뒤 세상을 떠났다. 그는 그의 날카로운 이성적 후각을 토애 '시민사회는 위험에 처해 있다. 붕괴해 버리지 않을까' 하는 예감을 품고 있었다. 그 예감은 모든 것은 지나가며 변화한다. 칸트가 말했듯이 영원히 고정되어 있지 않다는 헤겔의 세계관 속에 이론적으로 결실을 맺게 된다.

그렇다. 헤겔은 세계를 변화하는 것, 운동하는 것으로서 파악했다. 이 입장을 취하는 경우 두 가지가 문제된다. 하나는 '그 변화의 방법은 무엇인가' 또 하나는 '그 변화의 원동력은 무엇인가' 라는 문제이다.

헤겔은 변화의 방법에 대해 생각했다. 아무렇게나 변화하는 것이 아니라 법칙적으로 변화한다. 그리고 그 법칙을 곧 변증법이라고.

그렇다면 그 변증법이란 어떤 것인가. 헤겔은 꽃봉오리를 예로 들어 다음과 같이 설명했다. 꽃봉오리는 꽃이 피면 사라진다. 즉 꽃봉오리는 꽃에 의해 부정되었다고 할 수 있다. 그 꽃은 과실에 의해 또 다시 부정되고, 과실이야말로 참된 존재임이 드러난다. 이처럼 꽃봉오리의 꽃과 과실은 서로간에 양립 할 수 없는 모순 관계에 놓여 있다. 그러나 그 모두가 식물 전체의 성장 과정에서는 생명 그 자체의 표현으로서 서로간에 필연적으로 연결되어 있다.

이처럼 모든 존재에는 '그렇게 있다' 는 요소와 '사라진다' 는 모순된 요소가 대립하고 서로 부정하고 본질적인 것을 보존하고 다음의 새로운 존재로 고양시켜 나간다. 이처럼 모든 존재에는 부정하고, 보존하고, 고양하는 세 가지의 작용이 있어 변화해 나간다고 보았던 것이다.

설명이 어려워진 듯하므로 다른 예를 들어 다시 한 번 설명하겠다.

우리 주변에 존재하는 일체의 것들은 모순을 내포하고 대립요소를 갖고 있다. 사람이 아주 험한 궁지에 몰리게 되면 '죽어 버리고 싶어' 하는 생각과 '이 일만은 꼭 해내야 돼' 하는 생각이 함께 떠오르게 마련이다. 사회 안에는 일일이 꼽을 것도 없이 수많은 모순이 엉켜 있다. 대립 요소도 있다.

그러나 모순과 대립을 그대로 놓아두고만 있으면 사회나 우리 자신이나 발전이 없게 된다. 예를 들어 서로 반대되는 의견을 가진 두 사람이 각각 자기 의견만 고집한다면 보다 나은 새로운 의견은 태어나지 못한다. 아무래도 사람이 하는 일이므로 진리와 동시에 그릇된 측면도 포함되어 있게 마련이다.

그러므로 서로간에 상대방이 하는 말을 잘 이해하고 진리의 부분을 보존하면서 잘못된 부분을 제거해 보다 나은 새로운 의견으로 종합하여 통일시켜야만 한다.

이러한 노력을 게을리하면 친구 사이라 할지라도 두 사람 사이에 서로 으르렁거리고 미움만이 남아 아무런 발전도 기대하기 어렵다. 흐르지 않고 고여 있는 물은 썩게 마련이다. 그 안에서 물고기는 자라지 못한다.

그러나 조건이 바뀌게 되면 새로이 모순이 생겨난다. 그 모순을 통일시키고 보다 새롭고 올바른 의견을 창조해 나가야 한다. 이 모순 → 대립 → 종합이라는 과정을 좇아 모든 존재가 발전해 나간다고 한다. 이처럼 발전해 나가는 과정을 헤겔은 변증법이라 했다.

설명이 좀 길어진 것 같다. 여기서 두 번째 문제점, 만약 모든 것이 변화한다면 그 변화를 있게 하는 원동력은 무엇일까 하는 의문에 대해 헤겔은 어떻게 대답했을까.

결론적으로 말하자면 그는 절대정신이 모든 존재를 움직인다고 대답했다. 세계정신이나 이념이라는 용어도 사용했지만 여기서는 절대정신이라는 말로 설명하기로 하자.

절대정신이라는 용어는 절대와 정신이라는 두 단어로 이루어져 있다. 절대의 반대말은 상대이고, 상대의 반대말은 절대라고 대응시켜 말할수 있다. 그러나 상대의 반대말로서의 절대라 할 때는, 상대를 전제로 해서 이름 붙인 것이 되므로 혹시 상대적인 것이 돼 버리지 않을까. 절대란 짝對을 끊는다絶는 의미이다. 설명이 조금 복잡해서 까다롭게 된 느낌이다. 그러면 그림을 봐 주기 바란다. 좀더 구체적으로 설명해 보겠다.

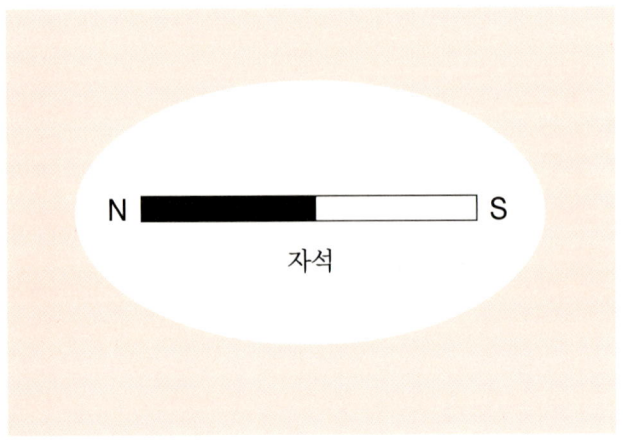

자석

N극의 반대는 S극, S극의 반대는 N극이다. N, S 모두 같은 수중에서 대립을 보이며 모두 상대적이다. N이 절대, S가 상대라 할 순 없다. 그러나 N극과 S극을 성립시켜 주는 자장이라는 것이 있다. 자장이 없으면 S극이나 N극이나 존재할 수 없다. 즉 자장은 N이나 S와 같은 레벨, 같은 차원에 있는 존재가 아니다.

이처럼 절대란 상대에 대립하는 같은 차원이 아니고, 모든 상대적인 것을 성립시켜 주는 고차원의 존재, 상대적인 것들의 기초를 이루는 존재라 할 수 있다.

다음으로 정신이란 무엇인가.

헤겔의 절대정신이란 독일어의 absolute geist를 옮긴 말인데 아무래도 독일어의 의미를 나타내 주지 못한다. 그 까닭은 geist라는 독일어는 정신보다도 영혼이라는 용어에 가까운 뉘앙스를 지니기 때문이다.

개인의 마음 혹은 정신을 가리키는 것이 아니라 개인을 뛰어넘는 더욱 깊은 의미, 차라리 종교적인 색채를 지니고 있다 하겠다.

지금까지 절대정신이라는 헤겔의 기본 개념을 절대와 정신으로 나누어 설명했다. 여러분도 느꼈는지 모르지만 나는 이 절대정신이 모든 것을 창조하는 기독교의 신이라는 이미지와 중첩되는 느낌이 든다.

그렇다. 헤겔이 말하는 절대정신은 창조하는 신의 철학적 표현이다. 모든 존재의 기초를 이루는 신의 철학적 표현이다. 그러므로 마르크스를 비롯해 많은 철학자들이 헤겔 철학이 종교성이 짙다는 비판과 관념론에 빠져 있다는 비판을 전개했다.

헤겔은 이러한 세계관을 근거 삼아 역사를 설명한다. 모든 존재의 밑바닥에는 절대정신이 자리잡고 있으며 역사라고 해서 예외는 아니다. 역사를 움직이는 원동력은 절대정신이라는 것이다.

정신에는 눈에 보이지 않는다든가 시간과 공간을 초월한다는 등 여러 성격이 있겠지만 근본적으로 자유 없는 정신이란 생각조차 할 수 없다. 그런 의미에서 헤겔은 자유야말로 정신의 본질이라고 생각했다. 절대정신은 그 자신의 본질이라 할 자유를 역사 속에서 실현하기 위해 역사를 움직이고 있다. 이것은 실제의 역사를 들여다보면 명백하게 드러난다.

동양 고대사회는 전제군주 한 사람의 자유밖에 존재하지 않았다. 그리스 로마 사회에서는 일부 시민계급의 자유로 확대되었다. 그리고 근대 시민사회에 들어서서는 시민 전원의 자유로 확대되었다. 역사는 자유가 확대되는 과정을 밟아 왔다.

그러나 절대정신은 역사를 움직인다고 해서 자신의 모습을 드러내 놓지 않는다. '위대한 정열'의 화현이라 할 영웅을 조종하면서 역사를 움직여 나간다.

역사의 전환기에는 항상 영웅이 나타난다. 그리고 그 영웅들이 역사를 만든다. 멀리는 알렉산더나 시저, 근대에는 나폴레옹을 들 수 있다.

그러나 그들 영웅이 그 역사적 과제를 다 끝마치면 절대정신은 무참하게 그들을 꺾어 버리고 만다. 그러므로 영웅의 말로는 언제나 비참하다.

헤겔은 역사를 이처럼 해석했다. 그런 의미에서 헤겔의 역사관은 영웅사관이라 할 수 있다.

지금까지 헤겔의 세계관과 그에 근거한 역사관에 대해 살펴보았다. 헤겔은 아리스토텔레스 이래의 철학 체계를 집대성해 놓은 사람이다.

한때는 '헤겔 철학이 아니면 철학이 아니다'라는 말이 있었을 정도로 철학 세계에서 군림해 왔다. 우리는 바로 그 철학 체계의 기초에 관해 약간의 이야기를 한 것뿐이다.

항목을 바꾸어서 이번엔 윤리관에 관해 살펴보기로 하자.

변증법이란 무엇인가?

헤겔의 국가관

변증법적이란 용어는 약간이라도 사상적인 요소를 지니는 책이나 논문에는 반드시 나오는 용어가 됐다. 변증법은 헤겔이 처음 생각해 낸 것이 아니다. 플라톤에서도 이미 변증법의 사고가 나타나 있다. 그러나 그것을 논리적으로 확정하고 철학의 모든 분야에 변증법을 응용시킨 사람은 헤겔이라 할 수 있다. 헤겔 이후 그의 사고를 기본으로 많은 사람들이 다양한 변증법을 제창해 왔다. 그런 의미에서 변증법에는 많은 종류가 있다는 사실을 꼭 기억해 두기 바란다.

자, 그렇다면 헤겔은 도덕에 비해 이 변증법을 어떻게 적용시켰을까. 인간은 자신의 자유를 소중하게 생각하고, 끝까지 이를 관철시키려 한다. 그런 의미에서 자아는 배타적 및 개별적인 존재라 할 수 있다. 그러나 그러한 인간의 개인적 자유를 그대로 방치하게 되면 사회는 큰 혼란에 빠지고 개인이 지니는 자유도 지킬 수 없게 된다. 모든 것이 뒤죽박죽이 되고 만다. 그래서 사회질서를 유지하고 인간의 자유를 실제로 보장해 주는 장치로서 법이 제정되는 것이다. 이리하여 헤겔은 우선 법이 들어설 자리를 마련했다.

그러나 법은 그 법에 스스로 따르려 하는 자각이 바탕에 없으면 형식적인 틀에 지나지 않게 되고 효과도 없게 된다. 그러므로 형식보다는 내면, 강제보다는 자율이라는 도덕이 발전하게 된다. 법이라는 테제정에 대한 안티테제반로서 도덕이 등장한다는 것이다.

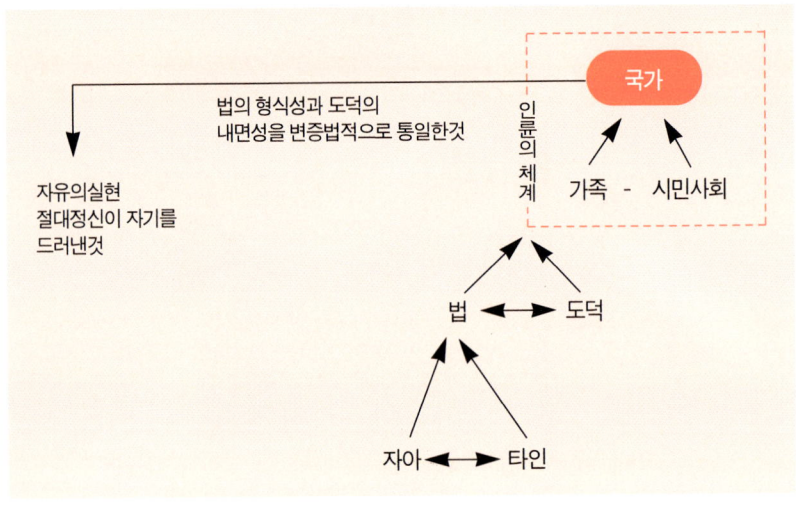

도덕은 칸트가 말한 바와 같이 내면적인 심정동기을 생명으로 삼는다. 그러나 심정동기에 있어은 아무리 순수하다 해도, 그것이 실제의 행위로 나

타났을 때 정당하지 않았다면 참된 의미에서 선이라 할 수 없다. 심정의 자유는 외면적인 자유로서 보장되어야 한다. 헤겔은 그것을 공동체의 질서 속에서 살펴 나가려 했다. 그것을 헤겔은 '인륜의 체계'라고 했다.

즉 테제정로서의 법과 안티테제반로서의 도덕이 있고 그것이 변증법적으로 통일된 진테제합로서의 인륜체제를 생각했던 것이다. 여기에 변증법의 도식이 분명하게 생겨난다.

인류의 체계는 가족 → 시민사회 → 국가로 발전해 나간다. 여기서도 변증법의 도식이 생겨난다. 다음에 그 하나하나에 대해 살펴보자.

● 가족 – 인간은 태어남과 동시에 가족 안에 운명적으로 내던져진다. 그 가족은 결혼에 의해 성립되며 사랑으로 묶여 있다. 그 중심에서 인간은 개인으로서의 자신을 전체로서의 가족 속에 파묻고 생활해 나간다. 가족 내에서는 자신의 행복보다도 자신을 포함한 가족 전체의 행복을 추구한다. 헤겔을 이를 '가족에 대해서는 보편성의 원리가 지배한다'는 말로 표현했다.

가족을 묶어 주는 사랑이란 아이가 태어남으로써 완결된다. 아이는 사랑의 결정체이며 그 아이의 성장과 독립 과정은 사랑의 완성을 의미한다. 그러나 아이의 독립은 동시에 그 가족의 붕괴를 의미한다. 예를 들면 부모의 유산을 나누어 가지는 장면을 상상해 보자. 형을 따르고 동생을 사랑하는 두 사람의 형제는 서로 양보를 하려 한다. 그러나 그 두 사람의 형제 뒤에는 전적으로 타인인 부인들이 있다. 양보하려 하는 자가 뒤에서 '여보, 우리가 손해잖아요!'라고 외친다. 여기에서는 가족을 지배하는 '전체에 자신을 묻는다' '가족 전체를 위해 희생하라!' 는 원칙 대신에 자신의 이익을 추구하는 시민사회의 요소가 나타난다.

- 시민사회 – 이러한 사회에서는 개별적인 자기가 중심을 이루며, 사람들은 자신들의 이익을 추구하며 살아간다. 여기서는 '개별성의 원리' 가 지배한다. 그러나 모든 것이 반드시 이기적으로만 이루어지진 않는다. 자신의 이익 추구가 동시에 사회 전체의 이익 증대로 이어진다는 것이다. 영국의 경제학자 아담 스미스는 '이익을 추구하라. 그렇게 하면 신의 보이지 않는 손에 이끌려 사회 전체의 이익도 증대된다' 고 말했지만, 헤겔은 시민사회에서는 개별성의 원리와 동시에 보편성의 원리도 적용된다고 했다.

그러나 이 두 원리가 변증법적으로 통일되지 않기 때문에 시민사회에는 빈부의 차 등 뒤틀린 모습이 나타난다고 말했다. 그는 이미 자본주의 사회의 모순을 파악하고 그것을 철학적으로 분석했던 것이다.

- 국가 – 시민사회가 내보이는 모순의 원인이 두 원리의 불충분한 통일에 있다고 본다면, 모순의 해결을 위해서는 양자의 변증법적 통일을 꾀하는 방법밖에 없다. 헤겔은 그 방법을 국가에서 구했다. 국가는 변증법적 통일을 완성시킨 인륜의 최고 단계에서 절대정신이 자기를 드러낸 것이라고 생각했다.

물론 그러한 국가는 존 로크나 루소 등의 사회계약설에서 묘사된 개인을 중심으로 한 국가는 아니다. 국가유기체설이라고나 할까, 개인과 국가의 관계는 마치 사람의 몸과 손발의 관계에 비유될 수 있다.

손발은 몸 없이는 존재할 수 없고, 몸도 손발 없이는 불완전하다고 할 수 있다. 서로 피가 통하는 관계라고 하는 편이 옳을 것이다. 이것을 유기체라 한다.

나는 '철학의 대전당'이라고도 불리는 장대한 철학 체계의 일부에 대해 이야기했다. 헤겔은 칸트와 나란히 현재도 대학의 철학과 졸업 논문 가운데 중요한 비중을 차지하고 있다.

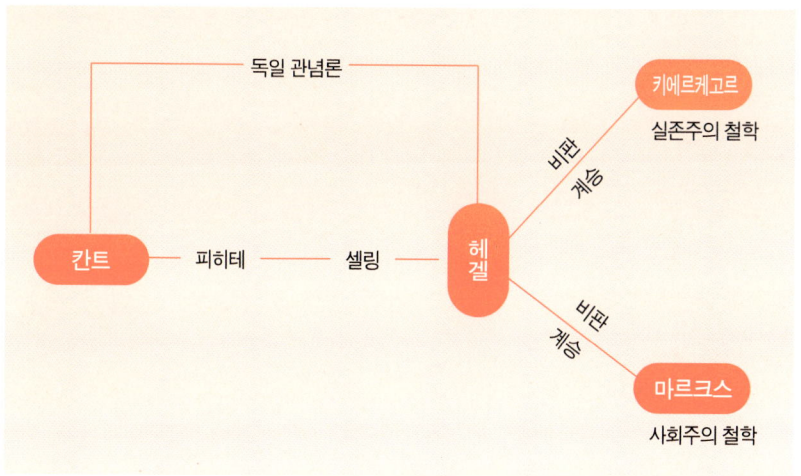

그 까닭은 사회주의 철학의 기반을 세운 마르크스나 실존주의 철학의 대가 키에르케고르나 모두 헤겔 철학을 철저하게 연구하고 그 헤겔을 뛰어넘음으로써 현대철학을 수립한 데 있다. 일찍이 스콜라 철학은 근대 철학을 발족시키는 발판 노릇을 했다. 이와 마찬가지 의미에서 헤겔 철학은 현대철학의 발판 노릇을 했다 해도 과언이 아니다. 헤겔을 이해하지 못하고서는 마르크스나 키에르케고르를 이해하지 못한다.

마르크스의 변증법적 유물론이란?

인간 본연의 모습은 무엇인가

경기변동의 파도 사이를 떠다니며 가난한 생활을 강요당하고 인력시장이라는 이름에서 알 수 있듯 상품과 마찬가지로 매매되는 노동자, 생산 노동을 하면서도 삶의 보람을 찾지 못하고, 노동이 끝난 뒤의 여가 생활 속에서도 자기를 되찾기 어려운 노동자, 인간다운 생활을 잃어버린 이들 노동자들에게 인간다움을 되찾는 것이야말로 가장 중요하다는 것을 외친 사람이 있다.

"철학자들은 세계를 단지 해석해 왔을 뿐이다. 중요한 것은 세계를 바꾸는 일이다."

마르크스 철학은 노동자들에게 인간다움을 되살려 주기 위한 이론으로 등장했다.

마르크스 이론을 기본으로 삼은 소련에서는 인간다움을 박탈당하고 있었다. 예를 들면 체제 비판적인 문학자나 과학자를 탄압하고 형무소에 보냈다. '소련에는 사상의 자유조차 없지 않은가' 라는 비판을 받는 것도 어떤 면에서는 당연하다. 그 비판은 올바를지 모르지만 우리들로선 우선 마르크스 이론이 무엇인지부터 파악해 보기로 하자.

마르크스가 '인간다움을 돌려 달라!' 고 할 경우, 인간이란 도대체 어떤 인간을 말하는가. 그는 인간의 본성을 어떻게 이해했을까.

마르크스 인간관의 요점은 두 가지이다. 하나는 인간을 유적존재, 즉 사회적 존재로 파악했다는 점이다. 근대사상은 인간의 자유를 확대시킴으로써 자주독립적인 인간을 형상화시켜 왔지만 그 반면에 상호 연대감을 잃어버린 모래알 같은 고립적인 존재로 만든 측면도 있었다. 특히 자본주의 경제가 발달하면서 자기의 이익을 위해서라면 타인을 희생시켜도 좋다는 이기적 인간이 판을 치게 되었다. 이같은 근대 인간의 모습에 대한 비판이 마르크스의 마음속에서 움텄던 것이다.

마르크스 인간관의 두 번째 특징은 인간의 본질을 생산 노동으로 파악했다는 점이다. 이를 테면 호모 파버Homo faber 공작인라 할까. 마르크스는 인간이 동물과 다른 존재인 까닭은 자신들의 생활 수단을 지혜와 손을 써서 생산했기 때문이라고 본다. 예를 들어 우리가 지금 살고 있는 집, 쓰고 있는 도구, 또 도로나 교통기관 등은 모두 인간이 생산해 낸 것들이다.

물론 거미도 대단히 뛰어난 방법으로 거미집을 짓는다. 그러나 그것은 거미의 체내에서 만들어진 실을 써서 본능적으로 만들었을 뿐이다. 인간은 스스로는 갖고 있지 않지만 자연에 존재하는 것을 조립하고 가공하여 생산해 낸다. 마르크스는 인간을 단순히 생각하는 존재가 아니라 생산자로서 파악해야 한다고 주장했다.

우리는 마르크스의 인간관을 이해해야만 마르크스 사상의 뿌리를 이루는 생산력과 생산관계라는 개념을 이해할 수 있다.

인간은 맨손으로는 생산을 해내지 못한다. 기술을 구사하고 도구를 써야만 한다. 이러한 기술이나 도구를 써서 생산하는 힘을 생산력이라고 한다. 생산력을 지금까지 인류가 온 힘을 기울여 쌓아 온, 말하자면 인류의 공동재산이라 할 수 있나. 결코 사유로 놀려선 안 되는 공적인 성격을 띠고 있다. 그럼에도 불구하고 자본주의 사회에서는 자본가라는 개인이 사유하는 형태를 보인다. 이것은 용서할 수 없는 일이다.

또 생산력은 항상 진보와 발전을 거듭하며, 고정되어 있지 않다. 예를 들면 인류는 처음에는 석기, 다음에는 청동기, 그 다음에는 철기로 만든 도구를 만들어 생산력을 발달시켜 왔다. 나아가 간단한 도구로부터 기계, 컨베이어 시스템, 오토메이션 시스템 등으로 생산력은 한시도 멈추지 않고 발전하고 변화해 왔다.

다음으로 생산 관계란 어떤 의미를 지니고 있는지 검토해 보자. 인간이 생산을 수행할 때, 결코 혼자서는 모든 일을 해내지 못한다. 반드시 다른 사람의 협력이 필요하다. 이러한 생산을 수행하면서 맺게 되는 인간 관계를 마르크스는 생산관계라 이름 붙였다.

이를 역사적으로 살펴보면 최초로 나타난 생산관계는 원시공산제 사회로서 평등한 관계였다. 원시공산제 사회에서는 생산력이 낮았기 때문에 협동노동과 평등분배를 원칙으로 삼고 사유재산을 없었다. 생산력이 약간 향상되고 자기의 생활에 필요한 것 이상을 생산할 수 있게 되자, 넓은 사유지를 지닌 호족이 노예를 동물처럼 혹사시켜 생산에 동원하게 되었다. 이것이 고대 노예제 사회에서의 호족과 노예라는 생산관계이다. 이러한 생산력과 생산관계의 연결은 다음 표에서 보는 바와 같다.

생산력의 발달	생산 관계	사회 제도
석기 · 활 · 화살	공동작업, 평등분배	원시 공동체 사회
금속기	대토지 소유자와 노예	노예제 사회
보습쟁기 · 직기	영주와 농노	봉건 사회
기계	자본가의 노동자	시민 사회
기계화된 대공업	생산수단의 공유	사회주의 사회

이리하여 봉건사회와 자본주의 사회를 거친 뒤, 드디어는 사회, 공산주의 사회로 옮겨간다고 주장했다. 여기서 생산관계와 생산력의 근본적 차이는 생산력이 끊임없이 변화되어 가는 반면 생산관계는 인간이 만드는 것이기 때문에 한 번 성립되면 고정되고 만다는 것이다.

뒤에 다시 살피게 되겠지만 이 생산력과 생산관계는 사회의 토대를 이루는 개념으로서 마르크스 혁명 이론의 기초라 할 수 있다.

자, 그러면 '인간이란 무엇인가' 란 문제에서 한걸음 더 나아가 '세계란 무엇인가' 라는 문제, 즉 세계관의 문제를 살펴보기로 하자.

우리들이 세계와 인생의 여러 현상들을 해석할 때 그 세계와 인생을 관통하여 지배하는 원리가 무엇인가 하는 데 대해 서로 뚜렷이 다른 두 가지 입장이 있다. 하나는 신, 이성 또는 정신 등의 정신적 원리라고 보는 입장이다. 또 하나는 물질이나 자연인데 후자를 유물론이라 한다. 플라톤의 이데아론이나 헤겔의 절대정신, 기독교의 창조하는 신 따위는 모두 관념론

에 속한다고 할 수 있다. 이에 비해 마르크스는 세계와 인생을 만들고 움직이는 근본 원리는 물질 또는 그 조직이라고 보았다. 정신, 자유, 문화, 역사 등은 그 자체로 독립된 실재가 아니며, 이들의 근저에 있는 토대사회의 물질적, 경제적 조직 위에 꽂힌 일종의 조건 붙은 '인간의 의식이 존재를 결정하는 것이 아니라, 거꾸로 존재가 인간의 의식을 결정한다'는 말로 표현했다.

여기서 주의해야 할 부분이 있다. 사실 물질적인 원자의 이합집산에 의해 물질의 성립이나 정신현상을 설명하려 했던 유물론은 과거에도 없었던 것은 아니다. 그러나 마르크스는 과거의 유물론을 기계적 유물론이라 하여 자신의 변증법적 유물론과 명확하게 구별지었다.

그는 모든 존재의 근본에 있는 물질의 내부에는 모순 및 대립의 요소가 자리잡고 있어, 모순과 대립과 통일의 과정을 따라 운동하고 변화하고 발전해 나간다고 생각했다. 즉 헤겔의 변증법을 유물론과 접목시켰던 것이다. 이러한 의미에서 자신의 유물론을 변증법적 유물론이라고 이름붙였던 것이다.

그러나 그의 목표는 세계를 해석하는 데 있지 않았고, '세계를 변혁'시키는 데 있었다. 이 세계를 변혁시키기 위한 이론 가운데 하나가 변증법적 유물론을 역사에 적용시킨 역사관, 곧 유물사관이다.

공산주의 사상의 원점

마르크스의 역사관

역사를 어떻게 파악할 것인가를 정면에서 문제 삼았던 사람은 이미 언급한 바와 같이 헤겔이었다. 그는 역사를 움직이는 원동력은 절대정신이며, 그 절대 정신은 역사 위에 모습을 드러내지 않고 위대한 정열의 집합체라 할 영웅을 교묘하게 이용함으로써 역사를 지배하고 움직인다고 생각했다.

마르크스도 역사를 정면에서 문제삼았다. 그런 의미에서는 마르크스가 헤겔의 제자라 할 수도 있다. 그러나 마르크스는 헤겔이라는 어미 말의 젖을 빨고 성장했지만, 결국은 자리를 박차고 일어나 헤겔에 반항함으로써 독자적인 역사철학 분야를 개척해냈다.

이를 위해 마르크스가 겪은 고초는 실로 우리가 상상조차 할 수 없는, 피를 말리는 과정이었다. 마르크스가 런던에서 생활할 때였다. 사랑하는 자녀가 죽었지만 관조차 살 돈이 없었다. 아이들은 옷도 신발도 없었기 때문에 학교에 갈 수가 없었다. 가스나 수도가 끊어진 지도 오래되었다. 실로 견딜 수 없는 가난이었다. 그 속에서 그는 그러한 고통에 꺾이지 않고 대영박물관에 드나들며 고금의 자료들을 읽고 연구하여 '자본론'을 비롯한 수많은 명저를 지었다.

물론 마르크스의 뒤에는 그의 분투를 가능하게 도와준 사람들이 있었다. 처음부터 끝까지 조금도 흐트러짐 없이 한없는 애정을 기울여 마르크스를 도와 준 미모의 아내 예니 부인, 경제적으로는 물론 정신적으로나 학문적으로 원조를 아끼지 않았던 엥겔스가 없었더라면 마르크스는 존재할 수 없었을 것이다. 아내와 벗의 우정어린 뒷받침을 받으며 생활과의 고통스런 싸움 속에서 빚어낸 이론이기 때문에 당대에나 후대의 많은 사람들이 그의 이론에 기꺼이 목숨을 걸게 만든 힘을 얻지 않았을까.

물론 마르크스에게 인정 사납게 욕을 퍼부어 댄 사람도 있다. 사회적, 경제적으로 대립하는 입장을 취하는 사람들은 언제나 있게 마련이기 때문이다.

또 성격적으로는 자아 망상적인 편집광에 사교적인 조울증과 비사교적인 분열증의 중간 또는 두 가지 요소를 모두 갖춘 성격이었다고 분석하는 사람도 있다.

어쨌거나 우리들은 다른 철학에 대해서 했던 것과 마찬가지로 객관적이고 냉정하게 그의 주장에 귀를 기울여 보기로 하자.

마르크스는 역사를 움직이는 원동력은 앞에서 언급한 생산력과 생산 관계의 모순에 있지, 절대정신 따위와 같은 관념적인 것에 있지 않다고 보았다. 이 점을 좀더 살펴보자.

앞에서 말했듯이 생산력은 끊임없이 발전해 가지만, 그 위에 성립돼 있는 생산관계나 사회제도는 고정되어 움직이지 않는다.

몸집이 커졌는데도 고정되어 커지지 않는 양복을 입게 되면 그 양복은 찢어지고 만다. 이처럼 발전하는 생산력과 고정적인 생산 관계 사이에 모순이 발생한다. 자본주의 사회의 빈부차 혹은 다양한 분쟁은 그러한 모순이 겉으로 드러난 것이다.

그 모순을 해결하기 위해선 생산력에 부합되는 새로운 사회제도로 바꾸어야만 한다. 그것이 곧 혁명이다. 혁명은 낡은 제도의 틀 속에서 이익을 얻는 계급과 피해를 보는 계급 사이의 대립과 투쟁이라는 모습으로 나타난다.

이리하여 낡은 옷을 새로운 옷으로 바꿔 입듯이 그 세대의 생산력에 부합되는 새로운 사회제도가 나타나게 된다는 것이다. 마르크스는 말한다. '지금까지의 사회의 역사는 모두 계급 투쟁의 역사이다.'

그렇다면 현대 자본주의 사회의 모순이란 구체적으로 어떤 것인가? 마르크스는 근본적인 모순을 생산 수단의 사유제도에서 찾는다.

루소도 말한 바와 같이 토지는 원래 어떤 사람의 소유도 아니었는데 어느 날 힘 있는 자가 나타나 강제로 토지에 울타리를 친 뒤 자기 것이라고 선언했다. 공장의 기계나 도구만 해도 사실 오랜 세월에 걸쳐 많은 사람들이 머리를 싸매고 연구하고 고안하여 만들어 온 것이므로, 인류의 공유재산으로 삼아야 마땅하다.

그럼에도 불구하고 한 자본가가 이를 사유화해 버렸다. 바로 이 점이야말로 현대사회의 근본적 모순이라고 보았던 것이다.

나는 앞에서 마르크스에 관한 이야기를 '인간다움을 회복한다' 는 데서 시작했다. 인간다움을 잃었다는 말을 어렵게 표현하자면 인간소외 상황이라고 한다.

소외상황 가운데는 빈곤 때문에 인간다운 생활을 해 나갈 수 없는 경우도 물론 포함된다. 그러나 소외 상황은 그보다 더 근본적으로 현대의 사람들은 노동을 하는 가운데 삶의 보람이나 기쁨을 얻을 수 없다는 점을 가리키는 말이다.

이미 다룬 것처럼 인간의 본질은 생산 노동이다. 예술가가 예술활동이라는 예술가로서의 '본질의 실현' 속에서 기쁨을 찾듯이 인간은 본질의 실현인 생산 노동 속에서 인간으로서의 삶의 보람을 찾는 존재이다. 그것

이 현대의 노동자들에게는 불가능하다. 그 까닭이 무엇일까.

첫째로 노동자가 인간이 지니는 모든 능력 및 기술을 쏟아 부어 만든 제품, 노동자에게 있어서는 제2의 자기 혹은 자기의 분신이라고도 느끼게 되는 그 제품이 사유재산제 아래에서 자본가의 소유가 돼 버린다는 점이다.

자기가 일을 하면 할수록 자기의 분신이 타인의 소유가 되고 만다는 뒤엉킨 느낌을 노동자는 참아내기 어렵다.

둘째로 노동자가 일을 하면 할수록 자본가가 돈을 벌게 된다. 벌어들인 돈은 자본으로서 생산의 합리화를 위해 투입되고, 그것은 결국 노동자의 일자리를 떨구어 낸다. 즉 노동자는 노동함으로써 자기의 목을 치는 것이나 마찬가지 논리라는 것이다.

이러한 노동 가운데에서 삶의 보람이나 기쁨이나 찾지 못하는 건 당연한 일이다. 마르크스는 그 근본원인이 사유재산제에 있다고 분명히 했다. 따라서 노동자에게 인간다움을 되돌리기 위해서는 사유재산제는 무너뜨리고 공유재산 및 계획 경제에 근거한 공산주의 사회를 만들어야 한다.

공산주의 사회에서는 계급간의 대립이 없다. 착취하는 사람도 착취당하는 사람도 존재하지 않는 평등한 사회이기 때문이다. 그리고 그런 가운데 참된 의미의 자유를 누릴 수 있는 평등한 사회, 그것이 곧 공산주의 사회라고 했다.

그리하여 그런 사회의 건설을 위해서는 자본주의 체제 하에서 인간성을 박탈당하고 사는 노동자가 단결하여 힘으로써 현재의 사회를 뒤엎는 것밖에는 방법이 없다. 나르크스는 엥겔스와 함께 〈공산당 선언〉에서 "만국의 노동자여, 단결하라"고 호소했다.

키에르케고르의 실존주의

그는 실존주의 창시자

　1837년 초여름, 여름이라고는 하지만 시원한 느낌이 드는 어느 날, 한 청년의 눈길이 마차에서 막 내려오는 한 소녀의 모습에 빨려들어 가고 있었다. 그 소녀는 약간 넓은 듯한 이마를 들어올렸다. 검은 머릿결, 긴 속눈썹…… 그야말로 순수 그 자체라 할 만한 소녀였다.

　청년은 슬며시 그 소녀의 뒤를 쫓았다. 소녀는 어떤 가게에 들어가 두세 가지 물건을 손에 들고는 가격을 물어보고 있었다. 청년은 창문 너머에서 무언가에 홀린 듯한 눈길로 그 소녀의 일거수 일투족을 한순간도 놓치지 않고 바라보았다. 그 소녀의 이름은 레기네 올젠, 나이는 열네 살이었다. 그 청년은 지금부터 우리가 이야기할 죄렌 키에르케고르였다.

　그녀는 그 만남을 계기로 열한 살이나 아래인 레기네에게 다가갔고, 마침내 3년 후에는 약혼을 하는 데 성공했다. 그러나 불가사의하게도 1년 남짓한 어느 날 아무런 이유도 없이 키에르케고르는 일방적으로 약혼을 파기해 버렸다.

　코펜하겐은 그다지 넓지 않은 도회지였다. 목사의 직분을 갖고 잇따라 저서를 발표하던 발군의 소장학자 키에르케고르. 그의 약혼녀 레기네는 상공회의소 고문의 귀한 딸. 이 두 사람의 파혼은 호사가들의 입방아를 찧는 소문의 표적이 돼 버렸다. 풍자잡지 〈해적〉은 키에르케고르를 희화화하고 조소하는 기사를 잇따라 실었다.

　내가 아무런 이유 없이 약혼을 파기했다고 말했는데, 키에르케고르는 정말 아무런 이유도 없이 레기네를 차버린 것이었을까. 우선 그 이유부터 해명해 보기로 하자.

키에르케고르가 레기네를 처음 보았을 무렵, 키에르케고르는 그 자신이 대지진이라 칭할 만큼 충격적인 사건에 접해 괴로움에 휩싸여 있었다. 그의 아버지 미카엘 키에르케고르는 가난한 목동에서 자수성가하여 부유한 모직물 상인으로서 재산을 일군 사람이었다. 그런데 그 아버지가 어렸을 적에 유틀란트 반도의 황야에서 굶주림과 추위에 지친 나머지 신을 저주했던 사실을 알게 된 것이었다.

또 하나는 키에르케고르의 출신에 관한 문제였다. 원래 그의 어머니는 아버지의 하녀로 일하던 사람이었는데, 두 사람이 법의 수속을 밟기 전에 그의 아버지가 약간 폭력적으로 어머니를 폭행함으로써 자신이 태어났다는 사실을 알게 되었던 것이다.

신을 저주한 사람의 아들, 자신의 출생과 관련된 비밀.

키에르케고르의 마음 깊숙한 곳에는 죄인의 아들이라는 부담감이 자리했다. 그는 자기라는 존재에 절망했다. 절망 끝에 그는 환락의 세계에 몸을 내던져 모든 것을 잊으려 했다. 그때 '단 한 사람의 소녀' 천사 같은 레기네를 만났던 것이다.

키에르케고르는 레기네를 사랑했다. 하루 종일 머릿속에 순수한 레기네의 모습만이 떠올랐다. 그녀를 생각하면 가슴이 아렸다. 그러나 그녀에 대한 연모의 정이 깊어가면 깊어갈수록 죄인의 아들로서의 자기 모습이 자신을 더욱 괴롭혔다. 사랑의 옥타브가 높아갈수록 마음속에 자리한 우수의 그림자가 넓어져 갔다. 그리하여 자신에게 남겨진 길은 설령 세속적으로는 아무리 비난과 규탄을 받는다 해도, 사랑하는 레기네와 파혼하고서 하느님의 용서를 기도하며 참된 기독교도로서의 인생을 살아나가는 것밖에 없다는 결론을 내렸던 것이다.

키에르케고르는 생각했다. '진리란 누구에게나 들어맞는 것이지만 정확하게 들어맞지는 않는다. 진리는 기성품이 아니다'라고. 헤겔은 분명히 포괄적인 철학의 체계를 세웠다. 말하자면 기성품 같은 멋진 철학의 대전당을 세웠다. 그러나 인간의 현실적 삶은 그러한 객관적 체계적 진리에서 퉁겨 나온 것이 아닐까. 키에르케고르는 객관적 진리가 아니라, 자신이 그 안에서 살고 그 안에서 죽을 수 있는 진리, 곧 주체적인 진리야말로 인간이 반드시 추구해야 할 주제라고 생각했다.

그리하여 주체적 진리를 몸으로 깨달아 자기의 인생을 성실하게 살아나가는 인간을 실존이라 부르고, 그 실존을 향한 길을 자기 자신의 체험에 근거하여 키에르케고르는 역설했던 것이다. 이른바 '3가지의 실존 단계'가 그것이다.

청년기는 제2의 탄생기라는 말이 있다. 그때까지는 '산다'는 것에 대해 전혀 이상함을 느끼지 못했던 사람이 처음으로 살아 있음을 실감하게 된다. 그리고 주체적으로 살아가고자 노력하는 시기가 곧 청년기이다. 불안과 고독, 그리고 반항 등 다양한 청년기의 심리적 특징이 나타나게 된다. 동시에 육체적으로는 호르몬계의 내분비가 활발해져 성욕을 비롯한 다양한 욕망이 한꺼번에 분출된다.

청년들은 주체적 삶을 정신적인 면에서 실감하겠다는 생각에 한없이 쾌락을 추구하고, 가능한 모든 향락을 누려 보고자 한다. 술, 담배, 마약, 이성, 노름…… 이러한 유혹들이 청년들을 끌어당긴다. 그러나 유한한 인간이 모든 쾌락을 추구하기란 불가능하다. 게다가 설령 이러한 쾌락을 다 맛본다 해도, 권태와 덧없다는 생각에 사로잡혀 급기야는 절망과 좌절에 빠지고 만다. 키에르케고르는 이처럼 한없는 욕망의 충족을 찾아 헤매는 단계를 미적 단계라 했다.

키에르케고르는 미적 단계에 나타나는 욕망 충족의 절망감은 양심의 눈을 일깨운다고 했다. 그리하여 가능한 한 윤리적으로 도덕적으로 살아가려고 한다. 이 단계를 윤리적 단계라 불렀다. 이때에는 인간으로서 마땅히 걸어야 할 삶이 추구되고, 양심의 소리에 따라 성실하게 생활하려고 노력한다.

그러나 얄궂게도 윤리적 선을 추구하면 할수록 인간의 마음은 산산조각이 나 버린다. 루터가 '손을 씻으면 씻을수록 더러워진다' 고 탄식하고 사람이 모든 학문과 수행에 전력해 봐도 '악성은 끊기 어려우며, 마음은 뱀이나 전갈같이 되는구나' 라고 절망했던 것처럼 윤리적 노력은 양심의 칼날을 날카롭게 간다.

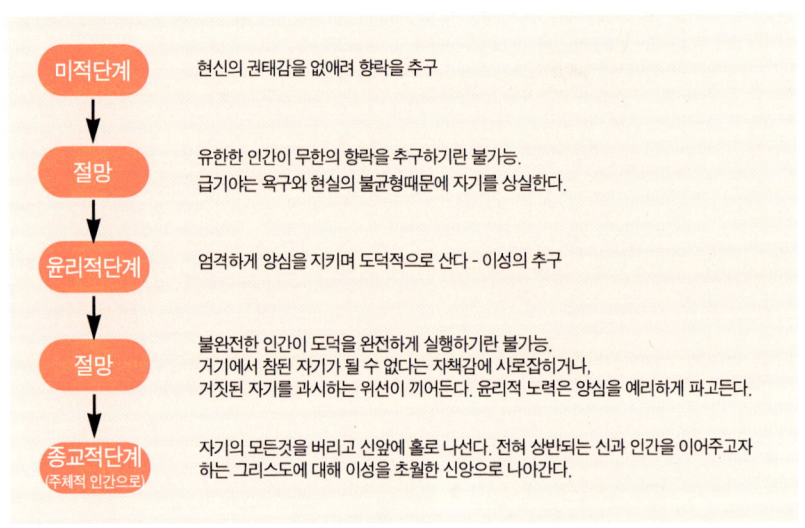

미적단계	현신의 권태감을 없애려 향락을 추구
절망	유한한 인간이 무한의 향락을 추구하기란 불가능. 급기야는 욕구와 현실의 불균형때문에 자기를 상실한다.
윤리적단계	엄격하게 양심을 지키며 도덕적으로 산다 - 이성의 추구
절망	불완전한 인간이 도덕을 완전하게 실행하기란 불가능. 거기에서 참된 자기가 될 수 없다는 자책감에 사로잡히거나, 거짓된 자기를 과시하는 위선이 끼어든다. 윤리적 노력은 양심을 예리하게 파고든다.
종교적단계 (주체적 인간으로)	자기의 모든것을 버리고 신앞에 홀로 나선다. 전혀 상반되는 신과 인간을 이어주고자 하는 그리스도에 대해 이성을 초월한 신앙으로 나아간다.

그러나 그 때문에 도리어 지금까지는 간과해 왔던 자신의 사악함과 더러움에 대해 참지 못하게 된다. 키에르케고르가 레기네의 눈에서 신을 느끼고 그녀를 사랑하면 할수록 거꾸로 그녀에게서 멀어져야만 했던 것처럼, 인간은 윤리적 노력을 통해서도 무겁디무거운 절망감에 빠져 좌절할 수밖에 없다.

사람은 이 좌절의 깊은 늪에서 구원받아야 한다. 높이 날아올라 다시 태어나야 한다. 키에르케고르는 사람들로 하여금 절망의 구렁에서 벗어나기 위한 결단을 내리게 하고, 참된 실존적인 삶으로 이끌어 주는 것은 다름 아닌 하느님의 사랑이라고 역설했다.

하느님의 사랑에 가득 차 살아가는 충족감, 단지 살아가는 것이 아니라 다시 살게 되었다는 충실감은 미적 단계에서 육체적인 사랑의 쾌락을 맛본 뒤의 덧없는 충족감과는 비교조차 되지 않는다. 결코 사라지지 않는 사랑, 깨끗한 충족감. 키에르케고르는 그런 가운데 참된 주체적인 인생이 열리게 된다고 했다. 여러분 가운데에는 종교에 관심을 갖지 않은 사람, 혹은 반감을 품은 사람이 있을지도 모르겠다. 그런 사람들은 키에르케고르의 이러한 결론에 대해 약간 불만을 가질지 모르겠다. 그런 불만이나 의심을 품은 사람들에 대해 키에르케고르 또는 종교적인 입장에서 설득해 보고 싶다는 기분이 나를 감싼다. 그러나 키에르케고르의 종교에 관한 이야기만큼은 다시 한 번 읽어 보기를 권하는 바이다.

키에르케고르가 이처럼 하느님 앞에 홀로 선 단독자로서의 일생을 역설한 책 〈죽음에 이르는 병〉이 발행된 때는 1849년. 마르크스와 엥겔스는 그 한 해 전에 〈공산당 선언〉을 발행하여 혁명을 위한 단결을 호소했다. 똑같은 사회적 토양 위에서 전혀 상반된 방향을 가진 현대 철학의 원천이라 할 두 책이 어떻게 해서 나올 수 있었을까.

그것은 지금까지 반복해서 이야기했던 것처럼, '인간이란 무엇인가' 라는 인간관의 차이로 돌아간다. 인간을 파악하는 방법이 다른 까닭에 인간소외의 해결 방향도 달라지게 된다.

마르크스는 인간을 공작인으로 파악했기 때문에 그 본질을 생산노동이라 보았다. 현대의 노동자들이 노동 가운데에서 자신을 잃어버리고 삶의 보람을 얻지 못하는 까닭은 모두 자본주의 사회의 사유재산제도에 원인이 있다. 그러므로 노동자들은 단결하여 집단의 힘을 이용해 자본주의 사회를 무너뜨리는 수밖에 없다고 보았던 것이다.

키에르케고르는 인간을 주체적인 존재, 자유를 지닌 존재, 개성을 갖춘 존재로 파악했다. 그러한 개성과 자유와 주체성을 자본주의와 기계문명 때문에 상실하고 말아 인간은 자기가 아닌 남이 살 듯 살아가고 주체성을 찾기 위한 최소한의 노력조차 잃어 버리고 말았다. 우린 혹시 마음의 연결 혹은 연대 따위의 말로 자신을 위안하지만 계급이나 집단 속에 둘도 없이 소중한 자신을 매몰시키고, 개성을 상실해 버리진 않았는가. 인간은 집단 속에서 해체돼 버리는 존재가 아니다. 인간은 고독한 면을 지니고 있는 존재다.

키에르케고르는 주체적인 자기를 되살리기 위하여 다음과 같이 말했다.
"인간이란 곧 정신이다. 정신이란 무엇인가. 정신이란 자기이다. 자기란 무엇인가. 자기란 자신과 맺게 되는 하나의 관계이다."

참된 인간의 삶은 항상 자기 자신과 관계하며 살아나가는 데 있다. 그리고 그것은 곧 자기 존재의 궁극에 놓여 있는 하느님을 마주하며 살아감을 의미한다.

　여러분도 이미 깨달았으리라고 생각하지만, 좌절, 불안, 절망 따위의 반대되는 말은 결단, 선택, 비약 같은 말이다. 실존주의란 이처럼 자기의 내면적 모순을 선택과 결단을 통해 극복해 나가려는 삶의 태도를 가리킨다. 실존주의는 끊임없이 자기를 극복하기 위해 영혼의 변혁을 꾀하는 인간 혁명적인 삶의 태도를 견지한다. 이러한 사고방식은 실존주의라 불리는 모든 사상에 공통적으로 나타난다.

　어찌되었든 키에르케고르는 마르크스와 같은 시기에 19세기 사회를 예리하게 분석하고 공격했다. 그러나 그런 만큼 세상사람들의 차가운 눈길을 받게 되고, 당신의 교회나 신문으로부터도 심한 공격을 받았다.

　그의 철학은 시대를 앞서 있던 만큼 당시대의 인정을 받지 못하고 1855년 가을 눈 내리는 코펜하겐의 거리에 쓰러져 다시 일어나질 못했다. 그리하여 마흔 살의 짧은 삶을 마감했다.

그가 세계의 사상계로부터 인정받고 실존주의의 창시자로 대접받게 된 때는 제2차 세계대전이 끝난 후의 일이다. 20세기의 실존철학자로 유명한 야스퍼스와 하이데거, 마르셀과 사르트르는 모두 키에르케고르에게서 영향을 받으며 그들의 철학체계를 수립했다. 그런 의미에서 키에르케고르는 현대의 실존주의 철학을 낳은 아버지로서의 지위를 차지했다고 할 수 있다.

사르트르의 실존주의란
자유는 동경의 대상인가

5시 30분 기상, 5시 40분 점호, 6시 10분 청소 및 세면, 6시 40분 아침식사, 7시 10분 병기손질, 8시 연병장 집합…… 군인은 이런 식으로 시작되는 바쁜 나날을 보낸다. 마치 컨베이어 벨트처럼 시간에 따라 움직이는 군대생활을 남자들은 거의 체험한다.

군대를 제대하면 시간에 쫓겨 정신없이 쫓겨다니지 않아도 되므로 매우 기뻐한다. 넘치는 시간을 자기 마음먹은 대로 자유로이 쓸 수 있다. 남자들은 이때보다 신나는 경우가 별로 없다.

그러나 그렇게 느낀 것은 잠시뿐, 몇 시에 일어나 몇 시부터는 뭘 하고 몇 시부터는 뭘 할지에 대해 이제부터 자기 스스로 정해야 한다. 솔직하게 말하면 나는 그것이 매우 귀찮았다. 이러한 상황을 가리켜 사르트르는

'인간은 자유의 형벌에 처해 있다.'고 말했다.

자유란 동경이다. 자유를 위해 사람들은 서슴없이 목숨을 내던져 투쟁하기도 한다. 왜 사르트르는 자유를 기피하는 듯한 의미를 담아 '자유라는 형벌에 처해 있다'고 한 것일까. 이 문제를 중심으로 해서 사르트르의 사상을 알아보기로 하자.

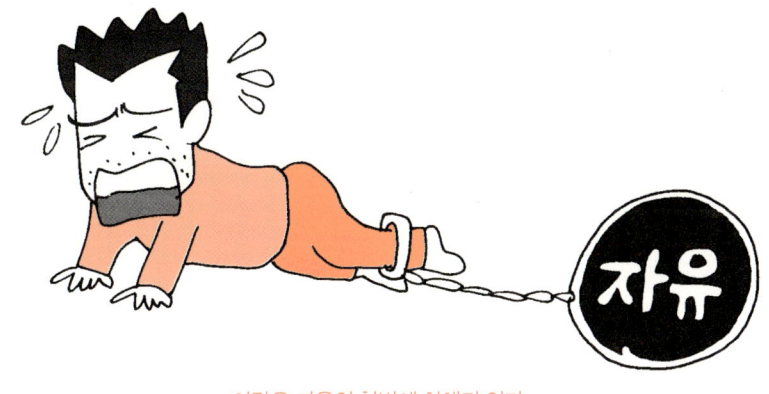

인간은 자유의 형벌에 처해져 있다

우선 사르트르는 어떤 인간관을 상정하고 있었을까. 그가 한 말에 귀를 기울여 보자.

이 양자실존주의 철학자들을 가리킴의 공통점은 실존은 본질에 우선한다고 생각한다는 점이다. 이것은 주체성에서 출발해야 한다고 바꿔 쓴다 해도 틀리지 않는다. 이 말을 정확하게 파악하려면 어떻게 이해해야 할 것인가.

예를 들면 서적이나 종이, 칼 등 사람들이 만든 하나의 물건을 생각해 보자. 그런 물건은 하나의 개념을 떠올린 장인이 만든 것이다. 장인은 종이와 칼의 개념을 따라, 또 개념의 일부를 이루는 지금까지의 제조기술에 의존했을 것이다. 따라서 종이와 칼은 하나의 방법으로 만들어진 물체임과 동시에 일정한 용도를 지니고 있다. 이 물체가 어디에 도움될지도 모르는 채 그걸 만드는 사람은 생각조차 할 수가 없다. 따라서 종이와 칼에 관해서는 본질, 즉 종이와 칼을 제조하고 종이와 칼의 정의를 내릴 수 있기 위한 제작법이나 성질의 총체는 실존에 우선한다고 말할 수 있다. 이상은 사르트르가 지은 〈실존주의 휴머니즘〉의 내용을 말한 것이다.

약간 이해하기 어려운 표현이긴 하지만 인간 존재를 실로 정확하게 정의한 글이라고 생각한다. 약간 알기 쉽게 설명해 보기로 하자.

사르트르는 '만들어진 물체'는 우선 장인에 의해 본질이 결정되고, 그 본질에 따라 제작됨으로써 이 세상에 존재한다고 했다. 이에 비해 인간은 어머니의 태내에서 갑자기 이 세상으로 태어난다. 우선 실존하게 된다. 그 뒤에 자기의 본질을 스스로 만들어 나간다. 말하자면 물체는 본질 → 존재라는 과정을 밟는 데 비해, 인간은 실존 → 본질의 결정이라는 순서를 밟는다는 것이다.

물론 인간도 유년기까지는 가정교육에 의해 타율적으로 만들어져 나가는 측면도 있고, 그 후에도 환경으로부터 강한 영향을 받기도 한다. 그러나 주체적으로 스스로 자기를 만들어 나간다는 면에서는 인간이야말로 자기 교육을 할 수 있는 유일한 동물이다. 그러한 의미에서 '인간은 실존이 본질에 우선한다'는 말이 가능하다.

그러나 이런 의문이 터져 나오지 않는가. 개나 고양이 아니 산이나 강도 우선 이 세상에 먼저 나타나는 것이 아닌가. 그렇다. 동물이나 산천초목은 모두 우선 이 세상에 나타난다. 그러나 그것들은 이 세상에 모습을 나타내고 나서 죽을 때까지 전혀 바뀌지 않는다. 개는 개에게 주어진 본능의 레일 위를 벗어나는 법이 없이 쏜살같이 나아간다. 또 산이나 강도 그 크기와 모습을 바꾸는 경우는 있어도 산이나 강이라는 본질을 바꾸는 경우는 없다.

이에 비해 인간은 스스로 자기 본질을 만들어 나간다. 태어나면서부터 용기 있는 사람은 없다. 용기 있는 인간이 돼 가는 것이다. 태어나면서부터 예술가도 없다. 피나는 노력을 거듭한 끝에 예술가가 돼 가는 것이다. 어떤 인간형으로도 될 수 없고, 자기 자신의 본질을 스스로 선택할 수 있다는 의미에서 인간은 자유를 보유한다고 말할 수 있다. 그렇지만 예를 들어 기독교는 어떤가. 인간은 여호와 하느님이 흙을 빚어 만든 뒤 숨을 불어넣어 세상에 내놓은 존재이다. 그렇다면 사람이 만든 물체와 다를 것이 없다고 사르트르는 말한다. 사르트르가 자신의 실존주의는 무신론적 실존주의이며, 무신론적 실존주의만이 참된 실존주의라고 주장했던 이유가 여기에 있다. 자유를 구하는 사람은 무신론이어야 한다고 사르트르는 자신 있게 말했다.

인간을 인간답게 만들어 주는 그 자유는 인간에게 동경이란 한 마디로 설명이 모두 끝나는 것일까. 자유롭다는 것은 어떤 순간 순간에 자기 혼자서 주체적으로 결단을 내리고 실행해 나감을 뜻한다. 어떤 대학의 어떤 과에 진학할 것인가, 그 사람과 결혼을 할 것인가 말 것인가 등 인생의 기로에 선 순간에 우리는 부모님과 상담하거나 친구들에게 조언을 구하기도 한다. 그러나 최종적인 결단은 나 스스로 내려야만 한다. 그러한 때 낭연히 고독감이 밀려온다. 불안도 찾아든다. 나아가 모든 책임을 스스로 져야 하는 괴로운 상황에 처하게 되는 것이다.

이야기가 주제에서 약간 벗어난 감이 있지만 여기서 그 책임에 대해 약

간이나마 다루어 보기로 하자. 책임을 어떻게 파악하느냐 하는 문제에는 사르트르의 독자적인 견해가 드러나기 때문이다.

사르트르가 말한 주체적 결단 뒤에 따르는 책임이란 무얼 뜻하는가. 그가 말하는 책임은 결단에서 생겨나는 모든 결과에 대해서 스스로 책임을 지면 되지 않는가, 경우에 따라서는 자기 혼자 책임을 지고 죽으면 되지 않는가 하는 의미의 책임이 아니다. 그는 '전인류에 대한 책임'이라는 엄청난 개념을 도입했다.

예를 들면 일부일처의 길을 택해 어떤 사람과 결혼했다는 의미는 다른 사람도 그렇게 해야 한다는 전제를 깔고 있는 셈이다. 나는 일부일처제, 다른 사람은 일부다처라도 된다는 식의 애매한 상태가 되면 곤란하다. 또 한 가지 예를 들어 보자. 지금 내가 다른 사람의 물건을 훔쳤다고 하자. 그때 나는 훔쳐도 되지만 다른 사람은 안 된다고 하면 이치에 닿지 않는다.

이렇게 생각하면 내가 어떤 한 가지 행동을 했다. 한 길을 택했다는 것은 나 한 사람뿐만 아니라 전인류의 존재방법을 선택했다는 뜻이 된다. 따라서 나의 결단에 뒤따르는 책임은 단순히 자기 자신에 대한 책임에 머물지 않고, 전인류에 대한 책임을 행하는 것이 된다.

다시 우리 주제로 돌아가자. 책임이라는 한 단어에 불과한 것이 이토록 중대한 의미를 띠게 되므로 되도록 책임져야 할 행동을 피하는 편이 마음 편할 것이다. 그러므로 남들이 살아가듯 나도 살아가고 남들 하는 눈치를 보며 사는 편이 부담이 없다. 그렇게 하면 고독감이나 불안 혹은 책임 따위의 무거운 부담을 느끼지 않아도 되기 때문이다.

그러나 그렇게 살아간다면 곧 자유를 내버린 삶이 되고 만다. 이는 또한 인간이 인간이기를 포기하는 것이기도 하다. 차라리 '자유의 형벌'을 스스로 나아가 받아들이고 미래를 향해 자기 자신을 씩씩하게 만들어 나가는 것이 옳지 않을까. 사르트르는 이를 표현하기를 '미래를 위해 자신을 내던져 간다투기한다' 고 했다.

'미래를 위해 자신을 내던진다.'

이 신선한 말은 고뇌하는 청년들에게 삶의 희망을 안겨 주는 말이다. 내가 만났던 고등학생 가운데에도 사르트르의 말에 감명받아 자살의 유혹에서 벗어났다는 사람이 몇 명 있었다. 여러분도 이 말을 다시 한 번 마음속으로 뇌어 보기 바란다.

사르트르는 죽기 직전1980년까지 그의 철학을 반영시켜 눈부신 활약을 했다. 그는 우선 현대 실존철학의 제일인자로 꼽힌다. 동시에 극작가로서 또 소설가로서도 많은 문제작을 발표했다. 사르트르는 단순히 문필 면에서만 활약을 한 것이 아니었다. 오히려 사회운동가로서의 활동을 더욱 활발히 했다.

우선 그는 제2차 세계대전 중 프랑스의 일개 병사로 종군하다가 포로가 되었다. 그러나 탈주에 성공해 프랑스로 돌아와서 당시 프랑스를 점령하고 있던 나치 독일에 저항운동레지스탕스을 전개했다. 그것은 실로 목숨을 건 싸움이었다.

세계대전이 끝나고 프랑스에 평화와 자유가 돌아온 뒤에도 자국 내의 우익 세력들과 싸워 나가며 프랑스의 식민지 알제리아의 독립 운동을 돕는 한편 알제리아의 자유를 위해 싸움을 벌였다. 또 소련이 탱크를 앞세워 헝가리의 민족운동을 탄압했을 때에는 소련을 비판하는 최선봉에 서서 활약했다. 베트남 전쟁1961~1973에 대한 반대 운동을 한 것으로도 유명하다.

그가 그처럼 맹렬한 사회운동을 전개했던 것은 인간이 자유롭기 위해서는 그럴 수 있는 사회적 조건을 갖춰 나가야만 하기 때문이었다. 그의 실천은 곧 이를 위한 사회운동이었던 셈이다.

모택동의 사상
인민의 참된 자유화

1989년 6월 중국에서는 천안문 사건이 발생하였다. 당시 민주화를 요구하는 반정부투쟁을 전개했던 학생들 사이에서조차 '모택동은 중화인민공화국의 아버지'로 존경받았다. 그는 정치가이면서 동시에 군사전략가요, 철학자였다.

모택동의 아버지는 호남성의 빈농 출신이었다. 그는 외지에 나가 돈벌이를 해 재산을 일군 뒤, 쌀 운송에까지 손을 뻗치는 부농이 되었다. 그의 장남 모택동은 고등소학교 및 중학교를 마치고 스무 살 때 호남 제1사범학교에 입학했다. 그 무렵 중국 밖에서는 제1차 세계대전이 일어났고, 중국 안에서는 손문이 주도한 봉기가 실패하고 원세개의 대통령 취임에 뒤이어 청조가 멸망하는 등 안팎으로 심각한 변혁의 태풍이 몰아치고 있었다.

당시 중국에서는 청운의 뜻을 품은 청년들 사이에 유학을 가야 한다는 의식이 팽배해 있었다. 가히 유학 열병이라 할 만했다. 유학 열병은 모택동이 입학한 사범학교라 해서 예외가 아니었다. 정계와 재계는 물론 학계

마저도 이른바 일류로 대접받기 위해서는 유학이 필수적이었다. 유학을 다녀오지 않으면 대접을 받지 못하는 시대였던 것이다. 같은 유학이라고는 해도 역시 유럽과 미국이 으뜸으로 꼽혔고, 그 다음이 일본이었다. 유학을 갈 형편이 못 되는 대학졸업자들은 유학생 출신들의 꽁무니에 붙어 다니는 형국이었다. 모택동은 정규대학조차도 진학하지 못했다.

스물다섯 살에 사범학교를 졸업한 뒤에 그는 친구에게서 여비를 빌려 북경으로 향했다. 이런 저런 사연 끝에 그는 북경대학 도서관 직원으로 취직했다. 남방의 방언을 쓰고 사범학교밖에 나오지 못한 모택동은 대학 직원들 사이에서도 무시당했다. 그러나 그런 자질구레한 데 전혀 구애받지 않고 그야말로 동서고금의 지식을 마음껏 익혀 넓고, 깊게 마르크스주의자로서의 교양을 갖춰 나갔다.

1921년, 모택동은 스물여덟 살이 되어 상해에서 열린 중국 공산당 창립 대회에 참석했다. 그 후 사회주의와 혁명운동에 관여해 가면서 스스로를 단단히 연마시켜 나갔다. 그의 사진을 보아도 알 수 있듯이, 모택동은 창백한 인텔리가 아닌 농민의 아들이란 인상을 짙게 풍긴다. 그런 까닭인지는 몰라도 중국의 노동자와 농민들은 모택동을 자신들의 친구라는 느낌을 주는 위대한 지도자로서 깊은 신뢰를 가졌다.

모택동이 가진 신념은 외국에 유학을 가서 이루어진 것이 아니었다. 본국의 복잡다난한 현실 속에서 오랫 동안 방황을 거듭한 끝에 도달한 신념이었다. 그같은 점이야말로 모택동이 반혁명 세력의 거센 탄압에도 불구하고 일반 민중을 성공적으로 지도, 만신창이가 된 반식민지국가 중국을 재건하고 오늘날의 중국을 건설할 수 있었던 원동력이 되었다.

그의 경력은 배울 만한 것이 많이 있고, 현대 중국을 아는 데도 큰 도움

이 된다. 그의 전기는 스메들 리가 쓴 〈위대한 길〉이나 에드거 스노우가 쓴 〈중국의 붉은 별〉 등의 빼어난 책을 통해 잘 알아볼 수 있다. 그러므로 전기를 소개하는 듯한 이야기는 그만두기로 하고 그의 사상에 관해 이야기해 보자.

모택동의 사상은 한 마디로 말하자면 신민주주의라 할 수 있다. 그것은 반봉건 반식민지국가인 중국의 현실을 딛고 서서 수립된 마르크스 레닌주의이다.

모든 사상은 그것이 형성되고 육성될 때 역사적 · 사회적 배경을 전제로 한다. 그러므로 어떤 하나의 사상을 전혀 다른 사회로 들여와 적용시켜 보려 하는 건 무리라는 것이 증명되는 경우가 많다. 일찍이 남아메리카의 사탕수수밭을 중심으로 수립된 체 게바라의 혁명이론을 고도 산업사회인 일본에 들여온 사람들이 있었지만, 결국은 대중의 지지를 얻지 못하고 자멸해 버리고 만 예도 있다. 모택동은 소련에서 형성된 마르크스 레닌주의를 가공없이 그대로 중국에 갖고 들어온 것이 아니라, 중국이 놓여 있는 사회상황을 분명하게 인식하고 중국의 풍토와 정서에 적합한 공산주의이론을 수립했다.

그는 중국의 현실을 다음과 같이 파악하였다.

"중국은 일본을 비롯한 많은 제국주의 국가들의 침략 대상이 되어 급기야 반식민 및 반독립국가 상태에 놓여 있다. 국내적으로는 봉건제도가 잔존해 있는 데다 노예제도의 잔재까지 남아 있어 지주와 자본가들이 외국의 제국주의자들과 결탁해 극히 소수의 이익만을 위해 중국인민을 괴롭히고 있다."

모택동은 이러한 중국의 현실을 딛고 서서 자유와 평등이 넘치는 사회주의 사회를 쌓아 올리고자 했다. 그러나 아직 사회발전이 더딘 중국에서는 단숨에 사회주의 혁명을 달성하려고 하면 절대로 성공하지 못하리라는 결론을 내렸다. 그리하여 그는 우선 국민 대다수를 차지하는 농민을 주체로 삼되, 노동자는 농민과 함께 묶어 나가고 민주주의적인 자본가들과도 연대를 맺어 나가며 혁명을 수행해야 한다고 보았다.

물론 노동자와 농민프롤레타리아이 사회주의 혁명의 지도자 노릇을 하지만, 문화대혁명1966~1976 무렵까지는 민족자본가라는 이름 아래 자본가의 존립도 허용되어 있었다. 그는 이러한 민주적 세력을 결집한 바탕 위에서 우선 제1단계로서 민주주의 혁명을 일으켜야 한다고 했다. 나아가 민주주의 혁명이 성공한 뒤에는 민주혁명을 철저하게 이행함으로써 사회주의 혁명으로 나아가야 한다고 주장했다.

혁명을 두 단계로 나누었던 점, 도시의 공장노동자보다 오히려 농민에게 혁명의 중심적 역할을 맡겼다는 점, 일시적이긴 했지만 민족자본의 존립을 허용했던 점 등은 소련이나 구미의 사회주의에서는 볼 수 없었던 독자적인 사고라 할 수 있다. 모택동이 중국이라는 현실을 얼마나 철저하게 파악하였으며, 얼마나 뛰어나게 토착적 사회주의 이론을 전개시켰는지를 잘 알 수 있다.

그렇다면 모택동은 그러한 혁명을 떠받치기 위해 어떤 세계관과 인생관을 근거로 했는지 살펴보자. 그가 변증법적 유물론의 입장에 섰다는 사실은 물론 말할 것도 없겠지만 여기서 마르크스의 세계관을 다시 한 번 복습해 보기로 하자.

마르크스는 생명이란 항상 동일물로 머물러 있고자 하면서도 동시에 동일물로 머무르지 않고 그것을 부정해 나가려 하는 모순을 지닌 존재라고 생각했다. 그리하여 그 모순이 사라지면 곧바로 생명체임을 멈추고 죽음이 찾아든다. 그러므로 생명체가 스스로 지각하는 참된 생명체이고자 한다면 자기 자신의 내면에 존재하는 그 모순을 분명하게 깨달을 필요가 있다. 마르크스는 모순에는 특수한 표면적인 모순과 근본적인 보편적 모순이 있다고 나누어 파악했다.

그 근본적 보편적 모순이란 마르크스가 설명한 생산력과 생산관계 그리고 상부구조의 모순을 가리킨다. 그러나 우리들은 우리 주변에서 일어나는 지역적인 대립에 눈길을 빼앗기기 일쑤이다. 예를 들어 직장 내에서의 의견 대립과 농민과 공장 노동자의 대립 등 현실적 모순이 우리들에게는 더 두드러지게 보이게 마련이다.

그러나 그러한 특수한 모순을 바라보며, 그 근본에 놓인 모든 것에 공통하는 모순점을 확실하게 파악하는 것이 보다 더 중요하다. 바꿔 말하자면 개별적인 특수한 모순으로부터 보편적인 모순을 파악하고 보편적 모순으로부터 특수한 모순을 찾아 내려는 노력을 계속해야만 한다는 것이다.

나아가 이 보편과 특수를 환류시킴으로써 얻게 된 이론은 이를 현실에 적용시켜혁명적 실천을 통해, 그 참과 거짓을 검증해야만 한다. 반면, 혁명적 실천은 이론의 뒷받침이 없게 되면 맹목적인 실천에 떨어지고 만다. 이론과 실천은 이처럼 상호관련되며, 상호보충되어야만 한다. 이론앎과 실천행동함은 결코 떨어져 있는 것이 아니다. 모택동은 이같은 이론을 대일항전을 수행해 나가면서 정리했다. 그것이 그의 주요 저서 〈모순론〉, 〈실천론〉이라는 책이다.

우리는 흔히 '사색하라' 혹은 '생각하라'는 말을 많이 듣는다. 그리고 우리는 그게 얼마나 중요한지 잘 안다. 그런데 도대체 생각한다는 건 구체적으로 무얼 말하는 것인가. 아는 듯하면서도 확실하게 알고 있지 않다. 나는 그의 책을 읽고 생각한다는 것이 구체적으로 어떤 것인지를 깨달을 수 있었다.

생각한다는 것은 우리들 자신이나 우리 주변에 존재하는 모순, 즉 있어서는 안 될 것이 있거나 있어야 할 것이 없는 모순을 우선 확실히 자각하는 데서 출발한다. 그 다음에 그 모순의 구조와 원인을 찾고 마지막으로 그 해결방법을 탐구하여 실제로 행동에 옮긴다. 말하자면 모순의 발견과 자각 → 모순의 구조와 원인의 추구 → 모순의 해결방법의 발견과 실천으로 진행되어 가는 일련의 과정이 '생각하는' 것이다.

현재 사회주의냐 자본주의냐 하는 식으로 둘 가운데 하나를 선택하려는 자세는 올바르다 할 수 없다. 그 이유는 무엇인가. 사회주의는 평등을 지나치게 강조한 나머지, 자유를 희생시켰다. 사유재산제의 부정과 계획경제는 생산의 비능률을 초래하여 경제를 활성화시켜 주지 못했다. 한편 자본주의는 자유를 지나치게 강조한 나머지, 불평등을 낳고 빈부의 격차를 확대시켜 나가는 위험 요소를 지니고 있다.

사회주의 국가들은 거의 모두 자유화를 택했고, 사회주의 종주국인 소련조차도 완전히 해체되어 자본주의로 변모하였고, 자본주의 국가 또한 계획경제와 공공복지의 입장에서 사유재산제에 제한을 가하고 있다. 사회주의 국가 이상을 평등하게, 사회주의적으로 변화되어 가는 나라들이 존재한다. 이처럼 자본주의와 사회주의는 서로 가까이 다가서고 있다.

맨발의 성인 간디
온 삶을 꿰뚫은 철학

1948년 1월 30일, 오후 5시 30분이 조금 넘은 시각이었다. 저녁 기도를 드리기 위해 조카 아바와 양녀 마티가 간디의 양옆구리에 손을 넣어 그를 받쳐 주고 있었다. 간디는 빨간 별 모양의 돌을 깔아 놓은 정원의 좁은 길에 내려섰다. 간디와 함께 기도 드리기 위해 모여든 무리 속에서 한 청년이 천천히 간디에게 다가섰다. 그 청년이 말을 걸었다.

"좀 늦었습니다."

"그래……"

간디는 머리는 마치 스님같이 빡빡 깎았고, 안경은 커다랗게 솟은 귀에 당장이라도 흘러내릴 것처럼 간신히 코에 걸쳐 있었다. 이가 거의 다 빠져

버린 입 끝으로는 자애로움이 넘치는 미소를 띤 채 머리를 끄덕였다. 그 순간, 빵! 빵! 빵! 하는 총소리가 났다. 한 발은 그의 가슴에, 나머지 두 발은 그의 위에 명중했다. 무너지듯이 쓰러진 간디의 손은 갑작스런 사건에 경악해하는 군중들을 향해 어느 새 하나로 뭉쳐져 합장하고 있었다.

자신의 목숨을 빼앗은 범인에게 그가 보여 준 것은 자애로움이 넘치는 미소였으며, 기도하는 자세인 합장의 모습이었다. 그의 마지막 모습은 실로 온 삶을 비폭력주의의 신념 아래 일관되게 살아온 사람에게 걸맞는 장면이었다.

간디가 이 세상에 남겨 놓은 물질적 유산은 닳아빠진 샌들과 안경뿐이었다. 그는 온 생애를 인도의 독립을 위해 바쳤고, 사실상의 인도독립을 쟁취한 정치가였다. 그는 철두철미하게 청빈의 사상을 실천했다. 그가 남긴 물질적 유산이 너무나 빈약하였지만, 그가 인도국민에게 나아가 인류에게 남긴 정신적 유산은 헤아리기 힘들 정도로 크다. 이제 간디가 남긴 정신적 유산에 눈을 돌려 보기로 하자.

그는 열아홉 살 되던 해에 런던으로 유학을 갔다. 런던에서 그는 이너 템플 법학원에 입학했고, 스물두 살 때 변호사 자격시험에 합격했다.

런던에 머무른 4년 동안 간디는 신사가 되기 위해 댄스를 배우고 웅변술을 익히는 한편 프랑스어와 바이올린 연주를 배우기도 했지만, 유학을 떠나면서 술과 여자와 육식을 금하겠다는 어머니와의 약속은 끝까지 지켰다.

원래 수줍음이 많은 성격 탓인지 그는 변호사로서의 적성에 대해 불안과 의문을 품고 있었다. 그런 간디를 3억 인민을 떨쳐 일어나게 하고 대영제국을 떨게 만든 투사가 되도록 바꿔 놓은 힘은 도대체 무엇이었까?

변호사라고는 하지만 아직 신출내기 티를 벗지 못한 그는 스물네 살 때 남아프리카에서 크게 사업을 벌이고 있던 제임스 압둘라 상회의 고문 변호사를 의뢰받고 1893년 5월 남아프리카로 건너갔다.

남아프리카에 상륙하여 목적지를 향해 가는 기차 안에서 그는 인도놈 주제에 일등차를 타다니 어디 맛 좀 보라는 소리와 함께 한 백인에게 질질 끌려 기차 밖으로 쫓겨났다. 기차는 떠나고 그는 차디찬 맨땅에서 하룻밤을 지내야 했다. 그러나 이 사건은 서곡에 지나지 않았다. 간신히 도착한 어떤 역에서 간디는 승합마차에 올라탔다. 이번에는 네덜란드인 마부에게 신나게 두들겨 맞고 쭉 뻗고 말았다.

그는 이런 사건들을 시작으로 남아프리카에 있는 동안 유색 인종 및 인도인에 대한 말로 표현하기 어려울 정도의 차별을 뼛속 깊이 체험했다. 그런 경험을 통해 그는 부정에 대해 끝까지 싸우리라는 결심을 하기에 이르렀다. 이리하여 변호사로 계약한 지 1년 남짓 되는 무렵부터 그 뒤 20여 년간 남아프리카에 머물면서 그곳 인도인들의 기본적 인권을 지키기 위해 과감한 싸움을 시작했다. 그리고 그 싸움 속에서 간디는 세계사를 통틀어 드물게 보는 개성과 인격을 형성하며 인도의 독립투사로서 굳건한 자아를 확립해 나갔다.

나는 여기서 투사라는 말을 사용했다. 그렇다. 간디는 참된 의미에서 투사이다. 그러나 간디는 투사란 말의 이미지와는 전혀 다른 이미지를 지닌 사람이다. 그것은 그가 지닌 종교적 분위기 때문일 것이다. 그는 말했다. '나는 기도로써 구원받았다. 기도에 의지하지 않았더라면 나는 훨씬 전에 미친 사람이 되고 말았을 것이다…… 기도 없는 생활은 따분하고 공허하다고 여겨졌다'라고, 그는 죽는 그 순간까지 경건한 힌두교도로서의 일생을 보냈다.

간디의 용감한 싸움을 지탱해 준 사상은 이러한 동양적인 신앙을 근간으로 하고 있다. 그리고 그 위에 유럽 문화에서 배운 교양이 한데 어울려 그의 독자적인 실천 철학이 형성되었던 것이다.

그는 행동의 으뜸 가는 목적을 진리의 파악에 두었다. 간디는 이에 관한 그의 생각을 여러 가지로 표현했다.

"진리란 무엇인가 하는 문제는 철학상의 중요한 문제이다. 그러나 나는 진리를 내밀한 음성이 전해 주는 그 무엇이라고 생각한다."

"진리는 붓다, 예수, 마호메트의 입을 빌려 아주 다양하게 서로 다른 모습으로 표현되고 있지만 근본은 하나이다. 오직 하나 확실하게 말할 수 있는 것은 진리란 겸허한 마음을 갖추지 못한 사람은 절대 찾아내지 못한다는 것이다. 사람은 스스로를 무로 돌리지 않으면 진리의 바다 한가운데에

서 헤엄을 칠 수 없다."

그러나 간디가 중요하게 여긴 문제는 진리가 무엇인가 하는 것보다도 자기의 몸과 행동을 통해 진리를 실현해 가야 한다는 점이었다. 그가 철학자로서보다도 사상의 실천가, 곧 휴머니스트로서 유명한 까닭도 그 때문이다. 그는 진리의 파악을 위한 실천으로서 두 가지를 역설했다. 하나는 아힘사_{불살생}이며, 또 하나는 브라마탈리아_{금욕, 자기 정화}이다.

우선 아힘사에 대해 이야기해 보자. 간디는 인간과 동물의 차이가 폭력이 있느냐 없느냐에 달려 있다고 보았다. 이야기가 빗나가는지 모르겠지만, 최근의 연구에 따르면 인간이 동물 이상으로 폭력적이라는 사실이 밝혀졌다 한다. 동물은 같은 종류 사이에서는 결코 서로 죽이지 않는다. 예를 들어 사자는 사자끼리 싸움을 벌이는 일은 있지만 결코 상대를 죽음으로 몰아가지는 않는다고 한다. 그러나 인간은 서로 싸움을 벌이는 것은 물론 서슴지 않고 상대방을 죽음으로 몰아간다. 그런 의미에서 인간은 동물보다 더 폭력적이라는 사실을 알 수 있다.

인간 사회에서 간디 신념인 아힘사의 의의는 감소되지 않는다. 감소되기는커녕 인간이 폭력적인 이상, 또 전쟁 형태의 싸움이 여전히 빈발하고 있는 만큼 그가 주장하는 아힘사의 가치는 더욱 더 높게 평가되어야 할 형국이다.

인간은 강한 신념, 확신하는 진리의 실현을 위해서 자칫하면 살생을 저지른다. 우리들은 그 두드러진 예를 16세기에서 17세기에 걸쳐 벌어진 종교개혁 전쟁에서 찾아볼 수 있다.

그들은 기독교에서 말하는 사랑의 실천을 위해 잇따라 탄핵을 가하는가 하면, 때로는 아무런 관계가 없는 민중들을 죽음으로 내모는 집단들이 있다.

간디는 올바른 목적을 실현하기 위해서라면 수단도 올바르지 않으면 안된다고 설파하고 폭력이나 폭력의 가장 두드러진 표현인 살생을 단호하게 배척해야 한다고 주장했다.

부정에 대해서는 상대방이 진리에 눈뜨도록 하는 무기를 써서 싸움을 벌인다. 무력이나 폭력을 써서 지배 혹은 탄압을 자행하는 것은 잘못이라는 것을 상대방이 깨닫도록 한다는 신념이었다. 이처럼 그는 언뜻 보기에는 허약해 보이는 방법인 무폭력·무저항의 입장에 서서 대영제국의 식민주의에 맞서 싸워 마침내는 그들로 하여금 경악하게 만들었던 것이다.

그러나 상대방을 진리에 눈뜨게 만든다는 것이 말로는 쉬워 보이지만 그렇게 간단한 문제가 아니다. 간디는 또 하나가 필요함을 역설했다. 그것이 두 번째 말한 금욕 및 자기 정화라고 번역되는 브라마탈리아이다. 즉 상대방을 진리에 눈뜨게 하려면 자기 자신이 정신적으로나 도덕적으로 뛰어난 인간의 모습으로 그 앞에 나설 필요가 있다는 것이다.

그가 젊었을 때 런던에서 술과 여자와 육식을 완전히 멀리하고 수행과 면학에 힘썼던 것은 이미 말한 바 있다. 또 그가 남긴 재산이라고는 낡아빠진 샌들과 안경뿐이었다는 사실도 이미 말했다. 그는 물질적인 욕망에서 완전히 떠난 사람이었다. 나아가 놀랄 만한 사실은 그가 부부의 성생활조차도 멀리하며 자기 정화에 힘썼다는 사실이다.

그는 인도의 풍습에 따라 열세 살에 결혼했다. 그때부터 간디는 아내의 곁을 잠시도 떨어지지 않을 정도로 아내를 깊이 사랑했다. 그러나 서른일곱 살이 되던 해 간디는 아내에게 금욕을 제안하였고 그 뒤 두 사람은 일체의 성생활을 끊었다고 한다.

그들이 그렇게 한 까닭은 아무리 부부 사이라 할지라도 성생활에 몸과 마음을 빼앗기게 되면 몸과 마음을 모두 기울여 인류에 봉사하는 것이 불가능하다고 생각했기 때문이었다.

장차관의 자리에 올라 앉으면 호화로운 대저택에 별장을 따로 갖고 온갖 파티를 벌이고 주색에 빠져들며 검은 거래를 일삼는 정치가들은 간디의 언행에서 실로 부끄러움을 느껴야 할 것이다.

간디는 위에서 말한 철학을 기초 삼아 지난 날 해가 지지 않는 대영제국과 맞서 싸워 마침내 승리했다. 한편 인도 사람들은 간디를 가리켜 '바푸아버지' 혹은 '마하트마 간디위대한 혼 간디' 라는 존칭을 붙여 부르고 있다.

간디는 항상 민중과 함께 있었다. 그리고 그들의 삶을 지켜주기 위해 노력했다. 그는 진정한 의미에서 궁핍으로 신음하는 민중들을 바로 세우는 데 일생을 바친 '민중의 지도자' 였다.

제 9 장

철학은 왜 필요한가?

이처럼 우주 전체나 우리 한 사람 한 사람은 서로 다른 존재가 아니라 모두 하나이다. 너와 나, 절대자와 상대자, 자연과 인간을 대립시켜 사고하지 않고 같은 것이라고 생각한다. 개체 혹은 전체로 나누어 말하긴 하지만 그 본질은 같으며 너와 나를 한몸으로 본다.

001 살아가는 데 철학은 왜 필요한가?

미야자와 리에의 철학, 누드사진, 에이즈 소동을 철학한다

철학이란 자신의 인생을 살아가는 척도를 파악하는 학문이다

일본에서 영화배우 미야자와 리에와 스모 선수 다카노 하나세키가 결혼을 발표한 지 얼마 안 되어서 그 결혼을 취소한다고 번복하여 세간의 화제가 된 적이 있었다. 그들이 결혼을 발표할 당시에 신부와 신랑의 나이가 결혼하기에 너무 어리지 않은가 하는 기자들의 질문에 리에는,

"지금까지 나는 보통의 잣대로 세상사를 재지 않았기 때문에 그것에 대해 전혀 염려하지 않는다. 나는 나 자신의 척도로 지금까지 살아왔고 앞으로도 그 척도를 기준으로 살아갈 것이다."

또 그녀는 신랑 될 사람에게 받은 반지를 보여 주고 싶지 않은 것도 그의 마음을 선물의 값이나 크기 따위를 기준으로 이러쿵 저러쿵 말하는 것을 듣고 싶지 않기 때문이라고 했다.

리에의 이 말은 모든 것을 경제적 가치로 판단하는 즉 가격이 높으면 높을수록 그 값어치도 높다고 판단하는 세상 인심에 대한 비판이었다고 생

각한다. 달리 말하면 애정이라는 마음에 가치판단의 척도를 두었다고 말할 수도 있을 것이다. 나는 그녀의 말이 열아홉 살의 젊은 사람으로서는 하기 어려운 멋진 말이었다고 생각했다.

'자신의 척도로 살아갈 것, 그것을 분명하게 지니고 있을 것······.'

철학이란 자신의 인생을 살아가는 척도를 파악하는 학문이라고 말할 수 있다.

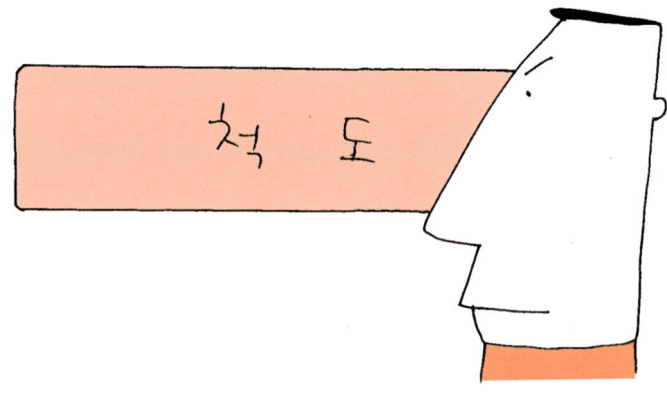

그러나 그로부터 겨우 3개월이 지난 뒤, 그들은 그 훌륭했던 결혼 약속을 취소하고 말았다. 그 이유가 잡지마다 제각각이라 진상을 정확하게 알수는 없었으나 역시 젊기 때문에 그와 같은 과오를 저지른 것이 아니었을까?

자신의 삶의 밑받침이 될 만한 척도를 분명하게 파악하기란 그렇게 쉬운 일이 아니다. 학문에 힘쓰고 독서를 한다고 되는 일도 아니다. 인생사의 모진 비바람을 이겨내고 갖가지 세상사의 쓰라림을 맛보고 살면서 조금씩 쌓아 나가는 것이 아닌가 하는 생각이다. 그녀도 이번에 맞이한 비바람이라면 비바람이랄 수 있는 쓰라림을 자신의 인생을 살아가는 척도 안에 들어갈 수 있게 잘 녹일 것이라고 믿는다. 만약 그렇지 못한다면 어리석다고밖에 말할 수 없다. 다카노 하나세키에게도 마찬가지이다.

스모 사회는 실력이 모든 것을 결정짓는 세계이다. 선수들은 실력을 쌓기 위해 철저히 노력해야 한다. 그들은 인내라는 말을 곱씹으며 욕망을 철저히 억제하고 오로지 인내하며 연습에 연습을 거듭해 스스로를 강하게 다듬어 나가는 사회이다. 이같은 생활 방식을 스토익한 생활방식이라고 한다.

화제가 좀 빗나갔지만 스토익한 생활방식을 설파한 것은 그리스 철학의 한 파인 스토아학파이고 그 대표자는 제논B.C 335~B.C 263이다. 이성의 힘으로 욕망을 억제하며 금욕적인 생활을 계속함으로써 인간은 행복해질 수 있다는 주장이다.

같은 시대에 이 생각과는 전혀 반대되는 사고방식을 주장한 사람들이 있다. 그 학파는 에피큐로스학파라 하며 그 대표자는 에피큐로스B.C 342~B.C 270이다. 지금부터 반세기 전까지만 해도 저 친구는 에피큐리언이야 하는 말이 학생들 사이에 성행했었다. 즉 남성이 여성을 성적인 욕망 충족의 대상으로서 생각하려는 친구에 대한 비난의 의미로 사용했던 것이다. 그러나 에피큐로스는 결코 그같은 의미로 쓴 것이 아니다.

분명히 그는 쾌락이야말로 인생의 목적이라고 주장했다. 그러나 그가 말하는 쾌락은 육체적, 감각적, 순간적인 쾌락이 아니다. 오히려 성신석, 영속적인 쾌락이야말로 진정한 의미에서의 쾌락이라고 파악했다. 그리고 그같은 쾌락은 세속 가운데서의 적극적인 활동보다는 세상의 번잡스러움으로부터 벗어나 우정이나 학문적인 대화 등의 소극적, 도피적 생활에서 체험할 수 있다고 보았다. 스토아학파와 달리 쾌락주의적 인생관을 내세웠던 관계로 학생들 사이에 그렇게 말했던 것이다.

에피큐리언이라는 단어는 과거에는 여성에 대한 남성의 성차별을 뜻하였지만 이제는 남녀의 차별을 넘어 서로간에 성적 욕구를 만족시키기 위한 수단을 가리키는 용어가 되어 있다는 느낌이 든다.

화제를 다시 미야자와 리에로 돌리자. 나는 1993년도를 '누드 원년'이라는 말로 규정하였다. 그 누드 원년을 만든 사람이 다름 아닌 미야자와 리에라고 생각한다. 그녀의 누드 사진집이 폭발적인 인기를 얻고 팔려 나갔다. 나는 이 누드 붐이 처녀성에 대한 동경이 아닐까 하는 분석을 제기한 바 있다. 그리고 지금까지도 그러한 생각엔 변함이 없다.

그 후, 누드 사진집이 잇따라 출판되었고 세상이 온통 이 누드 사진집에 대해 떠들썩하자 나도 감상해 봐야겠다는 생각에 서점으로 갔는데 약간의 저항감이 없지 않았다. 그 중 가장 잘 나가는 책이 어떤 것인가를 물어 그걸 구입했는데 가격이 비싼 것에 놀랐다.

기대에 부풀어 책장을 넘겨 나갔다. 정부에서 문제 삼고 있는 헤어음모가 선명하게 찍혀 있었고 성행위를 하는 사진도 있었다. 개중에는 정말 아름답다고 감탄할 만한 것도 있는가 하면 이 정도면 예술 사진이랄 수도 있겠구나 하는 생각을 갖게 하는 작품도 있었다. 그러나 우리 가족이 보면 안 된다는 생각에 나는 그 책을 가방 깊숙이 쑤셔 넣었다.

나는 누드 사진집에 대한 나의 평가에 자신이 없어서 서점을 경영하고 있는 친구에게 감상을 물었다.

"주로 젊은 남자들이 잘 사가는 책인데, 예술적으로 감상하기 위해 구입해 간다고 생각하진 않네. 어쩌면 자위행위의 대상으로 사 간다고 할 수 있네. 물론 미야자와나 시마타의 사진은 유명인에 대한 동경이라는 요소가 있다고 생각되지만…."

젊은 시절을 경험을 통해 생각해 볼 때 그 친구의 생각에 동감을 한다. 그렇다면 누드 사진집은 예술과는 거리가 멀다는 의견이 성립될 수 있다. 물론, 말도 안 된다, 누드 사진집은 예술 그 자체다라는 의견도 있을 수 있다. 그만큼 예술이란 어려운 것이 아닐까. 예술은 본질적으로 객관성이나 보편성과는 동떨어진 성격을 지니고 있기 때문이다.

과학을 비롯한 모든 학문은 '이러한 현상이 왜 일어나는 것인가?' '이러한 움직임을 있게 한 법칙은 무엇일까?' 하는 물음에 대한 해답으로 성립되기 때문에 객관성이나 보편성이야말로 그것의 생명이라 할 수 있다.

그러나 예술은 그렇지 않다. 사진 혹은 그림에 대해 느끼는 아름다움이 예술의 근본에 놓여 있다고 말할 수 있다. '왜'라는 물음과 달리 '느낀다'는 것은 지극히 주관적이라는 평가를 벗어날 수 없다.

예를 들어 전세계적으로 극히 평가를 받고 있는 피카소의 그림에 대해서 그렇게 가치 있는 그림이라고 생각지 않는다거나 보는 이에 따라서 아름다움을 느끼기보다는 초등학생도 그릴 수 있는 유치한 그림이라고 생각하면서 혹시 예술을 감상할 수 있는 능력이 없는 것인가? 하는 의문을 갖는 사람도 있을 것이다.

예술의 평가 혹은 감상은 이처럼 어려운 것이다. 그러나 거의 모든 사람늘이 아름답다고 말하는 경우도 있다. 파리의 루브르 박물관에 가면 손에 닿을 듯한 거리에서 비너스를 감상할 수 있다. 균형 잡힌 멋진 조각품을 앞에 놓고 많은 사람들은 아름다움을 느낀다. 비너스와 같은 여성의 나체 조각품을 앞에 두고 성욕에 휩싸이는 남자는 아마 없을 것이라고 생각한다.

그럼, 비너스를 두고 객관적이고 보편적인 아름다움을 느끼게 되는 까닭은 어디에 있을까?

어떤 사람은 영원하고 신성한 존재에 대한 관조로부터 생겨나는 사람을 상징하기 때문에 개인의 주관이나 기술을 초월한다는 해석을 하기도 한다. 영원이나 신성 또는 사랑이라는 보편적인 것을 표현하고 있는 까닭에 객관적이고 보편적인 아름다움을 형성한다는 뜻이다.

이번에는 에이즈에 관한 문제를 다뤄 보자.

나는 오랫동안 교직생활을 해 왔기 때문에 콘돔이라든지 섹스라는 단어를 학생들 앞에서는 물론 남 앞에서 입 밖에 꺼낸 적이 거의 없다. 그러던 것이 언제부턴가 남들 앞에서 그런 얘기를 꺼내는 것에 저항감을 느끼지 않게 되었다. 에이즈 문제 덕분이다.

나는 에이즈 문제를 두 가지 면에서 검토해야 한다고 생각한다. 첫째로는 사회적 측면에서이다. 섹스나 마약의 범람, 모자 감염, 나아가 부부생활 등을 통해 앞으로 폭발적으로 증가할 것이어서 매우 유리하다. 핵 폭발이 인류 공멸의 위기로 내모는 것과 마찬가지로 에이즈는 인류를 파멸로 이끌어 갈 무서운 질병이다. 과거에 흑사병이 인류를 파멸시킬 것이라는 우려를 안겨 주었지만 결국은 의학의 발달로 그 위기를 극복했듯 인류의 미래를 위해 우리는 반드시 에이즈를 퇴치해야 하며 이를 하루라도 앞당기기 위해 최선의 노력을 해 나가야 한다.

또 하나의 문제는 '섹스를 할 때에는 콘돔을 사용합시다' 라는 캠페인이다. 섹스의 반대어라 할 만한 순결이라는 말이 죽어버린 말이 돼 버렸다는 느낌이 들고 그게 나한테는 여간 이상한 문제가 아니다. 인류가 수렵생활에서 유목 내지는 목축 생활로 접어들면서 가장 골치를 썩였던 문제 중의 하나는 인간도 동물과 마찬가지로 섹스를 하고 아이들을 낳는다는 사실이었다. 인간과 동물 사이에는 과연 차이점이 존재하는가 하는 문제였다. 가축과 함께 살게 되면서 가축들의 행동을 자세히 관찰할 수 있게 되면서 그 사실을 알게 되었다. 그리하여 기독교에서는 성사새크러먼트·sacrament 신의 은총을 신도에게 전해 주는 의식으로 세례나 성찬 등을 말함라는 개념을 만들어 냈다. 한 쌍의 남녀가 하느님 앞에서 한평생을 함께 살고 서로 돕겠다는 맹세를 함으로써 하느님께 부부가 된 것을 인정받게 된다. 그런 뒤에 비록 동물과 똑같은 행위를 한다 해도 그것은 동물과 질적으로 다른 행위로 여긴다. 여기서 순결이라는 덕목이 성립되었다.

순결이라는 사람의 도리는 오랜 세월 동안 사람이라면 당연히 행해야 할 도리였다. 그런데 요즘 들어 그런 것은 별로 중요하게 여기지 않고 있다. 이것은 인류가 진보인가 아니면 퇴보인가.

나는 자신의 행위의 결과에 대해서는 스스로 책임을 져야 한다고 생각한다. 만일 어떤 행위가 옳지 않았다면 그 스스로 속죄의 질책을 받는 것이 당연하다. 이렇게 볼 때 부정한 섹스, 소독 안 된 주사 바늘을 통한 마약 투여 따위로 인해 에이즈에 감염된 사람들을 나무라는 건 잘못된 것이 아니다. 물론 수혈에 의한 감염, 모자감염, 부부생활에 의한 어느 일방의 감염 등 자신에게 잘못이 없이 감염된 사람들에 대해서는 사회가 최선의 보호를 해 주고 인권을 지켜 주어야 한다는 것이 대해서는 말할 필요도 없다.

왕세자비 오와다 마사코를 둘러싼 화제와 철학의 관계

철학은 왜 매일 일어나는 시사 문제와 깊이 연결되어 있는가

이 책을 쓰는 동안, 말하고 넘어가지 않을 수 없는 사건이 있었다. 그것은 일본의 경기가 혼미 속을 헤매는 가운데 1993년 새해가 시작된 지 며칠 지나지 않은 1월 6일 밤, 오와다 마사코가 왕세자비에 내정되었다는 뉴스였다. 이 소식은 일본뿐만 아니라 전세계의 뉴스거리로 떠올랐다.

그러나 이 뉴스는 헌법에 규정된 '보도의 자유'라는 기본적인 권리와 새로운 인권으로 대두된 프라이버시권과 관련되어 논란이 일었다.

헌법에는 '집회, 결사 및 언론과 출판 기타 일체의 표현의 자유를 보장한다'라고 되어 있다. 신문과 잡지와 텔레비전과 라디오 등 매스컴은 이 헌법 조문을 근거 삼아 진실을 보도하는 역할 그리고 사회적 의무감을 갖고 활동하고 있다.

또 헌법의 다른 조항에 개인의 행복 추구권이 보장돼 있고 이 조문을 근거로 프라이버시의 권리가 법원의 판결에 의해 확연히 정립됐다. 헌법에서 프라이버시권이라는 용어를 사용하진 않았지만 매스컴과 컴퓨터의 발달 등 사회적 상황을 배경으로 개념이 새로 확립된 인권이라 할 수 있다.

이 권리가 최초로 확립된 것은 1964년의 일이다. 미시마 유키오가 쓴 '연회'란 소설을 보면 개인의 비밀을 공개하였다는 이유로 열린 재판에서 도쿄 지방재판소는 다음과 같이 진술한다.

"개인의 존엄이라는 사상은 서로간의 인격이 존중되고 자아가 부당한 간섭으로부터 보호를 받아야만 비로소 확실한 자리매김이 되는 것으로서, 이를 위해 정당한 이유 없이 타인의 사생활을 공개하는 행위는 용서받

을 수 없다. 이른바 프라이버시권은 사생활이 함부로 공개되지 않도록 하는 법적 보장 내지 권리로서 이해된다."

이 두 가지의 기본적 인권이 모순관계에서 대립했던 것이 왕세자비를 둘러싼 보도라 하겠다. 들리는 말에 의하면 왕세자비 후보에 오른 여성은 100명 전후였다고 한다. 이 여성들은 신문기자나 잡지기자로부터 지나치다 싶을 만큼 취재공격을 받았다. 그녀들이 어디를 가든 취재차가 따라 붙었던 것이다. 이른바 철저한 프라이버시 침해이다.

이러한 사정을 고려하여 궁태청은 '조용한 환경에서 왕세자비를 선정할 수 있도록 협력하기 바란다'고 매스컴 관계자에게 협조를 구했고 각 신문사들은 '취재는 하되 보도는 하지 않겠다'고 약속을 했다 한다. 1921년 2월에 성립된 이 합의는 계속 연장되어 1993년 1월 말까지 유효하다고 한다.

그러나 기본적 인권이라는 문제와 관련지어 생각할 때 이러한 협정은 매스컴으로서는 자살 행위가 아니었나 하는 논란을 불러 일으켰다. 즉 매스컴은 '보도의 자유'에 따라야 하는데 그 권리를 스스로 포기하는 것은 곧 매스컴의 사회적 의무를 스스로 내버리는 셈이라는 주장이다.

1월 19일에 왕세자비 후보자로 공식 결정된 오와다 마사코는 개인이 아닌 공인이 되었다. 왕족 관계자라고 해도 프라이버시권은 지켜져야 한다. 그러나 일본의 상징인 '일왕 관계자'가 되면 적지 않은 제약을 받게 되는 것도 사실이다. 예를 들어 공인의 대표자 격인 수상이나 각 정당의 당수들도 몇 시에 집을 나서 어디에 가서 무엇을 했는지 신문에 매일 보도가 된다.

만일 보통 사람들의 행동을 이처럼 조사해서 발표하는 기관이 있다면

프라이버시 침해가 분명하여 우리들은 인권위원회 같은 곳에 호소하게 될 것이다. 그러나 공인으로 간주되는 사람들은 이러한 권리에 관한 한 예외라고 할 수 있다.

이번 왕세자비 선정 과정에서 19세기 헌법에는 없었던 기본적 인권이 존재한다는 사실과 그 인권이 때에 따라서는 서로 대립하여 모순 관계에 놓인다는 사실이 뜻밖에 국민들 앞에 부각되었다.

또 오와다 마사코가 외교관이었다는 사실에서 왕실외교가 관심사로 떠올랐다. 수상이나 외무장관은 3, 4년마다 교체되지만 의례적이라고는 하나 왕실외교에는 연속성이 있다. 유명한 구소련의 에르미타쥬 미술관에는 일왕 메이지가 증정한 상아로 만든 멋진 독수리 조각이 있다. 이 조각은 당시의 로마노프 왕조에 대한 일본 왕실의 친밀감을 보여 주는 상징으로서 지금까지 전시되어 있다 한다. 일본과 러시아는 도중에 사회주의 혁명이라는 사건이 있긴 했지만 100년 이상 우호관계를 맺어 왔다는 사실이 이 조각품을 통해 분명히 나타나 있다.

기본적 인권은 존 로크의 철학에 기초하여 발달된 것이며 일왕을 일본의 상징으로서 일본 헌법에 올릴 것을 제안한 사람은 니시다 기타로라는 사람이다. 이같은 사건들을 통해 철학은 매일매일 일어나는 시사문제와 깊은 관계를 맺고 있음을 알 수 있다.

지구는 푸르다
천년 전에 중국의 학자 장자가 말했다

세계적으로 여러 가지 다양한 사건들이 매스컴을 장식하고 있다. 그 중에서 우주 비행에 대한 기사는 사람들의 이목을 붙잡아 두기에 충분하다.

"우주에서 바라보는 세계에는 국경이 보이지 않습니다. 지구는 녹색으로 뒤덮여 매우 푸른 모습이었습니다."

이 말은 내 마음을 아주 끌어당기는 말이다. 국경 없는 시대라고 외치는 말인 듯하지만 민족운동의 거센 비바람이 몰아치고 있는 세계 정세에 대한 날카로운 비판이라고 생각된다.

인류 최초로 우주에서 지구를 본 구소련의 가가린도 '지구는 푸르다' 는 말을 했다. 그러나 현대의 우주인들보다 먼저 지구가 푸르다고 한 사람이 있다. 지금으로부터 2천 몇 백 년 전의 사람인 장자이다. 일본의 미야자와 수상도 장자를 취미 삼아 읽고 있다고 말한 적이 있다.

어떤 말이건 문장이건 처음의 한 마디, 한 구절이 듣고 싶고 읽고 싶은 의욕을 불러일으키는 관건이 되는 법이다.

국경의 기다란 터널을 빠져나가면 설국이었다. 밤이 깊었다. 플랫폼에 기차가 멈추었다.

이것은 가와바타 야스나리의 유명한 '설국' 의 첫머리이다. 수많은 사람들이 설국을 읽은 이유나 수차례 영화로 만들어진 이유는 책의 첫머리가 이토록 아름다워서가 아닐까? 많은 사람들이 읽지 않으면 명저가 될 수

없는 법이다.

'장자'의 첫머리에도 이와 비슷한 느낌을 주는 내용으로 시작된다. '북쪽 끝의 바다에 물고기가 있다. 그 이름은 곤이라 한다. 곤의 크기가 도대체 몇 천 리인지 짐작도 가지 않는다. 그것이 갑자기 모습이 바뀌어 새가 되었다.'

현대어로 옮긴 것보다는 원문으로 보면 더욱 재미있다. 꼭 읽어 보기를 권하는 바이다. 기상천외한 발상이라고 생각되지 않는가. 붕이 된 커다란 새는 남쪽 끝의 바다를 목표로 하여 날아간다. 그 바다는 하늘의 못이다. 붕은 바다 위 3천 리를 활주한 끝에 9만 리 상공으로 날아 올라간다. 이리하여 '지구는 푸르다'라는 상상이 전개된다.

하늘의 푸르고 푸른 색은 과연 진짜 색인가. 그렇지 않으면 멀리 떨어져 가이 없는 까닭에 그리 보이는 것인가. 붕 또한 하계를 내려다볼 때 역시 이같이 푸르게 볼 것임에 틀림없다.

가가린을 비롯한 우주인들은 지구를 직접 눈으로 확인한 후에야 지구는 푸르다고 했다. 장자는 상상력을 동원하여 지구는 푸를 것임에 틀림없다고 말했다. 그 차이는 있지만 2천 년 이상이나 지난 옛날 사람의 상상력이라고 생각할 때 역시 놀랄 만한 일이다.

유교사상이 정통으로 인정된 중국에서는 인간은 인간으로서의 존엄성을 지녀야만 하며 인간을 동물과 비교한다는 건 있을 수 없는 일로 간주되었다. 이 전통에 맞서 도전한 사람이 장자였다. 그는 '소요유편 제1'에서 새나 물고기 혹은 그 밖의 동물을 등장시켜 현실 세계를 뛰어넘은 이상의 세계, 말하자면 자유로운 인간의 이상세계를 묘사한다. 즉 이솝 우화에서 쓰인 우화수법을 써서 이상사회를 묘사한 것이다.

붕은 구만 리 상공을 그 무엇에도 방해받지 않고 북쪽의 어두운 바다에서 남쪽 끝의 하늘못을 향해 날개를 퍼덕인다. 짙푸른 하늘—끝도 없고 한도 없는 세계 안에서 날개를 퍼덕이며 자유자재로 비상해 나간다. 장자는 현실 세계가 가혹하면 할수록 그 안에서 자유의 참모습을 묘사하려 했던 것이다.

그렇다면 어떻게 그같은 마음에 도달할 수가 있을까? 그것이 '제물론편 제2' 이후에 언급된 장자의 철학 사상이다. 대단히 난해한 사상으로서 내가 충분히 이해했다고 도저히 말할 수 없다. 나아가 이를 알기 쉽게 해설한다고 말하기도 대단히 쑥스러울 지경이다. 다만 간단하게 해설을 붙인다면 다음과 같이 말할 수 있을 것이다. 현실세계에서 이루어지는 여러 가지 구별은 절대적이지 않다. 예를 들어 키가 190센티미터인 사람은 대단히 키가 크고 스마트하게 여겨져 다른 사람들의 부러움을 산다. 그러나 이 사람도 195센티미터 되는 사람과 비교하면 키가 작은 사람이 된다. 정치

세계로 눈을 돌리면 가네마루나 다나카 전 수상은 얼마 전까지만 해도 모든 권력을 한몸에 집중시켜 이른바 날아가는 새도 떨어뜨릴 만한 권세를 자랑했다.

그런데 지금은 어떤가. 그들은 더 이상 그같은 권력을 갖고 있지 않다. 오히려 제로에 가깝다고 말할 수 있다. 이런 점들을 생각해 보면 현실 세계의 구별이나 상위라는 것은 일시적일 뿐이며 시대가 변하고 관점이 바뀌게 되면 현재의 평가가 완전히 역전돼 버리고 만다.

그러므로 현재의 판단이나 평가가 절대적으로 좋다고 하고 그것에 집착하게 되면 인생이 괴로워지거나 불행을 자초하게 된다. 미망이라 함은 사물의 차별에 매달리는 것을 말한다. 한 마디로 제물론을 정의한다면, 만물은 긍정적으로 모두 같다는 사고방식이라 할 수 있다. 이러한 생각에 도달함으로써 붕이 푸르른 상공을 자유자재로 비상하는 것과 같은 자유의 경지를 획득할 수 있다고 설파했다.

나아가 『제물론』에서는 무의 사상도 설파되어 있다. 자신의 손발이나 몸에 관해서도 잊고 눈과 귀의 작용도 중단시키고 지혜의 작용이라는 것도 내어 버리고 저 커다란 자연의 흐름과 하나가 되는 것을 말한다. 어려운 이야기가 돼 버렸는데 흔히 좌선을 통해 얻을 수 있는 무의 경지 혹은 공의 경지가 곧 이같은 생각과 비슷하다. 사실 대승불교가 중국에 도입되었을 때, 대승불교의 공의 사상을 장자가 자신의 철학사상 가운데 무의 개념으로 설명한 것이라 할 수 있다.

물론 불교에서는 장자의 철학사상과 다르다고 주장하지만 나는 솔직하게 말해서 어디가 어떻게 다른지 이해할 수가 없다. 결국 이러한 경지는 지식으로는 이해가 불가능하다. 설명을 회피하려는 것처럼 돼 버린 느낌이지만 수행이라는 실천을 통해야만 비로소 이해가 가능하지 않을까 한다.

권력자들이 보통 혹독한 비판을 받는 일이 흔한데 붕이 자유로이 푸른 하늘을 비상하듯 비상하는 경지에 도달하고 싶어 장자를 읽는 것도 무리는 아니라고 생각한다.

동양과 서양의 철학은 왜 다른가?

계약 정신에 기초한 유목민족의 철학과 조화를 추구하는 농경민족의 철학

지금부터 철학의 주된 사상으로 들어가게 되는데 그 전에 철학에 있어 서양과 동양의 차이에 대해 개괄적으로 살펴보기로 하자. 총괄적으로 말하자면 농경민족과 수렵 목축 민족의 차이, 즉 생산방법 및 풍토의 영향에 의한 생활 양식의 차이에서 오는 상이점이다.

우선 유럽을 포함해 서양인이라 불리는 사람들은 어떤 사고를 갖고 있는가.

유목민족은 모든 생활을 가축에 의존한다. 가축의 고기는 식용으로, 젖은 음료로, 가죽은 의복이나 가옥을 짓는 데 쓴다. 그러므로 생활을 위해 가축의 확보는 필수적이다. 상대를 쓰러뜨려서라도 반드시 초원을 확보해야 한다. 이 때문에 유목민족에게 있어 전쟁은 일상적으로 일어나는 다반사였다.

들판에서 만나는 상대는 자신을 부정하는 적이거나 쓰러뜨려야 하는 경

쟁상대이다. 그러므로 인간관계도 대립과 긴장 위에 맺어지며, 자연스럽게 사고방식도 대립과 경쟁을 시켜 나가는 경향을 지니게 된다.

이처럼 서양 사람들은 사람과 자연, 나와 너, 보는 사람과 보이는 사람 등 그 모든 것을 대립적으로 설정한다. 그 결과 사고방식이 분석적, 논리적이 되었다. 예를 들어 사랑하는 사람끼리는 일체화되므로 마마자국도 보조개로 보인다. 왜냐하면 사랑은 맹목적이므로 한걸음 벗어나 냉정하게 상대방을 관찰하지 않기 때문이다. 반대로 그런 사랑을 느끼지 못하는 사람끼리는 서로를 냉정하게 바라본다. 그럴 때 사람들은 객관적, 분석적, 논리적이라 할 수 있는 태도를 취하게 된다. 서양에서는 위와 같이 사물을 대립적으로 따라서 분석적 논리적으로 관찰하므로 학문이나 과학이 발달하는 결과를 가져왔다.

그러나 이런 대립이 횡행하게 되면 인간사회에 싸움만이 존재하고 무정부상태 속에서 문화도 발달하지 못하면 생산도 이루어지지 못한다. 이런 대립 속에서 질서를 만들어 내기 위해 고안해 낸 것이 계약이라는 개념이다.

자기의 이익을 철저하게 지키려 하는 사람끼리, 내 권리를 조금 제약해도 좋으니 그 대신 너도 어느 정도 양보해야 한다는 타협점을 이끌어 내기 위한 약속이 바로 계약이다. 그리고 일단 맺어진 약속은 성실하게 이행해야 한다. 99퍼센트는 지키고 나머지 1퍼센트를 지키지 않는 식의 애매한 태도를 용서하지 못한다. 그들은 동양인들이 받아들이기 어려운 엄격함을 요구한다.

서양인은 이러한 사고방식이나 행동 즉 총체적으로 철학의 특징을 지녔음에 비해 동양인은 일반적으로 농경민족으로서 풍요로운 농경생활을 영

위해 왔다. 농경생활에서 가장 중요한 문제는 치산치수이며 이는 많은 사람들의 협력이 없으면 도저히 달성할 수 없다.

그러므로 농경민족이 들에서 만나는 상대는 치산치수를 위해 서로 손을 맞잡아야 할 사이이다. 이러한 점은 유목민족의 경우와 완전히 반대이다. 게다가 한 번 제방이나 용수로가 만들어지면 반영구적으로 그 혜택을 받아 가면서 생활한다. 그래서 공동체를 지향하는 융화의 인간관계가 이루어졌다. 그런 속에서 사고방식도 자연스럽게 서양인들과는 달리 대립적이 아닌 조화를 지향하는 사고가 형성되었다.

B.C 1,200년경 사막과 초원의 땅 중앙아시아에서 인도의 펀잡지방에 침입한 아리아인의 사상에 그러한 차이가 분명하게 나타난다. 아리아인의 사상에 따르면 그들은 우주의 근원이며 절대자이기도 한 존재를 브라만범이라 하고 참된 나를 아트만이라 부른다. 그러나 사실 양자는 별개의 존재가 아니며 나아가 절대적으로 대립하는 존재가 아니다.

양자를 일체로 보는 사상은 범아일여의 사상이다.

강물에 바구니를 담그면 바구니 안으로 물이 차오른다. 그 바구니 안의 물이나 강물은 서로 다른 것이 아니라 똑같은 물이다.

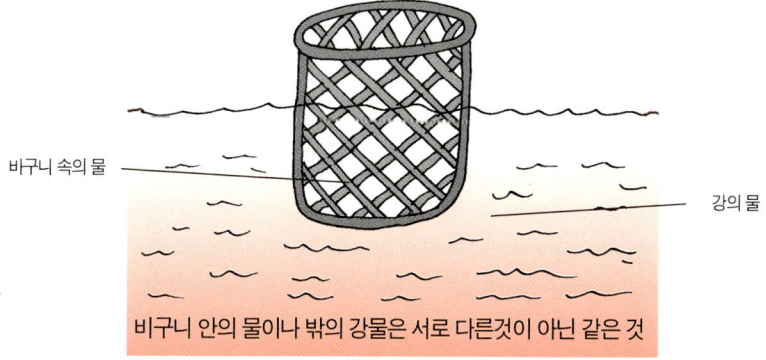

바구니 속의 물

강의 물

비구니 안의 물이나 밖의 강물은 서로 다른것이 아닌 같은 것이처럼 우주 전체나 우리 한 사람 한 사람은 서로 다른 존재가 아니라 모두 하나이다. 너와 나, 절대자와 상대자, 자연과 인간을 대립시켜 사고하지 않고 같은 것이라고 생각한다. 개체 혹은 전체로 나누어 말하긴 하지만 그 본질은 같으며 너와 나를 한몸으로 본다.

위의 내용을 새겨 보면 동양인과 서양인의 사고방식이 근본적으로 어떻게 다른 구조를 가지고 있는지 이해했으리라고 생각한다.

창의력에 생각을 더하는 **영재철학**

초판 인쇄 | 2008년 7월 10일
초판 발행 | 2008년 7월 15일

지은이 | 미쿠리야 료이치
디자인 | 윤희정
마케팅 | 윤희윤
영업부 | 김영규 · 이정율
펴낸이 | 윤다시
펴낸곳 | 도서출판 예가
주   소 | 서울시 영등포구 당산동 1가 191-10

전   화 | 02)2633-5462
팩   스 | 02)2633-5463
E-mail | yegabook@hanmail.net
등록번호 | 제 8-216호

ISBN 978-89-7567-510-2   13160

※ 잘못된 책은 바꿔드립니다.
※ 인지는 생략합니다.
※ 가격은 표지 뒷면에 있습니다.